历史新阅读丛书

元朝那些事儿

【一代天骄卷】

壹

昊天牧云 著

中国工人出版社

图书在版编目（CIP）数据

元朝那些事儿. 壹，一代天骄卷 / 昊天牧云著. —北京：中国工人出版社，2019.11
ISBN 978-7-5008-7305-1

Ⅰ.①元… Ⅱ.①昊… Ⅲ.①中国历史—元代—通俗读物 Ⅳ.①K247.09

中国版本图书馆CIP数据核字（2019）第288614号

元朝那些事儿. 壹　一代天骄卷

出 版 人　王娇萍
责任编辑　李　倩
责任印制　黄　丽
出版发行　中国工人出版社
地　　址　北京市东城区鼓楼外大街45号　邮编：100120
网　　址　http://www.wp-china.com
电　　话　（010）62005043（总编室）
（010）62005039（印制管理中心）
（010）62379038（社科文艺分社）
发行热线　（010）62005049　（010）62005042（传真）
经　　销　各地书店
印　　刷　天津中印联印务有限公司
开　　本　710毫米×1000毫米　1/16
印　　张　15.75
字　　数　232千字
版　　次　2020年3月第1版　2022年9月第6次印刷
定　　价　45.00元

目录

引 子

研究中国历史的人，会发现一个很有趣的现象，很多关键历史人物的命运会在某个时间点发生令人惊奇的交集。

比如公元 1162 年。

这一年是宋高宗绍兴三十二年，同时也是金国大定二年。

这一年，大宋南渡后第一代领导人赵构突然觉得当皇帝累了，就把位子传给他的养子赵昚，自己当了太上皇。他看来是真的“倦勤”了，这辈子从康王变成人质，又从人质变成皇帝，再造了大宋，手下忠臣多，奸臣也多；忠臣牛，奸臣也牛。结果是，奸臣得志，忠臣大多没好结果。把忠臣整完之后，还要保住半壁江山，继续偏安一隅，想想确实很累。

也就是在这一年，远在漠北草原斡难河上游地区的一个部落里，一个孩子出生了。

这个部落此时跟大宋没一点关系，这个孩子与皇帝赵构更没一点瓜葛。但这个相隔千万里的退位与孩子的出生在时间上无缝对接般的巧合，似乎是冥冥之中的一个暗示——一百二十七年后，正是这个孩子的子孙把赵家的子孙逼得跳海自杀，然后宣告大宋正式退出历史舞台，从此进入大元王朝的新时代。

因为，这个孩子就是后来令全球人至今谈起还为之色变的成吉思汗。

当然，他刚出生时，并不叫成吉思汗，而是叫铁木真。

跟史上记载的很多开国皇帝的出生一样，铁木真的出生也很离奇。据说，他出生时手掌上凝聚着血脉，像红色的石头一样。在他呱呱坠地的那一刻，他的老爸也速该刚打了一个大胜仗，俘虏了一个有名的勇士，叫铁木真。于是，他就直接把这个刚生下的孩子取名铁木真。这个没有文化的部落首领希望他的儿子长大后，也像这个俘虏一样是个大勇士。

其实，他们向来就是一个战斗的家族。

翻开他们的家族史，就是一部战斗的历史。

第一章
黄金家族秘史

五箭训子

铁木真虽然没读过史书，但仍然跟很多开国皇帝一样，喜欢把自己的祖先吹得十分神奇。比如，刘邦说自己是一个大怪物在一个雷雨交加的日子里盘到他老妈的身上而生出来的龙种。铁木真的祖先也有类似的传说。只不过铁木真不像刘邦那样，把这个传说套到自己的身上，而是把这样的传说落在他的十世祖身上，使这个传说显得更遥远、更神秘。

铁木真的十世祖叫孛端察儿。说起孛端察儿的出世，其实就等于把蒙古人的历史从头说起。

与很多民族一样，蒙古人的起源也带着神秘的色彩。很多民族都把某个动物当成自己的祖先，如华夏民族说女娲是人面蛇身，说起来很离奇，听起来却很令人神往。蒙古人的传说很有大草原的特征。传说在很久很久以前，在美丽的斡难河畔，居住着一只青狼和一只白鹿。在某个十分浪漫的日子里，这两个家伙在河边偶遇，狼眼与鹿眼一接触，居然一见钟情，狼鹿合好，成为蒙古人伟大的祖先。他们的后代一直在草原上生活，谁也没注意到他们，所以也没人记载一下他们的历史。只是传说狼的名字叫孛儿帖亦那，本来是天上的神仙，奉腾格的命令，降临大草原，毕生的任务就是繁衍蒙古人。因此，蒙古人有史可考的时间并不长，直至唐代才在书里找到蛛丝马迹。

史上记载的第一个有名有姓的蒙古人叫朵奔篾儿干。

他就是孛端察儿的老爸。传说在一个天气晴朗的日子，他和他的哥哥都娃锁豁儿一起唱着草原的歌去放牧。他的哥哥都娃锁豁儿是个神奇的人。据说他印堂上长着一只眼睛，有点像汉族神话里的二郎神——这只眼睛可不是白长的，而是一只有着特异功能的眼睛——只要抬眼一望，一百里内的事物都一目了然。兄弟俩在草原上玩耍，玩了不久，都娃锁豁儿睁开那只眼睛，向前望去。于是，草原、流水、百花、马群、百鸟都涌进他的视野里。他看着看着，突然有一群牧民赶着畜群顺着河流唱着歌走了过来。他急忙跟弟弟说了这个情景。

两人骑马过去，他们发现这帮牧民中居然还有一个美丽的姑娘。哥哥见弟弟看得眼睛都直了，就说："弟弟，这个女人真漂亮。要是她还没有嫁人，你就把她娶过来吧。"

他看到弟弟的脸红着，知道弟弟不好意思，就说："你不好意思去问，我帮你去问。"

他跑到那队人中间，找到一个年纪比较大的人，直接就问："老人家，这个美女是你的什么人？"

老者说："是我的孙女。"

他又问："你的孙女肯定还未婚吧？"

老者点点头说："她未婚。"

他说："好啊。你看看那是我的弟弟，让他当你的孙女婿，不错吧？"

老者说他没意见，就是得看看他们两个。

朵奔篾儿干一听，立刻跑了过来。美女帅哥一见面，立刻像当初狼鹿相遇一样，谁也舍不得谁。

对了，这个美女名叫阿阑豁阿，是豁里秃马惕部落首领豁里剌儿台篾儿干的女儿。这个部落原本生活在密林中，箭法十分了得，基本靠打猎维持生活。有一次，他们打猎过了界，打到别人的属地里，于是产生了纠纷，进而导致部落间的争斗。他们打不过人家，不得不迁了出来，到处流浪。在浪漫的流浪过程中，听说孛儿罕山脚下是个好地方，有清清的溪水、有宽广的草场，就拖儿带兵拉着帐篷过来了。于是就跟朵奔篾儿干偶遇了。

哥哥第二天就带着礼物来到老者的家里，把这个美女迎了过来，让她成了自己的弟媳。

接下来，这对年轻夫妻生了两个儿子。没多久，哥哥都娃锁豁儿死了，留下了四个儿子。这四个儿子一当家，就看不起自己的叔叔，第一个活动就是闹分裂，赶着自己的马群离开了叔叔。

第二天，朵奔篾儿干外出，碰到了一个穷人。那个穷人已经饿得抬不起手来，就跟朵奔篾儿干做了一个交易——用自己的儿子换朵奔篾儿干一条鹿腿肉。朵奔篾儿干就带着那个小男孩回来。小男孩就成了他们的家奴。

可朵奔篾儿干突然早逝。阿阑豁阿就成了寡妇。如果故事到此结束，这个历史就没什么吸引人之处了。

成为寡妇之后，阿阑豁阿又生育了。当然，如果只生一个，还可以说是老公的遗腹子，虽然时间有点久远，但仍然可以辩称说是晚产。可晚产了一个，又接着晚产了两个，这就说不过去了。如果是在中原一带，这个漂亮的寡妇就无处安身。可这是在蒙古草原，别人再怎么说，那是别人的事，阿阑豁阿仍然挺起胸膛做人，养育着她的五个儿子，靠自己的勤劳，依然生活得很幸福。

后来，她很快体会到，自己可以不在乎别人的指指点点，但她的儿子们不能在这些闲话里生活。尤其是这两拨儿子，前两个是有父亲的，根脉清清楚楚，而后三个却成了没爸的孩子。要是长期这样下去，孩子的心理阴影也太大了。更要命的是，自己前面的那两个儿子也有看法了。

这两个儿子的想法很快就被阿阑豁阿知道了。

她把前两个儿子叫到帐篷里，对他们说，你们一定对你们弟弟的来历感到奇怪吧？告诉你们，不要以为他们没有父亲。他们的父亲比你们、比草原上所有的父亲都牛得多。你们的父亲都是人，而你们弟弟的父亲不是人。

那是什么？

她一脸骄傲地说，“是神仙！你们老爸死后不久，一个头发金黄色、浑身发着白光的仙人飞进来，用手指摸着我的肚皮，一道白光就进了我的肚子，我就怀孕了，然后就生了你们的弟弟。前前后后，一共三个。所以，你们的弟弟是神仙所赐。你们不要再有什么怀疑了。”经她这么一划分，那三个从腰部出生的儿子，后来就成了蒙古人的黄金家族——尼鲁温蒙古人，而那两个大哥哥的后代只能是普通人了，叫都儿鲁斤蒙古人。

那两个儿子当然不敢当面说什么，但内心肯定是不相信的。

她大概也知道这两个儿子的心思，怕这两个儿子以后对三个弟弟不利。

她的第五个儿子就是著名的孛端察儿。她最喜欢的也是这个小儿子。可孛端察儿的哥哥们却不怎么喜欢他。因为他看起来比其他人笨，智力有点低。哥哥们经常欺负他。只有他的老妈说他的后代会有大出息。但人家能信吗？

后来，阿阑豁阿老了，知道自己人生最后一步已近在眼前。她觉得此生没多少遗憾，唯独怕她的几个儿子在她死后闹矛盾，于是就把五个儿子召集起来，拿出五支箭，分给他们每人一支，让他们把这支箭折断。

五个儿子拿着箭，听到老妈的这个命令，随手一折，箭杆无不应声而断。他们手里拿着断箭，望着老妈。

阿阑豁阿严肃地叫他们把断箭扔了，再取出五支箭束成一捆箭，叫他们把五根箭同时折断。五个儿子用力折箭，撑得脸都红了，但五支箭都没有折断。

她叫儿子们住手，然后问，“你们知道我叫你们这么做的意思了吗？”

儿子们都摇摇头说:“这能有什么意思？就是我们折不断这捆箭而已。”

她一声长叹，说："你们都是从我的肚子里生出来的，都是我的儿子。如果你们像刚才那五支箭那样，一支一支地分开，不团结友爱，各干各的，你们就会像那些箭一样，不费力地就被折断了。如果你们能像那束箭一样，团结成一股绳，齐心协力，任何人都奈何不了你们。你们就会成为草原上最强大的势力。"

这个故事就是草原上著名的教子折箭的故事，至今仍然流传着。

阿阑豁阿说过这番话后不久，就逝世了。她深信她的这个很有哲理的教导，儿子们会牢记在心上，然后永远团结一心，让自己的子孙繁荣昌盛，成为草原上的无敌部落。可她才死了没几天，几个儿子就闹着分家。她有五个儿子，按规矩，不管动产和不动产，都得分为五个等份，每人一份。可最后只分成四个等份，四个哥哥各拿了一份，平时老妈最疼爱的老五却在那里看着四个哥哥分财产。

四个哥哥不让他分财产，并不是说他没资格拿财产，而是欺负他蠢，直接就忽略了他的存在。他老妈肯定希望那四个哥哥能当他的保护伞，不让别人欺负他。哪知，别人还没有欺负他，哥哥们就先欺负他了。他居然没作声，站在那里，傻乎乎地看着四个哥哥把老妈的财产扛走，把老妈留下的马牛羊都赶到他们的帐篷里，个个一脸灿烂的笑容。

直到哥哥们把财产瓜分完之后，他才发现自己的帐篷里，除了他自己以及一匹可怜的老马外，没有别的东西，吃饭睡觉都成了问题。如果是别人，肯定会惊慌失措，去找哥哥们又吵又闹。

如果孛端察儿这么做，那他就不是成吉思汗的老祖了。

他转头看了看那匹老马——这是他现在唯一能够自由支配的财产。这匹马不但年纪大、尾巴短，而且还患有脊疮，就是送给哥哥们，估计哥哥们也懒得要。但他需要它。

他站在老马旁边，说："贫贱富贵都是命中注定的，那些钱财哪值得一提"（"贫贱富贵，命也，赀财何足道！"）。当你听到这样的话时，你还认为他是智障人士吗？他接着又长叹一声："过去我们五兄弟是紧在一起的拳头，现在却变成了五根张开的指头。我守在这里还有什么用？"

然后，他骑着这匹可怜的老马顺着河边毫无目的地走着。后来，这匹可怜的老马驮着他来到一个叫八里屯阿懒的地方，停了下来。他也就把这个地方当成自己的新驻地。吃饭问题立刻摆在他的面前。他游目四顾，希望能找到一个可以送进嘴巴的东西。可是那双犀利的眼睛搜寻了大半天，除了蓝天白云，除了身边的老马，他没看到一样可以吃的东西。他真的有点绝望了。

正在他做着等死的姿态时，眼前出现了让他起死回生的一幕：一只苍鹰从遥远的天际飞来，急赴草丛中，一阵猛烈的扑腾，猎取了一只野鸡，然后就地大吃起来。

孛端察儿灵机一动，拔了老马的尾毛，做成套子，居然把苍鹰捉住了，然后把它驯服，让它为自己猎取食物。

孛端察儿在那里盖了一间草棚住了下来。他每天用手臂架着那只苍鹰到处打猎，打了很多野兔、野鸡之类的禽兽，日子过得还不错。过了几个月，有几十家寻找水草的草原人家从统急里忽鲁草原上迁过来，成为孛端察儿的邻居。孛端察儿就用自己的猎物跟他们做交易。当然这个交易很简单，就是用猎物换他们的马乳。

日子过得很简单，好像什么波折都不会发生。

但有一天，孛端察儿的二哥突然想起他的这个小弟弟。他清楚地记得，分家那天，他的弟弟骑着那匹老马顺着斡难河走了，什么也没有带，到现在仍然没有回来。他抱着万分侥幸的心态，决定顺河去找一找，或许会在哪个角落里找到这个小弟弟。他估计，即使找到了这个弟弟，这个傻弟弟不是奄奄一息，也会是胡子拉碴的形象。

二哥顺河而下，先碰到了那一群统急里忽鲁的牧民，便向他们打听：“有没有碰到一个骑着短尾病马的人？”

那些牧民说，“他不光有一匹病马，而且还有一只鹰呢。他每天都来我们这里喝马奶，然后回去。我们也不知道他具体居住在哪个地方。不过可以教你一个方法，保证可以找到他。他是打猎的好手，他的住处有很多翎毛。风起的时候，那些毛就会飞起来。你顺着毛飞的地方就可以找到他了。”

正说着，西风大起，羽毛似雪片飞满空中。

牧民说，“看啊，他肯定就住在这附近。你再等一等，他就来了。”

正说着，河边走来一个人。大家定睛一看，正是孛端察儿。

二哥立刻把他带回去了。

半路上，孛端察儿突然对哥哥说，“统急里忽鲁的这些牧民，现在连个首领都没有，只是一群自由散漫的牧人。如果我们用武力对付他们，完全可以让他们归顺我们。我们就成为老大了。”

他的二哥一听，看来老妈说得真对。这个弟弟只是看起来像个傻子，其实不但一点不傻，而且智商高得很。这番话可不是一般话啊，他立刻表示赞同小弟弟的话，回到帐篷之后，马上着手准备。他挑选了一批强壮的汉子，对弟弟说，“你带他们过去吧。”

那批牧民突然看到他们往日的邻居带着一批肌肉发达的汉子向他们发动战斗，哪敢应战。于是，统统当了俘虏，成为孛端察儿的手下。

孛端察儿就这样成了老大。这个老大也跟别的老大一样，发达后想到的第一件事，就是给自己娶几个老婆。

孛端察儿的思想当时还不算复杂，他得的第一个老婆是个孕妇。跟他生活没多久，这个事先已经怀孕的美女就产下了一个儿子，这个儿子取名为札只剌歹，是札答阑氏的祖先。当然，算是外姓人的儿子。不久，这个美女又生了一个儿子。这个儿子虽然继承了孛端察儿的基因，但因为老妈是掳来的美女，因此就给这个儿子取名为巴阿里歹，意思是捉拿来的人——实在太有纪念意义了。由此可知，后来也速该给儿子起名叫铁木真，完全可以从其老祖宗那里找到传统。这个儿子成为巴阿邻氏的祖先。

孛端察儿也跟中原王朝一样，将儿子们分成嫡出或庶出。除了被掳来的美女外，他还有一个正妻。这个正妻生的儿子叫八林昔黑剌秃合必畜。孛端察儿娶这个妻子时，他岳父岳母给的嫁妆里还包括了一个美女。这个美女后来也给孛端察儿生了一个儿子，叫沼兀列歹，是昭烈氏的始祖。虽然孛端察儿很喜欢沼兀列歹，让他参加悬肉祭天典礼，但他仍然指定八林昔黑刺秃合必畜做他的继承人。因为这个儿子是他正妻所生。

孛端察儿的这几个儿子，为其部落之后的发展壮大打下了坚实的基础。他撒手归天后，八林昔黑剌秃合必畜当了部落的老大，除生了个继承人外，史书没有其他记载。他的这个继承人叫咩撚笃敦。

咩撚笃敦同样没干出什么可歌可泣的事迹来。但他娶了一个强悍的夫人，生了七个儿子，保持着蒙古人旺盛的生殖能力。他们一口气生了七个儿子之后，咩撚笃敦便英年早逝，留下一大堆儿子和漂亮而强悍的老婆。他这个老婆叫莫拿伦（注意，不是拿破仑）。有一次，她坐车出去玩，看到一群小孩在田里挖草根吃，个个吃得有滋有味。她认得这些孩子是押剌伊而部族的，她也知道这个部落很牛，惹不起，可她仍然大发脾气，指着那些孩子骂：这田是我儿子跑马的地方，不是你们挖草根的地盘。你们居然敢破坏我儿子的跑马田，我就敢碾死你们。当下驱车便向那些小孩碾过去。那些吃草根的孩子哪避得开，一时被莫拿伦碾得或死或伤。

押剌伊而部当然很气愤，当场把她家的马群都赶了出来。她的六个儿子听说之后，也不好好计议一番，连盔甲也不穿，直接就跑过去追。莫拿伦知道后，深知不穿盔甲出去战斗的后果是很严重的，马上叫儿媳妇们赶紧带着盔甲赶过去，但还是晚了。当儿媳妇们的盔甲还在半路，战斗已经结束。战斗的结果是，她的六个儿子毫无悬念地被人家当场砍死。

但押剌伊而部还不罢休，乘胜而来，举着武器，到她的根据地里大砍大杀一番。

押剌伊而部血洗莫拿伦部后，唱着凯歌回去了。他们以为莫拿伦的后代已经彻底被铲除。其实，还有两个人活了下来。

第一个人叫海都，他是莫拿伦的长孙，当时还是个小孩子。事发之时，他正好在现场，是他的乳母把他藏了起来。第二个人叫纳真，是莫拿伦的第七个儿子。因为他此前已经到八剌忽部的一户百姓家入赘为婿，根本不在血案发生地，因此也保住了性命。纳真很快就知道自己家人被别人血洗了，全家老少此刻已全部丧生，赶紧跑回去看。

呈现在他面前的是一个家破人亡的血腥画面。所有的青壮年都死掉了，整个部落只剩下十几个老太婆，满嘴漏风地向他控诉着。当然，还有他的侄儿海都。

纳真当时的悲愤之情可想而知。但他并没有像他的老妈那样，大发一通脾气之后，举着刀大喊大叫着去报仇。那样做，最后也只能像老妈那样，自寻死路。

他在那里想办法。

这时，他大哥的那匹黄马带着套马杆逃了回来。他灵机一动，就骑了这匹马，做出一副去放牧的样子，向押剌伊而部走过去。

半路上，他看到两个人骑着马正悠然地走着，看上去是父子二人。

再定睛一看，一个人的手臂上还架着一只老鹰。纳真虽然不认识那两个人，但他认得这只鹰。这只鹰是他哥哥的。由此，他断定这两个家伙就是他们家的仇人之一。纳真不是莫拿伦，虽然心里愤怒，但却很冷静。因为对方有两人，要是像他老妈一样，怒火冲冲地上去，跟送死没什么区别。他现在的任务是报仇，不是来送死。

他不动声色地纵马过去，先跟那个年轻人搭话，说，“有一匹红马带着一群马向东方逃跑了，你看见了吗？”

那个年轻人说，“没看见啊。我也问你一个事，你一路走过来看到有野鸭吗？”

纳真一听，心想，现在你问我有神仙我也说有啊，于是，立刻说，“有啊。怎么会没有呢？”

年轻人说，“你能带我过去吗？”

纳真心想，我老早就想带你过去了，说，“当然可以啊。”

于是，那人便跟着纳真去打野鸭。纳真带着那年轻人走了一会儿，觉得离年轻人的老爸已经很远了，可以动手。

年轻人还在问，“野鸭呢？怎么没见野鸭？”

纳真突然一指，说，“那不是吗？”

年轻人把颈脖伸得长长地向前看，纳真一刀朝那个长长的颈脖砍过去。年轻人还没有看到野鸭，就倒到地上死了。

纳真又返回去找年纪大的骑者，用同样的办法骗他。

那人说，“我儿子在哪里？”

纳真指了指前方，说，“他正射野鸭呢。”

那人说，“他为什么躺着这么久还没起来？”

纳真一脸坏笑地说，“他的鼻子流血了。”

那人就大骂起来，“鼻子流血也需要躺下来吗？难道还要让我做担架抬他回去？”

纳真说，“你当然不用做担架了。”一刀过去，把那人杀于马下。

纳真杀了这两人之后，又往前走。到了一座山下，他看到几百匹马，而放牧的只有几个小孩子。这些小孩子正在草原里做游戏。他们的游戏很简单，就是用动物的骨头掷着玩。他坚信，这些小孩子正是仇人的后代。

他爬到山上去，察看四周，确认附近没有大人。于是，他果断下山，把这些小孩子全部杀掉，然后架着他哥哥的鹰，把那几百匹马全部赶回去，召集那十几个老太婆，带着他的侄儿海都，连夜离开根据地，到八剌忽住了下来。

草原上的改革

纳真带着这一群人在这里生活了若干年。海都长大后，他就宣布让海都当老大，成为蒙古部落第一个可汗。当然，这个可汗也仅仅是蒙古部落的，而不是蒙古大草原的大汗——当时蒙古大草原上，有多个部落，大家都在凭实力吃掉其他部落壮大自己的力量。只是这些部落的力量都还没有做强做大，虽然常常发生流血冲突，但规模却不大。海都虽然称汗，但算起来，地盘也就巴掌大，势力并不雄厚。然而作为蒙古部落第一个可汗，其意义完全可以算是划时代的。

海都曾目睹自己一家人被押剌伊而部斩尽杀绝的场面，心里装满了仇恨。他当老大不久之后，很快就让自己的部落强大起来。他觉得自己的势力足够大之后，立即启动复仇之战，带着自己的军队向押剌伊而部进攻。

押剌伊而部虽然强悍，但到底实力有限，被海都一阵冲杀，毫无还手之力，最后宣布投降。海都这时看世界的眼光已经大大超越了他的前辈，他接受了他们的投降，让他们成为自己的下属。他深知，这个草原虽然地广人稀，大家天天在这里唱着歌儿放着牧，但只要有人在，就有利益之争。争夺利益之战，无时无刻不在发生。你不想被别人砍死，就得有强大的势力，就得有比别人更多的人口。说到底，人才是最大的战斗力。

海都把押剌伊而部归入自己的势力后，实力立刻大增，成为草原上最强悍的部落之一。

海都不但能打仗，而且很有经济头脑。他深刻地认识到，只有发展经济才能让部落壮大起来。他不再到处游牧，而是把大家集中起来，把营帐排列在八剌合黑河边。然后在河面上架起了一座桥。修这座桥的目的就是方便河两岸的往来，使之成为当时草原的贸易中心。他做的这一切，其实就是在改革。邻近的部族们知道后，都赶过来做生意，有的最后就干脆宣布做他的下属。海都的这些举措，再一次证明了发展经济的政策是十分正确的。

他的部落人口数由此迅速增多，实力也因此而不断上涨。

海都虽然很牛，但他的几代子孙却比较平庸，只守着老祖宗的家业，没做出什么伟大的成绩来。直到他的五世孙合不勒汗出现，他们这个部落才又搞出了个精彩的历史片段。

合不勒汗很成功（上）

由于草原部落的不断扩张，他们抢夺资源的地区很快就触及大金帝国的势力范围。

当时，大金帝国的皇帝就是金太宗完颜晟，也叫吴乞买。可能很多人不熟悉完颜晟，但一定知道完颜阿骨打。没错，完颜晟就是完颜阿骨打的弟弟，也就是大金国的第二代国家领导人。完颜晟虽然不是开国皇帝，但他也是很牛的。他在阿骨打还当女真族老大时，就尽力辅佐哥哥，在接过哥哥的权力后，带着大金子弟兵，灭辽破宋，一路南下，不断取得辉煌战果，开创了大金国的鼎盛时代。

如果合不勒可汗当时有点长远眼光，知道大金连辽、宋那样的政权都能一口气打败，估计他一听到大金两个字，胆气就会严重收缩。可他只带着自己部落的兄弟们天天在草原上闯荡，看到金国土地上的物质比他们草原上的丰富多了，哪有不抢的道理？金国高层此时所有的精力都在南方——在他们看来，南方的物质才叫丰富，大宋才叫繁荣昌盛。所以，他们现在只一心一意攻大宋，聚精会神打南方。至于蒙古草原的那几个部落，在他们看来，连癣疥之疾都算不上，远不如太行山里的八字军那么让他们头疼。

大金帝国此时如日中天，投向南宋的目光炯炯有神，但他们的记性却一点不长。曾几何时，他们也只是东北边缘的一个部落，靠在实力强悍的大辽的一角讨生活。那时，大辽经常把大宋打得遍地找牙，只要一有心情，就让宋朝割地赔款，一点不把女真部落当一回事。哪知，阿骨打大旗一举，几个回合下来，就将常常把宋朝军队打得四散而逃的大辽子弟兵打得溃不成军，而且每次都是以少胜多，在短时间内就把辽国皇帝拉下马，接着挥师南下，把宋朝的首都也攻了下来，制造了著名的“靖康”之难。他们相信，这样的奇迹只有女真能创造，别人难以复制。于是，他们对蒙古部落的侵扰，防范得一点都不积极。

合不勒可汗一看，大金国真是钱多人傻，于是抢劫活动就越来越频繁了。

吴乞买天天接到蒙古人捣乱的报告，大臣们都说应该好好解决一下这个事情了。但他仍然觉得这也不是什么大不了的事，蒙古人闹事的核心地区不是完颜宗磐的管区吗？就叫完颜宗磐带兵过去，好好修理一下他们，让他们知道闹事的下场。完颜宗磐是吴乞买的长子，也是个能打的好手，于是他就带着一支兵马杀了过去，只一战就把合不勒汗打败了。

这个战斗对于金国来说，根本就不算个事儿，但对于蒙古部落而言，这一仗的教训是深刻的。以后跟金国打仗必须小心谨慎，否则会吃亏到底。

照理说，打了败仗，就得老实待着，不要再出来闹事才对。可合不勒汗能不出来闹事吗？他比谁都清楚，要想在草原上立足，就必须让势力不断壮大。而壮大势力，就必须有足够的物质支撑。可草原上的物产实在太少了。于是，只好又出来抢金国的。

金国人一看，这个合不勒汗太不长记性了，于是，都向吴乞买建议，再派大军过去，如果可以，就顺势将他们全部消灭。吴乞买当然想把这些蒙古高原来的抢劫团伙全部搞定，但他知道这是不可能的。蒙古高原宽广无边，活跃着无数这样的团伙。今天你把合不勒汗的部落消灭光，明天又会有其他部落杀过来。因此，最好的办法不是使用武力，而是和平解决。况且，现在正全力对付南宋王朝，哪有精力跟这些小部落玩？于是，吴乞买决定来个和平解决，把合不勒可汗叫过来，让他帮大金守住北方边境，使得大金国可以一心一意对付宋朝。

如果他面对的是受过中原文化影响的部落首领，那他的这个决策绝对行得通。可他现在面对的是合不勒汗。那这个决策的正确性就得大打折扣了。

合不勒可汗接到吴乞买的通知后，二话不说，很爽快地带着一批随从跟着大金国的使者来到金国的首都，接受大金帝国皇帝吴乞买的接见。

吴乞买看到这个蒙古汉子来得爽快，觉得自己的决策果然十分成功。这些蒙古人过来打砸抢，无非就是要些东西，那个显得很宽大的胸部并没有装什么远大的政治抱负，只要给他们点儿好处，他们就会停止抢劫。

合不勒可汗和他的手下，一进大金国的皇宫，立马目瞪口呆，世界上居然有这么豪华的房子啊。他们睡在帐篷里，做梦都没有梦到这么大的宫殿。几个人边走边瞧边用蒙古话大发感慨。

吴乞买和他的臣子们看到这群蒙古人的神态，片刻之间，优越感油然而生。

吴乞买就在大殿里摆了个大宴席，宴请这些人，再让他们尝些精致的饮食。

所有的金国人都以为，面对满桌的山珍海味，平时只知马奶和马牛羊肉的蒙古人必定惊奇不已。哪知，最后真正拍案的却是大金国的皇帝和满朝文武大臣。

蒙古人放开肚大吃大喝，金朝的人后来都放下餐具看着合不勒可汗。因为，他们发现，这个可汗的饭量实在太大了。不管谁来敬酒，他都一律不拒绝，统统都灌到肚子里，不管送上多少饭菜，他都放进那张大嘴，一点儿不剩地吞下去。金国人一看，这家伙到底是什么消化系统？要是跟这家伙比吃喝，恐怕牛都比不过啊。

当然，金国人还有一个发现，就是这家伙上厕所的次数明显比他们多。当然，这也在情理之中，因为吃了那么多，喝了那么多啊。

其实，他们不知道，合不勒可汗是做了手脚的。他看上去长得很粗糙，其实心思却十分缜密。他看到自己天天带队去抢劫金国，金国居然没有打他，反而请他猛吃猛喝，这多少有点不正常吧？他怕金国人在食物里放毒药，因此，每隔一段时间，就跑到厕所里把胃里的食物吐出来，然后再回去大吃大喝。金国人固然目瞪口呆，他吐来吐去，却也苦不堪言。好好一顿菜，最后却来个吃了吐、吐了吃。

后来，他看到他带来的兄弟们吃饱喝足之后，并没有人当场倒地死亡，知道这个饭局真的很安全，这才放心地吃了起来。

这么一放开吃，他很快就喝醉了。当然，如果喝醉了，就跑回去睡大觉，等明天酒醒后再来猛吃国宴，那是很正常的。可他却笑嘻嘻地对吴乞买说，你的胡子真漂亮。于是，他伸出那只大手，去摸吴乞买的那把漂亮的胡子。

现场所有的金国大臣都很生气，恨不得直接把这个蒙古汉子砍死。

合不勒汗摸着吴乞买的胡子，正要说出什么话来，突然觉得气氛不对，转头一看，几乎所有金国的文武大臣都已经站了起来，所有人的目光都锁定了他，脸上全是砍死他的杀气，彪悍的人都已经刀剑出鞘，只等吴乞买一声令下，便集体冲上来，乱刀把他砍死。这时合不勒汗的酒立马就醒了，知道摸皇帝的胡子比捅马蜂窝的后果严重多了，便急忙趴下，向吴乞买谢罪，说："都是酒惹的祸，如果不是各位劝喝这么多酒，就是把全世界的胆都借给我，我也不敢捋皇帝大人的胡须啊。"

吴乞买的内心也是十分恼火，恨不得把这个没一点教养的人剁成肉末。但他毕竟是政治家。看到他的手下都已经刀剑出鞘，就等他一声令下，便冲上来，把这伙蒙古人一齐砍死，但他却没有下令，而是把那双政治家的眼珠子一转，说："咱女真和蒙古一样，都是喝酒的民族。谁喝多了没搞出点洋相来？不出洋相就说明喝得不够。你喝得不够，就说明我的热情度不够高。你起来吧。"

吴乞买让合不勒汗摸了一把胡子，就能让蒙古部落永远不再捣乱，让大金的北方从此稳定下来，那是大大的划算。

大家看到他满脸笑容，都感到很不解。吴乞买看到这些手下都在傻傻地望着他，心里很得意。

合不勒汗看到吴乞买真的放过了他，急忙再次叩头谢恩，动作做得很规范。

吴乞买再次哈哈大笑。他觉得自己的目的已经达到了，又大声吩咐赏给合不勒汗一大批绫罗绸缎，说，"从今天开始，咱们已经开创了一个新的时代。只要大家都热爱和平，咱们之间永远是双赢的关系。"

合不勒汗当然点头答应。

宴会结束之后，合不勒汗扛着那一大堆布匹，连住处都不回了。他深知自己这次闯的祸实在太大了。虽然吴乞买暂时放过他，但他的那些大臣脸上的杀气一直都没有消散。只怕他们又到吴乞买面前乱说什么，吴乞买又生起气来，他的人头可就落地了。因此，他带着他的兄弟们直接就打道回草原。此地真的不宜久留了。

大金国那些大臣发现他一路狂奔，出城而去，立刻去向吴乞买报告，说这个嚣张的蒙古人果然心中有鬼。否则何必连夜急着跑路？请皇帝陛下赶快把他截留下来，然后杀掉！

吴乞买一听，马上派两个使者去追。

两个使者很快就追上了合不勒汗，大声对他说，"我们皇帝又想可汗了，说还有很多大金国的美食要与可汗共享呢。请可汗马上回去，跟皇帝喝个痛快。”

合不勒汗一听，哪有半夜还请客的道理？我要是回去，结果就是有去无回。他也大声对使者说：“刚才大金国皇帝说过让我回去。可我才走了几步，就又叫我回去。你们到底讲不讲理？你们皇帝说话到底算不算数？”

那两个使者一听，竟然当场无语，眼睁睁地看着合不勒汗带着他的随从扬鞭而去，然后悻悻而归。

合不勒汗一路狂奔，很快就回到了自己的地盘里，摸着自己那颗脑袋，侥幸不已。

合不勒汗后怕的心情还没有缓解一点，吴乞买的使者又出现在他的面前，又是原来那套说辞：我们的皇帝又想念可汗了，想请可汗到大殿里喝酒，增进感情。

合不勒汗一听，心想：反正你们时刻都想杀我，和金国的矛盾已经不可调和了，干脆翻脸算了。

他心里一生气，立刻就拔出大刀，直接把使者斩了。

部落里的人看到那使者的脑袋被砍了下来，便都慌了。他们虽然没见过大世面，但也知道现在金国是很牛的，金国是很大的。否则，可汗就不会那么怕了。据说，金国的部队有一百多万啊。要是金国大军杀过来，他们这点人手怎么应付？

大家这么一想，很多人都恐惧起来。

合不勒汗杀了使者之后，转头一看，四面全是怕得要命的脸色，不由大怒起来，举着还滴着使者鲜血的大刀，大吼起来：“你们还算不算蒙古汉子？我决定跟金国血拼到底了。你们都得给我杀敌。”

那些人一听，胆气又壮了起来，咱们可汗连金国皇帝的胡须都敢揪，而且揪得那个皇帝敢怒不敢言，那些大臣想杀不敢杀，看来金国也没什么了不起。于是，他们的脸色又转变过来，个个杀气腾腾地上前，把金国使者的随从全部干脆利索地砍死。

这么一顿砍下来，蒙古部落跟金国的关系直接从蜜月关系过渡到敌我关系。

吴乞买的怀柔政策彻底失败，胡须白白被那双大手摸了一把，到头来尊严没有，政治同样丢份，他能不龙颜大怒？他当时不由分说，拍板出兵，要把这个不知天高地厚的合不勒汗猛扁一顿，让蒙古部落从草原上全部消失。按当时大金国的能力，只要战术得当，指挥有方，做到这一点确实没什么难度。

吴乞买本来想派个牛人过去，哪知转头一看，自己身边虽然站着很多人，却没有一个是牛人。当时大金国能打的牛人很多，说是战将如云，还真不是吹的。可现在这些牛人全被派到南方去了。因为现在南宋也出现了岳飞、韩世忠、吴玠这样的牛人。金国很多常胜将军，在这些牛人面前，基本保持不胜的纪录。但蒙古部落必须教训，没有牛人，那就找个非牛人过去。

他指着胡沙虎说:“本王命令你带兵过去征讨蒙古部落。”他想，虽然胡沙虎不是牛人，但能当到万户，也会有些本事吧？况且长得满脸横肉，喝起酒来，动作十分彪悍，仗打得也不会差到哪里去。

吴乞买对这次战斗是十分重视的，他交给胡沙虎的兵足足有一万。光从人数来看，就足以压倒对方。

胡沙虎绝对不是名将，因为在整个金史里，他就出现了这一次，跟路人甲的分量差不多。但他仍然带兵冲杀过去，立志要靠这次战斗扬威漠北。

合不勒汗得知金国大军隆重开来之后，当然不敢造次。他被金国大太子猛扁一顿之后，知道金国的军队还是很猛的，要跟他们硬碰硬，跟鸡蛋碰石头是没区别的。

合不勒汗面对大战，是很冷静的，是能严肃认真对待的。

他做了一场部署。其实，这个部署也很简单，就是不要跟胡沙虎接触，要跟大金国的威武之师在草原里绕圈子，看谁绕得过谁。

胡沙虎带着部队杀到蒙古部落的营地之后，突然发现，这个营地没有人了。金国子弟们个个高举大刀，却不知道砍谁了。

胡沙虎也晕了，怎么就没人了呢？他下令大军继续前进，四处寻敌，但就是看不到敌人。可是当他们松懈下来之后，敌人又出现了。敌人出现时，他们却根本没有发现。等他们拿起武器要打时，敌人又不见了。于是，常常被打得很恼火。

当然，合不勒汗的这些袭扰，对胡沙虎造成的损失并不大，如果被胡沙虎抓个正着，仍然可以有足够的力量把蒙古部落杀得落花流水。可要命的是，胡沙虎不管怎么样，都找不到合不勒汗。他四处登高远眺，那开阔的视野里就是没有一个蒙古人出没。

他彻底气馁了。因为，现在他的给养出了问题。他手下整整一万人啊。在这个大草原里，马儿可以吃草，人却不能吃草啊。

他这才知道，合不勒汗真的太狡猾了。

他不能饿死，就只得退兵。

胡沙虎天真地认为，退兵了就没事。

哪知，仍然有事。

胡沙虎不知道合不勒汗躲在什么地方，正在干什么。可合不勒汗对胡沙虎的动向却掌握得十分清楚。他把胡沙虎的退路也算计得十分精准，预先绕到一个宜于埋伏的地方，做了一个埋伏圈，等着胡沙虎大军的到来。

胡沙虎一路走来，什么事也没发生，他也松了口气。马上就到海岭了，海岭就在首都上京的西北，他和他的部下把最后一口气松了下来。

哪知，这口气还没有松到底，突然杀声大起，箭如飞蝗从四面直射下来。胡沙虎和金国大兵一看，原来中了埋伏。早就被磨掉斗志的金兵，突然陷于埋伏圈，哪还敢于提刀战斗？于是，大家都争相逃命，战场上乱成一团。胡沙虎一看，现在就是吴乞买自己过来，都已经无法组织战斗了。他也丢掉部队，杀出重围。

这一战，大金一万多无敌骑兵，被合不勒汗杀了个大败。金国本想狠狠地教训一下合不勒汗，最后却被这个蒙古汉子狠狠地打了一顿。

吴乞买当然大怒。可最后大怒的吴乞买并没有做出什么动作来，并不是吴乞买怕了合不勒汗，或者吴乞买不敢做出什么动作来，而是他做不了下一个动作了。因为，不久之后，这位金国除了阿骨打之外最牛的皇帝就驾崩归天了。金国内部各派都在忙着抢班夺权。合不勒汗就这样被金国暂时放了一马。

合不勒汗很成功（下）

应该从吴乞买手里继承大位的叫完颜杲，是完颜宗俊的儿子，也是阿骨打的长孙，史称金熙宗。完颜杲因为是阿骨打的长孙，因此，早在天会十年（1132 年）就成为法定接班人。可事情却出现了些波折。

当时，吴乞买的年纪也很大了，但他仍然没有指定继承人。他不指定继承人，绝对不是因为他没有儿子，而是因为他觉得条件还不成熟。当初阿骨打按兄终弟及的规则，宣布自己死后，让大弟吴乞买（完颜晟）接班，完颜晟之后就由完颜杲继位。这样一来，几任领导人的接班问题似乎都解决了。但人算不如天算。完颜晟还在那里威风八面地行使皇帝的权力时，完颜杲却先死了。于是，接班人的位子就空了下来。

很多人都知道，吴乞买都这个年纪了，说不定哪天两腿一伸，那麻烦可就大了。想当皇帝的人，有资格当皇帝的人太多了。所以，很多人都等着他指定接班人。可两年过去了，他仍然很淡定地在那里什么也不做，好像不需要有接班人一样。于是，人们都急了起来。这些人都知道，如果在这个事上出现状况，不但他们的前程难以预料，只怕大金国的国运也不堪设想。目前虽然是吴乞买当老大，但兵权基本都在阿骨打的几个儿子和老部下手里。这几个人最担心的是皇帝打破成规，把权力交给自己的儿子。如此一来，阿骨打的直系肯定就有被边缘化的可能。现在吴乞买不指定接班人，那是因为顾忌他们的存在，开不了这个口。因此他们得抓紧机会，在皇帝没有开口之前，把这事搞定。

他们开了个会，经过反复协商，认为让合刺也就是完颜亶当继承人是最合适的。完颜亶是完颜宗俊的儿子，也是阿骨打的长孙。只要提出他来，吴乞买就没有反对的理由。为什么提出这个建议名单？因为参加这个会议的人员有完颜宗翰、完颜希尹、完颜宗辅、完颜宗弼。你一看这份名单就知道了。完颜宗辅和完颜宗弼是阿骨打的儿子，完颜宗翰、完颜希尹是阿骨打的老部下。完颜宗翰是大金帝国的头号功臣，在朝中的发言权很大。很多人可能不知道这个完颜希尹。他可是阿骨打的绝对亲信加谋臣，而且还是女真文字的创立者。他们推出的人选，肯定只会从阿骨打的直系那里找。为什么要推出完颜亶？因为他是完颜宗俊的儿子，完颜宗俊虽然也很牛，但已经死了，而且完颜亶实在没什么水平。综上所述，由这样的人来当皇帝，吴乞买无法反对，他们也好控制！

他们经过反复论证之后，觉得完全可行，于是集体入朝，向吴乞买提出，立完颜亶为法定继承人。吴乞买没想到这几个人突然搞这个提案，一时间没有思想准备，就在那里不表态。可这几个人能让他再拖下去吗？事情到了这个地步，要是不按这个套路出牌，他们的后果就会非常严重。于是就在那里反复奏请，而其他大臣则在那里观看不表态。吴乞买左看右看，没人站出来帮他说一句话，最后只得表示同意。于是，完颜亶就成了皇帝的继承人。

完颜亶当了皇帝之后，权力洗牌运动立马开展。

这些人以为完颜亶容易控制，所以把他推向皇帝宝座。可他实在不愿意当个被人操控的皇帝。他很快就讨厌了把他扶上皇位的头号功臣完颜宗翰。现在朝廷大部分权力都在完颜宗翰的手中，军国大事基本是他说了算。而完颜宗翰却不知道，他的权力这么大，早就引起了其他人的眼红。早在吴乞买时代，吴乞买就已经对他有所提防，只是因为要用人，所以才隐忍不动。而现在阿骨打的那些儿子们对他就不那么客气了。他们很快就跟侄儿皇帝达成共识，设法削弱完颜宗翰以及完颜宗磐的势力。

他们宣布，进行一次政治体制改革。这个改革就是改革掉"勃极烈"制度。

这个制度是由阿骨打创立起来的。当时，阿骨打宣布自己当都勃极烈，也就是皇帝。都勃极烈下面还有四个勃极烈。分别是：谙班勃极烈吴乞买——就是皇储、国论勃极烈（后改为忽鲁勃极烈）完颜撒改（阿骨打的堂兄）——相当于相国、阿买勃极烈（后改称移赉勃极烈）完颜辞不失——相当于第一副相国、昊勃极烈完颜斜也——相当于第二副相国。国家大事都由勃极烈集体讨论后拍板决定。五个勃极烈的权力都很大。皇帝虽然是最高领导人，但四个勃极烈对他还是有牵制作用的。勃极烈的位子是固定的，只有哪个勃极烈死掉之后，才可以补选上来。到完颜亶即位后，按理他从谙班勃极烈变成都勃极烈之后，后面的勃极烈就应当顺位补上来。此前，吴乞买由于人们的反对无法让自己的儿子成为谙班勃极烈，已经先搞了个体制改革，在任命完颜亶为谙班勃极烈的同时，把另外几个勃极烈进行了一次大调整：让自己的儿子完颜宗磐当了忽鲁勃极烈，而把原忽鲁勃极烈降为移赉勃极烈，改称左勃极烈，原移赉勃极烈完颜宗翰就只得为右勃极烈。这些勃极烈的权力仍然很大。只有把这个制度改掉，权力版图才可以重新分配。

于是，他们打着改革的旗号，公布了一项新政，就是废除勃极烈制度，向宋朝学习，搞了个三省制，由三师（太师、太傅、太保）以及三公（太尉、司徒、司空）领三省事。于是，完颜宗磐就成了太师、完颜宗干就成了太傅，而完颜宗翰则被任命为太保。完颜宗翰拿到任命书之后，才发现，自己的都元帅职务没有了。都元帅相当于三军总司令啊，多年来，他一直在都元帅府任职，现在他只能在太保府里批阅文件了。在这样的年代，没有了兵权，跟一个土豪基本没多大区别。

完颜宗翰深知这个改革背后的推手就是完颜宗弼和完颜宗干。他们是阿骨打的亲儿子啊。自己当年拼着老命在吴乞买面前力争，到头来却全是为这几个家伙做铺垫。他越想越郁闷，而更郁闷的事还没有完。

完颜宗弼他们深知，完颜宗翰带兵多年，手下牛人很多，要想收拾他得先收拾他的那些手下。没几天，完颜宗翰手下的几个干将都被搞定了。

金国跟南宋一样，朝中也有两派，一派主战，一派主和。完颜宗弼兄弟是主战派的老大，而完颜宗磐和完颜昌却是主和派的中坚力量。金国的主和派并不是热爱和平，从此放过南宋，而是完颜昌打了败仗，想逃避责任，这才主和。完颜宗磐向来以为自己应该当继承人，但却硬是被完颜亶抢走了属于自己的皇帝宝座，现在又被从一号权臣的位子赶下来，虽然当了太师，但这个太师已经没多少权力了。完颜宗翰本来力挺完颜亶，让他成为皇帝。哪知，这家伙才当皇帝没几天，就把自己拿下，过河拆桥的动作开展得也太快了。于是，这三个人就结成自己的朋友圈。如果是以前，这个朋友圈的实力雄厚，可现在他们除了国家一级公务员的空衔外，没别的力量了。

完颜宗弼已经接过都元帅的大印，虽然职务不比他们高，但手里有刀有枪。于是，迅速以谋反罪把完颜宗磐诛杀，然后又把完颜昌也杀掉了。

如此一来，号称大金国头号牛人的完颜宗翰就成了光杆司令，郁闷的心情与日俱增，最后也死了。

金国这次建国以来发生的第一次权力争斗似乎跟蒙古人没一点关系。其实是大有关系的。

吴乞买一死，金国就无法把讨伐蒙古的事提到议事日程上来；金国内部忙于争斗夺权，连南宋都不打了，就更加忘记了蒙古人的事。金国主和派那几个人本来都是金国的牛人，现在首领被杀，他们要是还留在大金国的土地上，哪还有好果子吃？这些人都曾经猛打过宋朝，所以不敢跑到南方去，大多数都跟随完颜昌的儿子胜花都郎君跑到蒙古部落，寻求保护。

如此一来，合不勒汗手下就凭空来了很多人才。此前，他们只是一帮在草原上跑马的汉子，虽然结成部落，不断扩大自己的势力，但管理模式还是粗放型的，并没有什么成文规矩。当金国这些管理人才逃到这里之后，合不勒汗才知道，管理一个组织还有这么多复杂的规矩。他按照这些金国叛逃者的建议，果然让部落的实力不断雄厚起来。这些外来人才，对大金政权都有着刻骨的仇恨，一天到晚都在做合不勒汗的工作，叫他不断地在边界闹事。在这些人的指点下，合不勒汗的闹事不断升级。以前，他虽然勤于闹事，但基本都是在开展打砸抢工作，抢到一些东西之后，抢在金国军队出动之前，赶紧逃到大草原去。现在却不同了，他在这些人才的教导之下，深刻认识到，要干成大事，不但要扩充人口，而且更要扩充土地，让版图不断扩大，使部落成为一个国家。于是，他按照这个思路，不断地蚕食金国的土地，吞并了原本属于大金国领土的二十多个寨。

金国人做梦也没有想到，蒙古部落居然会来这一招儿。以前他们冲上来，抢了就跑，再怎么抢，也只是危害了边界民众的生命财产。现在这么一来，金国的国家安全就受到威胁了，必须认真对待了。

史书在描述此事时，说:“蒙古由是强，取二十余团寨，金人不能制。”

本来现在金国主战派已经牢牢把控权力，正跟南宋打得不亦乐乎，突然发现背后正在被蒙古部落猛挖墙脚，而且其志显然不小。完颜宗弼也是大金国的开国元勋，对于蒙古人的这个动作，当然觉得很熟悉。他知道，现在的蒙古部落已经有高人指点了，再派胡沙虎之流的人去对付，除了让合不勒汗得到练兵的机会外，没有别的收获。于是，他决定亲自出马。他是大金国的头号牛人，政权军权都掌握在他的手中，而且是对宋朝开展军事行动的总指挥。现在他要腾出手去对付蒙古部落，就只好宣布暂时结束金宋战争。

完颜宗弼这次出征，确实是一副要打死合不勒汗的架势。这一次，他带的部队有八万人，说是倾国之兵也不为过。所有的人都认为，这一次，合不勒汗的部落会被扁得不剩渣。

完颜宗弼更是气势如虹，志在必胜。

完颜宗弼的大军很快就来到大草原了。他跟所有的人一样，都以为一到大草原就可以开打，然后就宣布胜利结束。哪知，他们来到大草原之后，发现大草原确实大，自己怎么也找不到敌人。他这才知道，八万人的队伍虽然庞大，但放在草原上，就显得十分渺小了。

合不勒汗知道完颜宗弼不是胡沙虎。以前胡沙虎在草原上转圈时，合不勒汗时不时还过来袭扰一下，让胡沙虎偶尔还看到蒙古骑兵的模样。现在完颜宗弼在草原上转了几个圈，连敌人的气味都闻不到。最后，完颜宗弼也无奈了。因为，他虽然没有像胡沙虎那样被敌人袭扰得想自杀，但比胡沙虎当时的状况还要差。当时胡沙虎只带了一万人，没几天，炊事班就跑过来告急，现在完颜宗弼带的是八万人啊。八万人的后勤比一万人更困难。战争打的不是刀枪战，而是后勤战啊。谁的后勤保障最有力，谁赢的机会就越大。

连没有多少战争经验的合不勒汗都知道这个道理，完颜宗弼哪能不知道？

后勤告急之日，就是他大败之时。

他立刻下令班师，并向朝廷称：这些年来，咱们连续对外用兵，仗打得太多，已经到了帅老兵疲的地步。当然，帅老兵疲、无功而返，也没有什么。如果一不小心又像胡沙虎那样踩到人家的埋伏圈里，那可就损失巨大了。不光我完颜宗弼的一世威名丢掉了，只怕国家也要被拖累。到时，蒙古人和宋朝人联合起来，对咱们两面夹击，那就更麻烦了。现在蒙古人虽然嚣张，但他们的志向并不大，也没见过什么世面，多给他们一些好玩的东西，把他们打发了算了。

估计连他也不相信自己的这些鬼话。尤其是蒙古人没大志向之类的话，完全是找借口的惯用辞令。

于是，在完颜宗弼的主导之下，金国与蒙古部落达成协议：割西平河以北二十七团寨与之，岁遗牛羊米豆，且册其长为蒙古王。

金国把合不勒汗抢占的那二十七个团寨全部免费送给蒙古，每年还要定期把优质牛羊米豆等好吃好喝的东西送给蒙古部落，任命合不勒汗为蒙古王。这就等于承认了金国对合不勒汗没有办法，愿意送这些东西去满足他们的需要，让他们别再捣乱了。合不勒汗聪明得很，所有的物质和土地他全盘照收，但任命书他却退了回去。因为拿了任命书，就等于成为大金国的诸侯国，即使金国只是做表面文章，不干涉蒙古部落的内政，但不管怎么样，合不勒汗就是不干。他现在要做的是独立自主，不断把蒙古部落做强做大。

其实，金国任命他为蒙古王，也只是为了面子问题。他们也是这样走过来的，在他们闹事时，辽国也不断地册封他们。只是辽国册封他们时，是一步一步地提拔，没有像他们册封蒙古部落时，直接封王，基本一步到顶了。哪知，合不勒汗居然一点不领情。

完颜宗弼很气愤，全体金国人都很气愤，但除了气愤之外，没有办法。

合不勒汗也知道金国现在对他只有气愤没有办法。

我们有理由相信，合不勒汗此时已经在心里制定了一套更长远的发展大计，但他却无法去实施他的这个蓝图。因为他已经老了，不久就死掉了。

他临终时，并没有把汗位传给他的儿子，而是传给了他的弟弟俺巴孩。

合不勒汗是蒙古有史以来，最有作为的部落首领，他选俺巴孩做继承人是有他的道理的。因为现在他不光面对强大的大金帝国，而且还必须面对蒙古草原上的其他部落。

本来蒙古草原上有无数个部落，在很久以前，这些部落人口数量都很少，但经过这么多年不间断地兼并，很多部落没有了，而部分部落变得越来越强大。现在蒙古部落的四周就有五个实力雄厚的大部落：塔塔儿部、蔑儿乞部、汪古部、克烈部、乃蛮部。这些部落都是经过多年血拼存留下来的，力量跟蒙古部落有得一比。合不勒汗一生以南向侵金为发展的首要大计，一来因为金国土地上的物质丰富，二来因为周边部落强大，发展困难。这才不得不采取向南发展，向北防御的方针。

合不勒汗很成功。

他希望他的继承人也成功。

他虽然觉得俺巴孩汗可以继承他的遗志，把蒙古部落继续做强做大，但俺巴孩汗却没有他的那个水平，没有处理好与周边部落的关系，最终酿成了一场无可挽回的悲剧。

一个萨满引发的血案

话说，蒙古部落的东边是塔塔儿部落的势力范围。塔塔儿部就是鞑靼部。他们占据着蒙古草原最为肥美之地——呼伦贝尔草原。蒙古部落历代首领都对这片土地吞着口水，但经过力量对比之后，最后都放弃了这个规划。即使是合不勒汗，也仍然采取保守政策，没有向东跨过一步。但塔塔儿部也不是傻瓜，他们时刻都在提高警惕，睁大眼睛防范着蒙古部落。双方表面上都保持着一副热爱和平的样子，但都憋着气把对方当成敌人。

在这种双边关系的作用下，双方边界无疑就是个火药桶，只要有点火星儿闪，就会立刻引爆。而且这些火星迟早会冒出，不管是故意的，还是偶然的，但最终是必然的。

火星儿很快就划破了这个寂静的夜空。

所有人都没有想到。

因为，事情发生得实在太偶然了，而且是在一个很友好的事件中爆发起来的。

当时蒙古草原的医药还不发达，谁有什么病，基本都是请个萨满过来，跳大神驱逐病魔，让病人起死回生。有一天，合不勒汗的内弟生了病。他听说塔塔儿部的萨满很有水平，于是就派人把这个萨满请到他的帐篷来为他治病。这本来是件好事，对增进双方的友好关系可以起到积极的作用。

哪知，这个患者的病情实在太严重，神仙也治不了。萨满跳神都跳得汗流浃背了，他不但没有神到病除，反而就在神仙面前直接咽气了。

如果是其他人，估计也没什么事，可他是前任可汗的内弟啊。合不勒汗一共生了七个儿子，这七个儿子都继承了他的脾气火暴的基因，看到自己舅舅死了，就坚定地认为，一定是萨满搞的鬼。

火药桶就这样被引爆了。因为引爆的条件十分成熟——一个合不勒汗内弟，加上一个塔塔儿的萨满，在死亡线上相撞，于是，双方关系不可调和。

当时，蒙古部落二话不说，更没有请谁验证一下死因，直接就把罪名套到萨满头上，宣布萨满为杀人犯，然后直接砍头。在他们那个简单的思维系统中，杀人偿命，天经地义。

消息很快传到塔塔儿部那里。

塔塔儿部立刻群情激愤。

在蒙古草原上，萨满的社会地位是十分崇高的，有时甚至比部落首领还要高。萨满是整个部落的精神领袖。现在精神领袖被人家一刀砍了，他们的精神世界不爆炸才怪。

于是，他们在第一时间就点好兵马，杀向蒙古部落。

合不勒汗的几个儿子，这么多年来跟随老爸到处打仗，而且还跟金国的兵打过，有着丰富的作战经验。

他们看到塔塔儿部的铁骑高呼报仇杀过来时，当然没有退缩。

结果，塔塔儿部落大败。

大败的塔塔儿部表示不服，回去之后，总结经验教训，觉得这次败仗的原因是战前准备不足，匆忙出战。于是，全部落动员，把前期准备工作做好。

当他们认为所有准备工作都做好之后，便又浩浩荡荡地杀向蒙古部落。

双方再战，结果塔塔儿部输得更惨，不光损失了大量人马，连那些为战争准备的军用物资都成了对方的战利品。

大败的塔塔儿部在残酷的现实面前，终于清醒地认识到，打仗靠的是实力，而不是神仙。你实力不行，神仙也帮不了你。

塔塔儿部又进行了一次总结，一致认为，蒙古部落的战力已经无敌草原，他们再怎么狠，也打不过蒙古部落了。但报仇的事，却不能因此而搁置。既然不能硬碰硬，那就得改变方法——明的不能取胜，就玩阴的。没有谁规定，报仇只能通过战场比拼。

他们对当前局势进行了一次全面分析，知道蒙古部落这些年的强大，是通过跟金国死磕取得的，金国被蒙古部落搞得很郁闷，比他们更恨蒙古人。于是，他们很快定下方针，跟大金国联合起来，共同打倒蒙古部落。

塔塔儿部的这个策略，可以说是无懈可击，很有战国纵横家的范儿。

他们立刻换了一张友善的面孔，派人跑到蒙古部落，表示大家本来都是一家人，都是在草原讨生活，现在产生了误会，何必为这些小事死磕到底，主张从此和平相处。

俺巴孩汗此刻面对强大的大金帝国，生存危机时刻都存在，跟塔塔儿部闹到这个地步，他是十分不愿意的，只是事发突然，一时掌控不了，只得硬着头皮打了两场。现在塔塔儿部表示服输，主动派人求和，那是天大的好事，让他心头的一块大石重重地落到地上，哪有不答应的道理？

塔塔儿部仍然没有完，又满脸堆笑地说，为了巩固咱们的双边关系，我们结为亲家，从此世世代代亲如一家人，好不好？

俺巴孩汗一听，当然同意，立刻表示他正好有一个女儿，已经到了结婚的年龄，就让她嫁给你们的可汗吧。

塔塔儿部的人想不到俺巴孩汗的脑子这么简单，答应得比他们预想的还要爽快，心里就笑了。

俺巴孩汗继续说，“这个女儿是我的掌上明珠，所以，我得亲自送过去。”他实在太想把双方的关系搞好了，他以为这是他主政以来取得的一次外交上的胜利，要把这个胜利成果好好巩固一下，从此永远消除东边的隐患，让他们全心全意与金国对抗。

俺巴孩汗这时表现出的完全是草原汉子的耿直，完全没有想到对方正在跟他玩阴的。

他在处理这件事时，很讲究效率，说做就做，决不拖沓。他在第一时间里，带着他的女儿和一大堆嫁妆向塔塔儿部走去。送亲队伍浩浩荡荡，一路喜气洋洋。

哪知，当喜气洋洋的送亲队伍到达塔塔儿部的地盘时，俺巴孩汗并没有看到吹吹打打的迎亲队伍。在他正转头张望间，突然四面杀声大起。他这才知道上了大当。可现在才知道上当，还有什么用呢？

塔塔儿部就这样把俺巴孩汗俘虏了。

俺巴孩汗怒骂不已。

塔塔儿人脸上全是阴险的笑容，对他说：“我们承认在战场上打不过你，但我们仍然可以把你抓住。只要能抓住你，我们用什么办法都可以。”

俺巴孩汗大吼：“你们不放我回去，我的儿子、侄子们会把你们灭光的。”

塔塔儿人继续阴险地笑着，说：“对此塔塔儿人早就有了对付的办法。我们打不过你们，但金国可以打得过你们吧？现在我们决定不杀你，要把你送到金国去，让金国皇帝杀你。从此以后，我们跟金国保持友好关系，还怕你的儿子、侄子们吗？”

俺巴孩汗一听，这才知道塔塔儿人这招儿真的很毒辣。塔塔儿部不算什么，可搭上一个大金帝国，蒙古部落的麻烦就大了。

塔塔儿部的人看到俺巴孩汗的脸一片煞白，无不觉得心里超爽。

塔塔儿部说到做到，迅速把俺巴孩汗送到了金国的首都。

金国的高层本来正被蒙古人郁闷着，恨不得把蒙古部落的首领抓到手，千刀万剐，但实在没有办法抓到，哪想到塔塔儿部却把俺巴孩汗五花大绑着送来了。

金国高层虽然曾经许诺要跟蒙古部落世代友好，只要不再捣乱，每年就送给他们很多东西。但完颜亶在反复考量之后，决定把俺巴孩汗砍死。他开刀是有他的理由的。他也知道，杀了俺巴孩，根本吓不倒复仇心极强的蒙古人，只会激起蒙古人的愤怒。可他仍然杀了。金国高层对蒙古人性格还是十分了解的，他们杀了俺巴孩汗，蒙古人固然很愤怒，但蒙古人最愤恨的一定是塔塔儿人，而对金国的愤怒肯定会放在第二位。蒙古人即使要打，也会先打塔塔儿部。塔塔儿部打不过蒙古部落，一定会更加全心全意地当他们的二层机构，成为金国牵制蒙古部落的重要力量。

如此一来，三方立马演化成现实版的三国演义，大家相互为敌，又相互利用。而整个局势对于蒙古部落而言，是大大的不利。

俺巴孩汗知道金国人肯定不会放过自己，他不想自己就这样不明不白地死在金国的土地上。他要让他的部落知道他的死，知道他被谁杀死。他也必须让部落知道他的遗言。但现在他和他的随从都被关在这里，让谁跑到他的部落传话呢？后来他想到了一个办法。在完颜亶准备杀他的时候，他大声对完颜亶说：“你通过卑鄙的手段，教唆别人抓到我，算什么英雄？现在又准备杀掉我，我的部落必定会找到你，为我报仇。”

完颜亶冷冷一笑：“你的部落能找我报仇？我现在就放你的随从回去，向你的部落报告，然后就坐等他们前来报仇！”

于是，俺巴孩汗的随从巴拉合赤就带着他的口信，跑回蒙古部落传给合不勒汗的儿子忽图剌和合答安太师：“我作为蒙古部落的可汗，亲自送女出嫁，最后竟被塔塔儿部的人扣住，然后送给金国人，最后将我害死。你们以后做事一定要多个心眼，一定要引以为戒，不要再相信塔塔儿人。我死后，你们一定要为我报仇，哪怕你们的五个指头全部秃光，甚至十根指头都磨尽。”

金国人把他押赴刑场，把他钉死在木驴上。蒙古部落的可汗就这样死在一场阴谋里。

铁木真出世

俺巴孩汗死后，蒙古部落虽然都愤怒地高喊为可汗报仇的口号，但他们也知道，当前首要的任务不是去打仗，而是先选出新的领导人。本来，按照老规矩，这个新领导人基本都是由前领导人老早就指定了的，根本不用再选。可是由于俺巴孩汗还没有来得及指定就被别人杀死了，于是，大家就根据他临终的行为寻找新的领导人。他临终时，指定接受他遗言的有两个人，一个是忽图剌，另一个是合答安。

大家马上达成共识，新的首领就从这两个人当中产生。

于是，全体蒙古人和泰赤乌部人都在斡难河畔的豁儿豁纳黑草原上开了一次大会，选举新的首领。结果大家一致同意由忽图剌继承汗位，带领大家去为老可汗报仇。这绝对是一次隆重的大会。会议结束的当晚，参加大会的人就在豁儿豁纳黑草原上歌舞庆祝，非常热闹。

欢庆之后，忽图剌汗大手一挥，跟合答安立刻上马，宣布出征塔塔儿部。

此前，他们多次与塔塔儿部打过仗，每次都是取得胜利。他们原本以为，这次同样会以胜利而告终。哪知，现在不是以前，他们虽然满怀悲愤，在报仇的口号里奋不顾身，但却没有取得胜利。他们连续发动了十三次战斗，但仍然没有达到报仇的目的。

忽图剌汗终于知道，指挥打胜仗是需要水平的。他虽然觉得自己报仇无望，但他坚定地认为，他的侄儿也速该能完成这个艰巨的任务。

也速该是合不勒汗次子把儿坛阿秃儿的第三个儿子。目前是蒙古乞颜部的首领之一，获得的称号是把阿秃儿。把阿秃儿是蒙古语，意为“勇士”。在草原上能获得这个称号的人是很荣耀的。也速该年轻时就获得了这个称号。

他年轻时确实很牛。

那时蒙古部落是他爷爷在当家，正是威震草原的无限风光时期。

有一天，他在斡难河畔放鹰捕猎，突然看到前头尘土飞扬，一队迎亲队伍正吹吹打打地过来。他看了一会儿，才知道原来是蔑儿乞部人赤列都到斡勒忽讷兀惕部讨了个新娘，正往回走。他突然产生了一股好奇之心，便跑过去看看，这个新娘到底长得怎么样，值得赤列都搞得这么隆重。他伸头过去，目光接触那个新娘的瞬间彻底惊呆了，这个世界上居然有这么漂亮的美女，这么漂亮的美女居然嫁给赤列都这样的男人，太不公道了。只有嫁给也速该把阿秃儿才公道。

也速该鹰也不要了，立刻策马跑回家，把哥哥和弟弟叫了过来，让他们跟他一起去抢美女。

兄弟三个二话不说，上马就狂奔而去，很快就追到了赤列都。

赤列都看到三兄弟脸色都恶狠狠的，知道来者不善，哪敢招惹？骑着自己的快马就逃走了。可三兄弟仍然不放过他。

他终于来到了他的车边。车里坐着他的新娘。

他的新娘叫诃额仑。

诃额仑对他说：“你为什么喘粗气，难道碰上什么危险了？”

赤列都说：“你看看那三个人，不知道为什么老是追我。我跟他们并不认识啊。”

诃额仑一看，对赤列都说：“我看那三人真的很可疑。看样子是想过来砍死你啊，你还是赶紧逃命吧。”说着，脱下自己的衣衫，交给赤列都。

赤列都知道新娘说的没有错，于是就拿了衣衫，拍马逃跑。

也速该看到赤列都逃跑了，胆气就更壮了，拍着马狂追，一直追过七座山岗，看到对方的马实在太快，就是追到猴年马月也追不上——反正这次的目的是抢新娘，不是来杀人的。现在他既然逃跑了，而美女还在车上，不如先回去看看美女。

也速该来到车旁，美女果然还在车里，但却在哭。

也速该就做她的思想工作："你那个新郎也太不像话了，居然一点胆子都没有，直接丢下老婆就跑，你跟这样的人生活下去，还有什么意思？不如嫁给我，我保护你一辈子。"

诃额仑一听，觉得这话还真对，就停止了哭泣。再看看这个也速该，长得很英武。

也速该看到她不哭了，知道她答应改嫁给自己了，心里很高兴，上前就牵了她的马缰，向自己的住处走过去。他的两个兄弟在前面为他开路。

这么强行抢别人的老婆，在当时的草原上是无比英雄的行动。合不勒汗看到也速该抢到了个漂亮的老婆，高兴得放声歌唱起来，当晚就为他们举行了一场隆重的婚礼。

再后来，合不勒汗死掉，俺巴孩汗上了塔塔儿部的当，被金国放到木驴上处死，再然后忽图剌拼命报仇。每次忽图剌上马征战，都是也速该当先锋。

在忽图剌汗征讨塔塔儿部的一次战斗中，尽管整个战斗结果并不理想，但也速该却在这次战斗中取得了巨大的战绩。几乎所有的蒙古人都认为，也速该真不愧"把阿秃儿"的称号。

因为在这次大战中，其他勇士都没有什么战功，只有也速该俘获了两个敌人的首领，而且据说其中一个是塔塔儿部的首席勇士，草原上远近闻名，这个偶像级的勇士叫铁木真。

当他押着草原头号勇士进入营地时，突然喜讯传来：诃额仑夫人生了一个儿子。

也速该大喜之下，立刻决定把这个孩子起名铁木真。

塔塔儿部的铁木真被他彻底从草原上消灭，蒙古部落的铁木真将如同初升的太阳一样，在草原上冉冉升起。

蒙古部落的铁木真将让这个世界大吃一惊！

第二章
苦难的童年

也速该之死

也速该很高兴，在那里纵情歌唱。可忽图剌汗却悲催了。他自当了蒙古部落的可汗后，原本兴旺发达的蒙古部落却衰败了下来。他时刻都保持着复仇的姿态，一有力量就找塔塔儿部打仗，可打了这么多年仗，除了双方不断死人之外，再没有取得任何胜利。

他保持着不胜的纪录。这些纪录让他越来越郁闷，再加上年纪也大了，到了这时突然就觉得自己真的累了，觉得自己的生命走到了最后关头。

忽图剌汗差人过来，把正喜气洋洋的也速该叫了过去。

也速该来到可汗的帐篷里，发现可汗叔叔病得只剩最后一口气了。

忽图剌汗在病榻上对也速该说：“自从俺巴孩汗遇害后，咱们的部落就越来越不景气了。咱们打了这么多年仗，都没有报得大仇。我死后，你就当部落的老大吧。你的担子很重。”

也速该就这样成为新的最高首领，但他觉得现在蒙古部落太过衰落，因此并没有称可汗。

也速该还很年轻就有了勇士的头衔，在战场上是个冲锋陷阵的好手，因此更相信自己的战力。他接过汗位之后，继续跟塔塔儿部打仗，但跟忽图剌汗所取得的成就没什么两样。

在他当首领期间，他漂亮的妻子诃额仑夫人又给他生了三个儿子一个女儿。他还娶了一个小老婆，这个小老婆也给他生了两个儿子。

诃额仑的四个儿子分别是：老大铁木真，老二合撒儿，老三合赤温，老四帖木格。另外那个女儿叫帖木仑。也速该小老婆生的两个儿子分别叫别克帖儿和别勒古台。

生了这么多子女，也速该心里很高兴。当时草原上生存环境艰难，人口永远是第一生产力，谁生育的子女多，就意味着谁发展的潜力巨大。

铁木真很快就九岁了。也速该按照当时的习惯，决定为这个儿子定一门亲事。

也速该认为，弘吉剌部向来盛产美女，就决定带着铁木真到那里去，为他讨一个漂亮的媳妇。于是，父子两人骑上马就直奔弘吉剌部而去。然而，也速该做梦也没有想到，这次讨儿媳妇之路，居然是自己人生之路的最后一段。

他们很快就到了弘吉剌部。在他们四处张望寻找合适美女的时候，一个人出现在他们的面前。这个人叫德薛祥。德薛祥看到也速该风尘仆仆的样子，就问："你不是我们部落的女婿也速该吗？我们是亲家啊。今天你有空到这里来，你现在打算到哪家做客？"

也速该直接就说："这是我的大儿子，现在九岁了。我想为他定一门亲事，所以就带他过来了。"

德薛祥一听，就睁着那双眼，认真地把铁木真从上到下从左到右地打量了一遍，觉得这个孩子的相貌真不错，长大了必定是个大大的英雄。而且，蒙古部落向来是草原上最牛的部落，他们弘吉剌部虽然盛产美女，但向来是草原上的弱势部落，如果能跟蒙古部落结成亲家，让他们当自己的保护伞，也是很不错的。德薛祥号称弘吉剌部的智者，脑瓜子转得很快，立刻就说：“昨天我做了一个奇特的梦。我在梦里看到一只雄鹰。这只雄鹰不一般，它的一只爪子抓着太阳，另一只爪子抓着月亮，飞到我的肩头。然后它突然变成人的模样。我对这个梦记得清清楚楚，这个雄鹰变成的那个人，就跟你的这个儿子一模一样。你看看，你的这个儿子，眼里有火，面上有光，肯定不是一般人。”

也速该也跟所有的父亲一样，一听到别人称赞自己的儿子，脸上就全是笑容。

德薛祥继续说：“你肯定知道，我们弘吉剌部虽然没有你们蒙古部落那样，有很多英雄，但我们的美女很多。我们不靠英雄去抢占别人的土地，但让我们的美女嫁给你们的可汗，成为可汗的妃子。所以，你们有英雄，我们有美女。”

也速该点点头说：“我早就知道你们部落有美女啊，所以才到你们部落来。现在请你帮忙介绍一个美女给我的儿子铁木真。”

德薛祥笑了笑说：“我现在就有一个女儿，正好十岁。你跟我过去，看看到底合不合适。”

也速该带着铁木真来到德薛祥的帐篷里。

德薛祥把自己的女儿叫了过来。也速该一看，这个小美女看上去真是既漂亮又聪明能干啊。

也速该一拍大腿，说：“这就是最理想的儿媳妇了。”

两人就在德薛祥家里住了一晚，第二天，也速该给铁木真把亲事定了下来。

本来，按草原的习惯，男方向女方求婚，一定要求多次才答应——即使双方已经有情有意，但这个推三阻四的形式还是要讲一下的。但德薛祥怕一番推三阻四下来，也速该不耐烦起来，这门亲事就彻底泡汤了，因此就对也速该说：“既然咱们都真情实意，自愿结为亲家，就不要走那个形式了。常言说得好，自己的孩子中，女儿最亲；别人的孩子中，女婿最亲。我现在把女儿许给你的儿子，你就把你的儿子留下做我的女婿吧。”

也速该也是个爽快的汉子，听到德薛祥这么一说，当场就表示：“这样最好！”

于是，也速该把自己带来的一匹马当成聘礼，喝完一场酒之后，留下铁木真，骑马回去了。蒙古部落那边还有很多事等他处理。

他怀着无比兴奋的心情往回走。

他走着走着，觉得口渴了，正想下马找水喝，突然发现前头有一群人正大吃大喝，分明是在举行一场隆重的草原盛宴。他心里很高兴，按草原上的习惯，不管你在哪里，只要碰到人家举行宴会，你都可以直接上去大吃大喝一场；而举办宴会的那一方，一看到过路的人，不管他饿不饿，都得盛情邀请这个路人过来，好酒好饭款待，尽兴方休。只有这样，你才算是合格的草原部落汉子。

那些人也发现了这个路人。

于是，几个人就过来拉也速该入宴。

等双方看清对方的脸后，都是大吃一惊，因为也速该面前的这些人正是蒙古部落的死对头塔塔儿部。而塔塔儿部的人看到居然是蒙古部落的也速该，一愣之后，立刻刷新面容，把笑脸挂了上去，热情地把也速该请了过去。

也速该也不便拒绝，只得参加了这个隆重的宴会。

也速该心想，塔塔儿不会趁着今天把自己干掉吧？这不是草原部落的风格啊。

后来，他看到塔塔儿人都在热情地劝他吃饭喝酒，丝毫没有动刀动枪之意，便放心地又吃又喝。

塔塔儿人当然没有当场把他捆起来，然后手起刀落，把他的头砍掉，而是继续玩阴的，在他的酒里下了毒。

塔塔儿部的人玩阴的很有水平。他们给也速该下的毒并不重。因为如果下毒的分量太重，也速该会死在现场，这跟直接砍死也速该没有任何差别。虽然杀死了这个仇敌，但塔塔儿部的名声在草原上就臭气熏天了。他们现在是既不想臭气熏天，又想要也速该的命。

他们下毒的剂量拿捏得很精准，也速该吃饱喝足之后，浑身没有什么不适。他告别塔塔儿部，继续赶路。

再走了三天，他终于回到自己的家。回到家后，他才觉得身体越来越难受。他请了萨满过来，可症状不但没有减轻，反而越来越重。他终于知道，自己又中了塔塔儿人的毒手。塔塔儿人在他猛喝的马奶酒里放了慢性毒药。毒药到现在才发作。

他知道神仙也救不了他。于是，他大叫："谁在？"

一个仆人进来，说："也速该大人，我在。"

这个仆人叫蒙力克。

也速该对他说："蒙力克，我就要死了。我带铁木真去定亲回来，碰到塔塔儿人，遭到他们的暗算。他们在马奶酒里下了毒。我的儿子还很小，以后你就帮我照顾他们吧。你快去把我的儿子铁木真带回来。"

他说完这话之后，就当场死去。

蒙力克马上就跑到德薛祥那里。他并没有直接说，也速该已经死了，得请铁木真回去，而是对德薛祥说："我们家老大太想念铁木真了，派我过来把他带回去见见面。"

德薛祥一想，这是人之常情，便说："亲家想念孩子，那是再正常不过了。你们快快回去吧，见了亲家之后，赶快回来，我也想念女婿呢。"

铁木真回到家之后，才知道老爸被塔塔儿部毒死了，不由得放声大哭。你想想，从今之后，一个九岁的孩子，将怎么过啊？

不过，还有他的老妈诃额仑。

诃额仑夫人倒很冷静，劝说了她的几个孩子，要他们坚强起来，哭是解决不了问题的。

自从俺巴孩汗死后，到也速该当第一把手，蒙古部落不但停止了发展的势头，而且在不断地走下坡路。他们彻底上了金国的当，不断地跟塔塔儿部死磕，而塔塔儿部在金国的支持下，他们能打得赢吗？

于是，部落里也开始不那么团结一致了。

蒙古部落到合不勒汗这一代时，分成两个氏族。一个是孛儿只斤氏，另一个是泰赤乌氏。孛儿只斤氏由合不勒汗这一支繁衍而来，而泰赤乌氏则是俺巴孩汗的子孙。虽然都是蒙古部落，都是海都汗的子孙，但枝杈又一分，问题就多。当俺巴孩汗死后，部落第一把手被孛儿只斤氏掌握。泰赤乌氏的人表示不服——他们虽然不敢公开表示，但内心世界一点儿不服。只是也速该确实是个猛人，谁都不敢在他面前公开这个想法。对于这个问题，也速该的内心是很清楚的。所以，他当第一把手之后，并没有称汗。

也速该还活着，泰赤乌氏不敢怎么样，现在也速该死了，他们当然敢公开自己的意见了。

按理说，也速该死了，就得选新的领导人，可是谁也没出来主持这个事，大家就只好一个看着一个，整个部落过了一段无首领的生活。

当然，如果都这么过着，后面的故事就基本没有了。

泰赤乌氏的人对铁木真家的人越来越不爽了。

于是，冲突不可避免地发生了。

也速该死后的第一年春天，部落举行了一次祭祖活动。

这是一次例行的祭祀活动，如果有最高领导人，那么，就会由可汗主持，什么事都会按部就班。可现在只有部落，没有可汗，于是只能靠自觉了。俺巴孩汗的两个妻子斡儿伯、莎合台决定玩一把诃额仑。她们起得很早，然后叫了其他人，却不通知诃额仑夫人。等诃额仑夫人知道后，赶着跑过去时，发现祭胙肉和祭酒全被分光了。胙肉和祭酒是经神仙和祖先祝福过的，谁分到谁就得到神仙和祖先的保佑。

她很气愤，就去找那两个寡妇论理："我们也是蒙古部落的成员啊，难道也速该死了，我们就不算是部落人了吗？你们就不看看，他的儿子已经长大了啊。你们来祭祖时，为什么就不通知我一声？分肉分酒时，为什么就不留给我们一份？"

那两个寡妇一听，就更气愤了，以前也速该还活着时，她们不敢说话，现在也速该死了，铁木真他们都还小，她们怕什么？于是，她们直接打断诃额仑的话，吼起来："你以为你是谁？有什么理由要求我们做什么事都通知你？有什么事都向你请示？你以为俺巴孩汗死了，你就可以为所欲为，说什么话都不用顾忌了？"

诃额仑气得说不出话来。

两个寡妇过完嘴瘾之后，拎着酒肉扬长而去，而且还没有消停。

她们回到家之后，接着商量："我们不要跟这种女人在一起了。我们干脆把部落的营盘搬走，让他们孤儿寡母在这里生活。"

现在这两个老妈妈是泰赤乌氏里最讲得上话的，她们拍板决定之后，便去挑动泰赤乌部的带头大哥塔儿忽台，要他立刻行动，宣布泰赤乌氏男女老少将搬至别处。于是，曾经与也速该共同奋斗过的另一半蒙古人在这两个女人的鼓动之下，在塔儿忽台的率领之下，收起自己的帐篷，带着他们的牛马，顺斡难河而下，去开辟新的土地。

他们在拔营搬走的时候，还大力宣传，鼓动很多孛儿只斤氏的男女跟他们一起走。最要命的是，脱延朵也跟着泰赤乌人搬迁出去。他是合不勒汗的第七个儿子，算起来是蒙古部落长老式的人物，更是孛儿只斤氏里德高望重的长辈。哪知，他居然也觉得勃儿只斤氏已经前途无望，愿当泰赤乌氏的附庸了。

蒙力克的老爸察剌合——也就是也速该的老仆人，看不下去了，就去拉脱延朵老人家的马缰，劝他："别人可以走，但您老人家不能走啊。你老人家要是走了，那合不勒汗的孛儿只斤氏就彻底完蛋了。"

脱延朵盯着这个老仆人，说："深水已经干涸，连石头都已经破碎了，留在这里还有什么意思？想过好生活，还是跟大伙一起过啊。你再跟诃额仑他们，还有什么前途？"

察剌合不松手，还想讲个大道理，但脱延朵却不耐烦了——这个老家伙要是再讲下去，估计会有很多孛儿只斤氏会留下来，便吼道："你是什么人？居然敢劝说我？"

说罢，举起手中的枪，向察剌合的后背刺去。

察剌合受伤倒地。

铁木真看到后，跑过来，问他是怎么回事？

他告诉铁木真："你老爸还在的时候，把我们团结在一起，大家过得好好的，我们部落也很兴旺。现在这么多人居然要离开这里，我去劝说，他们就把我打伤。”

此时，铁木真才十岁，哪有什么办法？他看着受伤的老人，再看看斡难河沿岸，易地搬迁队伍浩浩荡荡，而原来的部落营地已经一片狼藉。

铁木真的老妈正在举着一面大军旗骑着快马追赶搬迁队伍。

她举着大旗站在队伍面前，一脸严肃地注视着孛儿只斤氏的人。那些人在她的注视下，终于不情愿地扭过头，跟着她回来。

可没几天，那些被她追回来的人又觉得跟一家孤儿寡妇混实在没什么前途，于是又都决定搬走。这一次，诃额仑没有再高举大旗阻拦他们了。因为她也知道，那杆旗已经没有用了。只有也速该举着那面旗才有用。

曾经热闹非凡的部落营地，一下子就全面衰败，只剩下他们一家人在那里过着苦日子。后来，蒙克力也不得不离开了铁木真他们。

十岁的铁木真对人情世态有了深刻的体会。

死里逃生（上）

诃额仑深知，这个世界真的没有救世主，以后的一切要全靠自己了。她必须带着她的儿子们从头再来。她深信自己的儿子是这个世界上最优秀的男子汉。

这个曾经的部落首领夫人，终于彻底放下身段，像个难民一样，带着孩子们在斡难河畔奔波，拾野菜、摘野果，养育一家人。儿子们在慢慢地成长。

铁木真这个时候也开始表现出极强的个性。你是知道的，他的老爸除了诃额仑夫人之外，还有一个小老婆。

也许因为这两个弟弟是庶出的，铁木真对他们就不怎么看好。

有一次，他和合撒儿、别克帖儿、别勒古台三个人在河边钓鱼。合撒儿是铁木真同母弟，而别克帖儿和别勒古台是他的异母弟。他和合撒儿很快就钓到一条闪亮的鱼儿，那两个弟弟看到这条鱼很漂亮，就跟铁木真要。铁木真不给，他们就把鱼抢走。

铁木真很生气，跑回来向老妈告状，说他们抢走了他的鱼，老妈得为他做主。

他的母亲看到他的脸上全是杀气，就劝他："一条鱼算什么？值得你们兄弟这样闹吗？现在部落的人都抛弃咱们而去，整个营盘就只剩下咱们一家人。咱们现在连个亲戚朋友都没有。你们再不团结，以后怎么去找泰赤乌人报仇？"

她说过之后，看到铁木真仍然不服，又说："我多次给你们讲过阿阑豁阿母亲那五个儿子的故事，你为什么都记不住呢？你们一定不要像她那五个儿子那样闹分裂。"

铁木真仍然气愤地说："以前我们射到一只小鸟，也被他们夺走。现在他们又抢我们的鱼。泰赤乌人欺负我们，连别克帖儿也欺负我们。这日子还能过吗？"

他说着，也不等老妈再说什么，直接开门跑了出去。

他咬牙切齿地带着合撒儿去找别克帖儿。既然老妈不帮咱们做主，咱们就用自己的方式解决问题。

这时，别克帖儿正在小山上放马。

铁木真和合撒儿便从前后包抄过来。

别克帖儿很快就发现了这两个兄弟，看到他们满脸的仇恨，知道这两个兄弟已经把他当成敌人，要来跟自己算账了。他深知铁木真的性格。看到铁木真和合撒儿手里都有武器，而且已经拉开弓箭瞄准自己。

他知道他跑不了了，就索性盘腿坐在地上，对两位兄长说："平时老妈常教导我们，世界上最悲催的事就是兄弟自相残杀。况且，咱们现在正受泰赤乌人的欺负，他们时刻都要消灭我们，而我们也天天念着要报大仇。现在仇还未报，却先玩窝里斗，值得吗？我向你认错，行不行？难道兄弟的性命比不过一条鱼？"

铁木真和合撒儿仍然咬着牙向他瞄准。鱼和兄弟的性命哪个重要，已经不在他们的计算范围内。

别克帖儿知道，这些话对铁木真无效，只得再说："你们杀了我之后，请放过别勒古台，并让他继续跟你们生活在一起。”然后坐在那里，闭着眼睛等死。

铁木真和合撒儿一前一后，一起放箭，把这个抢鱼的兄弟当场射死。

两人杀完兄弟后，就回去了。

他们一进家门，诃额仑就觉得有点不正常，她略一思忖，立刻就明白，他们肯定去杀了别克帖儿。她当场放下手中的活儿，指着两个人大骂：“你们这么有本事去杀人，为什么不去杀大仇人，却去射杀自己的兄弟？现在咱们什么帮手都没有，而咱们的大仇人就离此地不远。本来咱们的力量就薄弱得要命，可你们现在居然连仅有的兄弟都要害死。我真不愿再看到你们了。”

铁木真和合撒儿从没看到老妈发过如此大的脾气，即使那次被部落人抛弃时，她都没多说什么，那张脸仍然很坚毅地面向前方。可现在她破口大骂，看来自己这次是真的错了，而且错得很严重，于是都摘下帽子，趴在地上，向老妈请罪。

诃额仑一看，也只得罢了，反正事已至此，总不能把他们真的赶走，更不能再伤害他们了。她反复告诫他们，一定不要再犯这个错误了。这个世界有那么多的仇人可杀，为什么一定要跟自己的兄弟过不去？以后你们要对别勒古台好，把他当成亲兄弟。而且，她也会更加疼爱别勒古台。后来，铁木真对这个异母弟也特别疼爱。

家庭矛盾终于化解了，虽然代价有点大。

在诃额仑和铁木真的苦心经营下，他们的家境开始有了点起色。那些曾经远离过他们的孛儿只斤人又陆续回到老根据地。毕竟泰赤乌氏对孛儿只斤氏人总是另眼相看。于是，蒙古部落的人口又逐渐多了起来。

如此一来，泰赤乌人又表示不干了。

此时，铁木真已经十五岁，长得比他老爸更英勇威武，孛儿只斤氏的人都很服他。泰赤乌人知道，现在铁木真母子最恨的人就是他们。如果再让铁木真的势力壮大，到时铁木真肯定会挥着大刀来找他们报仇。与其让他们来找自己，不如趁他们现在力量还薄弱时，先过去把他们灭了。

在泰赤乌氏人看来，铁木真虽然十五岁了，但仍然是个小孩，想打到什么程度，完全取决于他们的心情。

此次，泰赤乌氏的带头大哥仍然是塔儿忽台。这家伙最突出的性格特征就是嫉妒和心胸狭窄。他进行了一次简单的动员：咱们跟孛儿只斤氏的矛盾已深化到不可调和的地步了。这些年来，诃额仑那个寡妇和铁木真天天嚷着要报仇。现在他们的势力已经开始形成，咱不能等他们做强做大了，再跟他们决斗。那样咱会吃亏到底的。所以，趁他们现在的力量还很薄弱，先向他们开战，把他们全部消灭干净。

即使不用动员，泰赤乌人听说去打铁木真，也会很积极的。因此，塔儿忽台的话一说完，大家就都齐声喊，要去打铁木真的营盘。

此时，孛儿只斤氏的营盘里虽然回归了一些人，但老弱者居多，能打仗的就只有铁木真等几个孩子而已。

诃额仑和铁木真想不到泰赤乌氏居然来得这么快，也都有点慌了。但他们知道，到了这个时候，慌乱是解决不了问题的，逃跑也只是让人家多费点追赶的力气而已。

只有战斗。

兵来将挡！

当然，这话说起来很轻松，可几个战斗队员里，年纪最大的只有十五岁，他们的战斗力可想而知。

当他们看到草原那边尘土飞扬，铁骑滚滚，喊杀声越来越近时，他们就做好分工：别勒古台砍树木做寨子的栏栅，合撒儿和铁木真负责射箭。两个弟弟合赤温、帖木格和妹妹帖木仑实在太小，出来参加战斗，除了增加包袱之外，没有别的作用。于是，铁木真便把他们藏到石缝里。

泰赤乌氏的大队人马很快就杀到。

他们看到铁木真做的营盘，就笑了，这也能挡得住我们的铁骑？

铁木真一点不怕，向他们射箭，冲在最前头的骑兵被一箭射中，落下马来。泰赤乌人想不到这个小孩的箭法居然这么精准，于是都勒住马头，不再冲击。

塔儿忽台高叫:“把铁木真交出来，我们就退兵。否则，把你们全部杀光。”

营盘里的老人们都劝铁木真赶快逃走。

铁木真骑着马就向林子里逃跑。但还是让泰赤乌人看见，他们马上高喊活捉铁木真的口号，包抄过去。铁木真很快进了密林。

泰赤乌人不敢进林子。但他们并没有撤走，而是分兵把林子全部包围起来。

铁木真在林子里待了三个夜晚，看到泰赤乌人仍然在外面守着，而且个个忠于职守，一点没有撤回去的意思。他知道自己耗不过他们。于是，想找个机会逃出去。

林子是原始森林，根本没有路，只有一条进出口可以勉强出入——否则，泰赤乌人早就冲进来把铁木真剁死了。铁木真实在忍不住了，决定从出口硬冲出去。哪知，他牵着马没走几步，做翻身上马的动作时，马鞍突然落了下来。他察看了一下，马肚带还稳稳的，腹带也没有松，马鞍简直没有落的理由，但马鞍却硬是落了下来。

铁木真看着落地的马鞍，暗想，这是不是老天在警示我，不要出去。也许是出去的时间不成熟吧，那就再住三天。

到了第三夜，他再出去。这次马鞍没落。他暗自高兴。

可当他来到出口时，突然发现一块跟帐篷一样大的石头居然堵在那里。铁木真对这个林子很熟悉，在他的记忆里，这附近好像也没有这块石头。现在它怎么突然出现在这里呢？这么大的石头，谁能搬得动啊。他只得又想：肯定是老天在作怪，老天仍然不想让我出去。

铁木真虽然敢杀兄弟，敢跟泰赤乌人打仗，但他也怕老天爷。于是，他再次回到林子里，继续过着野人的生活。这么几天下来，林子里能充饥的东西都被他吃光了。他想，再不出去，他就会被饿死了。老天爷只会不断地提示他不能出去，但老天爷却不来解决他的温饱问题。

他最后咬牙想，在这里住下去，除了饿死，没有别的路可走了。与其被饿死，不如冲出去，即使拼了小命，也比饿死光荣得多。这么一想，他就不管老天爷了。

他再次来到出口。由于巨石已经硬生生地挡住了出路，他便用刀砍出一条路，绕道出来。

守在那里的泰赤乌人正密切注视着这个出口。他们都有点想不通了，这个小孩居然能在里面待这么多天，难道已经死了？但他们知道铁木真的性格，像他这样的人是不会甘心接受这种窝囊的死法的。他们坚信，这个小孩最终会出现在他们面前，最坏的结果就是跟他们拼一拼。可一个小孩再怎么拼命，能拼得过他们这些大汉吗？

情节发展的结果，跟他们预料的没一点差别。

铁木真很快就出现在那个出口。他牵着马，衣服破烂不堪，瘦弱无力，谁上前猛吹一口气都能把他吹倒。

泰赤乌人就这样抓住了铁木真，拿出早就准备好的木枷给他戴上，然后欢呼着回去庆祝胜利。

身戴木枷的铁木真知道，自己这次真的死定了。泰赤乌人费了这么大的工夫抓住他，还让他活着的话，他们还是泰赤乌人吗？

在铁木真的预想中，到了泰赤乌氏的营盘之后，他就会被押赴刑场，实行死刑。因为蒙古草原那时并没有关押人犯和俘虏的监狱。一般抓到之后，基本就手起刀落，免得横生枝节。

哪知，泰赤乌人这次不一样，他们抓到铁木真之后，居然没有立即动手砍死他，而是把他关起来了。

不是没有监狱吗？那好办，让他戴着木枷，由各家各户轮流看管，他还能跑到哪里去？是的，你没看错，我也没有写错，他们就是这样关押铁木真的。你一定会觉得很搞笑，但当时蒙古草原的人们就这样。因为，在他们看来，铁木真是整个泰赤乌氏的仇人，每个泰赤乌氏的人都恨不得把他剁死。因此，不管由哪家看管，都不会让他有逃跑的机会。

于是，他们的思维不会拐弯，而情节到这之后却拐了一次。也可以说，如果情节不拐弯，我们的历史就会拐向另一个方向了。现在你知道了吧，虽然历史进程是必然的，但有时某个偶然的情节也会左右历史前进的方向。

死里逃生（下）

那年的四月十六日，天气晴朗，宜于搞部落宴会。于是，整个部落就照例燃起了篝火，男女老少都跑到野外唱唱跳跳。

负责看守铁木真的那家牧民当然也积极参与。他们就让一个小孩负责看守铁木真。反正铁木真也没多大，而且还戴了个巨大的木枷，双手被套住，行动不便，走路困难，就是放他走，他也走不了多远，让小孩看着他，也只是防止万一。

历史上很多关键的转折点，往往就在这个“万一”上。

泰赤乌人只想到木枷能套住铁木真，却没有想到，铁木真会用它作为武器，把那个看守他的小孩砸晕。铁木真看到泰赤乌人居然没有马上杀他，而是把他关起来，今天把他关在这个家里，明天又由另一个家看守，于是，就睁着大眼寻找机会。他相信，机会总是会有的。

当他看到这个家的大人都去唱歌跳舞吃喝狂欢，立刻意识到，老天爷给他制造机会了。

于是，他用木枷把那个少年砸晕，然后逃出了帐篷。

他戴着木枷出帐篷时，泰赤乌氏的人正唱得兴高采烈。那里，篝火熊熊，歌声嘹亮……

铁木真却戴着那个厚重的木枷逃跑了。他先逃进附近的林子里，然后来到河边。由于木枷太过沉重，他到河边时已经跑不动了。

此时，他听到狂欢的人们突然喊起来：“铁木真跑了，铁木真跑了……”

于是，篝火四周的人群迅速乱了起来，舞姿没有了，歌声停住了。他们虽然在狂欢着，但他们深知，要是让铁木真跑了，他们的后患就大了，比纵虎归山的后果还要严重得多。

于是，他们都回到家，提起大刀，四处寻找铁木真，不管谁找到他，都必须坚决砍死。

这些人行动都很迅速，铁木真很快就看到一队人马，都提着闪亮的大刀向他躲藏的地方搜了过来。

铁木真知道，要是让这些人看到，这地方立马会成为他身首分离之处。现在他的四周没有遮挡之物。天上月亮很圆，而且万里无云，他的面前便是斡难河，河水映着白亮亮的月光，缓缓流着。

他无处可藏，便跳进了河里。

不一会儿，那伙提刀的人就来到了河边。他们在河边搜来搜去，几乎每根草都摸了一遍，就是没发现戴着木枷的铁木真。

其实，这个时候，铁木真就躺在河水里，全身都浸到水里，只让那张脸仰露水面。这些人的话，他听得清清楚楚。甚至这些人说话时的喘气声，他也能听得到。

但他们只顾搜岸上，居然没有人想到他会跳到河里。

后来，那些人觉得再这样搜下去，实在没意义了，便都到别的地方搜。铁木真以为这下安全了。可又有一个人提着刀走了过来。

这个人叫锁儿罕失剌，是泰乌赤氏的奴仆。他比那伙人眼尖多了，一来就看到了水中的铁木真。铁木真心里长叹一声，这下真的没命了。

哪知，锁儿罕失剌社会地位虽然不高，却跟铁木真的岳父大人一样，对自己的看相水平很自信。他看到铁木真的脸后，说："我看你相貌不凡，不但面上有光，而且眼中有火，必定会成为大英雄。因为你是少年英雄，所以泰赤乌人才嫉妒你，才要消灭你。你继续躲在这里吧。我不会告诉别人的。"他说过之后，就向前走去，很卖力地继续搜寻。

那伙泰赤乌人搜了这么久，很多地方搜了又搜，就是搜不到铁木真，心里很不服气。这么多人，在这么好的光线之下，居然搜不到一个戴木枷的逃犯。于是，有人大声说，"从这里到河边，再搜一遍，不信就搜不到他。这次咱不要只翻草了，要用马刀砍，一直砍到河边的芦苇。"

铁木真一听，又暗自叫苦。因为他现在就躲在芦苇里。

这时，锁儿罕失剌说："说得对。肯定是咱们刚才不仔细，没有看到他。现在咱都按各自来时的脚印往回走，再搜一遍吧。否则，乱哄哄地搜一遍，仍然搜不到他。”

大家一听，这个奴仆平时很老实，原来脑子很好用。这个办法比刚才效率高多了。

于是，各找各的来路继续骂骂咧咧地寻找。

锁儿罕失剌又来到铁木真藏身的地方，对他说：“你的那些泰赤乌兄弟们提着刀又来找你了。你小心一点吧。”然后又离开了。

泰赤乌人这次都很仔细了，但仍然没有找到铁木真。他们继续找，当晚干脆不睡觉了。

锁儿罕失剌说：“都找得这么仔细了，还没有找到，肯定是他另有藏身之处。还是按原路返回，再找一些没有找过的地方，如果找不到，就先休息了，明天再全力寻找。他戴着一个大木枷，还能跑到什么地方？”

这些人听他一说，又都觉得有理，二话不说，一致同意他的意见，又往回搜寻了。

于是，锁儿罕失剌又来到铁木真的藏身地，对他说：“你也听到了吧？他们明天又会来找你。现在你只能等我们散开之后，再去找你的老妈和兄弟们。如果碰到别人，千万不要说见过我，更不要说我见过你。”然后大声骂骂咧咧地走开了。

不一会儿，那伙人真的撤了。

但铁木真知道，去找老妈的事说起来轻松，可实施起来却困难得很。这里离他们家很远，就是步行回去，都还需要一段时间，何况还戴着这个讨厌的木枷。

但无论如何都得离开这里，都得远离泰赤乌人的地盘。

后来，铁木真突然想到，何不到锁儿罕失剌的家里去躲一躲？他这时还记得，当他被轮流关押的时候，也曾关在锁儿罕失剌家里。不光锁儿罕失剌对他很好，就连他的两个儿子沉白、赤老温也都对他不错。这两个人比他们的老爸更有同情心，半夜里居然偷偷摸摸过来打开他的木枷，说戴木枷睡觉实太不舒服了，让他安安稳稳地睡了一个好觉。现在锁儿罕失刺发现了他，不但没有告发他，还反复为他打俺护。对，就去他家，让他再保护自己，也只有他才能保护自己了。铁木真作为部落首领的后代，他老爸还当老大时，手下有很多牛人，也有很多奴仆。可等到他每次遇难的时候，那些牛人基本都没影了，倒是奴仆们不断挺身而出，帮助他、解救他。以前是蒙克力一家，现在是锁儿罕失刺。

铁木真决定把自己的命运交给锁儿罕失刺。

他爬上岸，浑身湿淋淋地又向泰赤乌的营地走过去。

泰赤乌人做梦也没有想到，铁木真居然又回来了。

当然，铁木真回来并不是要投案自首，而是要到锁儿罕失刺家避难。

你是知道的，所有的蒙古包都长得差不多，想在半夜里找到哪个家，还真有点难。但铁木真却有信心能找到锁儿罕失刺的家。因为，锁儿罕失刺是制作奶酪的。他们把生马奶倒进酿器里，然后整夜地搅拌，“澎澎”的搅拌声从不间断。所以，这个家很容易找到。

铁木真很快就找到锁儿罕失刺的家，闪身进了门。

当时，锁儿罕失刺正在制作奶酪，突然看到一个人从门外闪进来，吓了一跳。当他看清时，更吓得软倒在地。这个人居然是铁木真。

铁木真向他下跪，说：“大叔，现在我没地方躲了，只好求你收留我。”

锁儿罕失刺张着大嘴，说不出话来。手里拿着的奶酪制作工具都落到了地上。

他到底只是一个社会地位十分低下的奴仆，突然面临这样的大问题，他一下就蒙了。

铁木真看到锁儿罕失刺突然变得胆小起来，也觉得大事不妙了。他也不知道该怎么办才好了。

这时，锁儿罕失刺的两个儿子站了起来，对他们的老爸说：“兔子被老鹰追着时，躲到草底，草都还救兔子；羊儿被狼追时，躲到山上，山都还救羊。现在铁木真躲到咱们家里来，咱能见死不救吗？难道咱还比不上那几棵小草？”

锁儿罕失刺一听，胸中的气量就立刻上涨，说：“好，我们全家今天就当你的保护伞。”

他们打开铁木真的木枷，丢到火里烧掉，然后把铁木真带到帐后。那里停着一辆车。这是他们家的羊毛车，他们把铁木真塞了进去。然后叫他们的妹妹合答安过来，把家里所有的羊毛都装上去。

泰赤乌人的眼光还真不错，已经看得出铁木真一旦长大，其能量将是惊人的，因此都放下一切事情，全部落动员，继续寻找铁木真。可是都掘地三尺了，也没有别的收获。

于是，他们继续找。

一直找了三天，后来，不知谁脑洞开了一下，说：“说不定这家伙就躲在我们哪家的帐篷里啊。”

马上有人附和：“一定是这样。现在其他地方咱都反复找了几遍，只有帐篷没有搜啊。”

这么一来，大家都一致认为，铁木真肯定就躲在谁家的帐篷里。于是，他们提议：为了保证能在帐篷里找到铁木真，不能自家找自家的，而是交叉搜寻。

这一招儿确实厉害。

大家都欢呼起来。

如此一来，锁儿罕失剌也不好说什么了。他只得抹着脸上的汗水，一脸惊惶地去别人家里搜。

负责搜锁儿罕失剌家的人终于来到了，他们先是在帐篷里翻了一遍，除了制作奶酪的各种工具外，没有看到铁木真。他们又来到帐篷后面，看到那辆车。他们拉下车上的羊毛。

锁儿罕失剌这时也回到家里。他知道这几个家伙再拉下去，铁木真的脚就会暴露出来，最后什么都完了。这时，他不再怕了——这个时候怕，不但救不了铁木真，更救不了他们一家。

他笑着说：“你们也太没有常识了，这么热的天，他要是在羊毛里待几天，早就把他热死了。”

这几个搜寻者虽然很忠于职守，但脑子却一点不好用，听锁儿罕失剌这么一说，觉得很对，便果断地从车上跳了下来，拍拍手说:“铁木真没在这里，我们的任务胜利完成。”

搜查的人离开后，锁儿罕失剌让铁木真下了车，说:“差点完了。现在你可以去找你的母亲和弟弟了。”他们一家煮了只肥羊给他，然后又给他一只水壶、一个皮桶和一张弓加两支箭，但没有给他鞍子和火镰，让他骑一匹黄色母马，寻了个空隙逃了出去。你知道这个老人为什么只给马不给鞍吗？他虽然是个奴隶，但脑子却好用得很。首先他给铁木真吃的东西只够一天的量，是怕铁木真在路上耽搁。现在只有一天的饭，要是一天赶不到家，就得饿着。只给两支箭，就是怕铁木真碰到敌人时箭多会恋战，那是很危险的。现在只给他两支箭，只够防身用，遇敌时才会赶快跑路。至于只送马不送鞍，则是怕铁木真被泰赤乌人抓着了，会认出马鞍是他们家的，到时不但铁木真会死，他们全家也会被杀掉。

当泰赤乌人还在那里发牢骚的时候，铁木真已经策马在无边的草原上了。

追贼

半路上，他没有碰到任何敌人，很顺利地来到他们家的营地。

可当他来到营地前，那道别勒古台扎的栏栅还在，但他的母亲和弟弟们却一个也不见了。栏栅四周全是人畜践踏的痕迹。

难道老妈和弟妹们全部被杀了？

铁木真呆望着眼前的场景，欲哭无泪。

但他没有痛哭流涕，而是开始寻找。他顺着斡难河沿岸寻找，又到附近的小河边找，都没有找到。他又到别处寻找。最后在一座叫别迭儿的山上碰到了老妈和弟妹们。

原来，在铁木真被泰赤乌人困在林子里的时候，弟弟们就找到老妈。他们怕泰赤乌人再过来杀他们，就丢掉营盘逃到这里来。

他们知道，泰赤乌人知道铁木真逃走之后，肯定又会杀回来。不除掉铁木真，他们就睡不安稳。

于是，一家人决定离开这块他们祖先经营了多年的地方，迁往古连勒古山中。那里有一条叫桑沽儿的小河，水草肥美，完全可以生存。

到了这个时候，曾经在大草原上辉煌过很多年的蒙古部落又彻底衰落下去，曾经是蒙古部落首领的孛儿只斤氏此时只剩下一家孤儿寡母，在这个小山的河边，靠捕捉土拨鼠和野鼠维持生命。

当然，他们并没有真的一穷二白，他们家仍然有九匹马。但这些马匹还是被草原上的盗贼们看上了。

有一天，他们家的八匹马就放在自家的门前，一伙强盗直接过来就把马匹劫走了。

当盗贼们过来劫马的时候，铁木真发现了，他大喊大叫着过来追打。可是强盗们骑着马，而他只是拼命跑着。最后他只得气愤地站在那里，看着盗贼们绝尘而去。他想，要是我的兄弟别勒古台在，那该多好啊。他还有一匹黄马，只可惜他骑着它去捕鼠了。这八匹马是他们家最后的家产，现在被强盗们抢走了，以后他们该怎么办？

到了晚上，别勒古台回来了。他今天收获很大，黄马上装满了土拨鼠，使得他不得不徒步牵着马回家。

当他回到家时，看到家里氛围有点不对，一问，原来最后的家产被强盗抢走了，当即说："没有了这八匹马，我们以后怎么生活下去啊？我去追回来。"

合撒儿说："你刚回来，很累。还是我去追。"

铁木真咬牙说："你们都不行，还是我去。"

他不容两个弟弟再说什么，骑上黄马，就循着强盗们踏过的脚印，跟踪而去，一定要找回他们的马。

铁木真万万没有想到，他这一次去追马，居然结识了一个日后大大的猛人——博尔术。

当然，这时的博尔术也只是个年纪跟他相仿的小孩。

铁木真走了三天三夜，来到一户牧民的帐篷外，看到一个少年正在那里挤马奶。他向少年打听：是否有人赶着八匹马从这里走过？他如此这般地形容了大半天。少年说，今天早上确实看到过。

铁木真说：“那八匹马是我家的马，被强盗们抢走了。这八匹马是我家最后的财产。要是要不回来，我们全家就没法过下去了。我必须追回来。”

少年说：“强盗们已经过了大半天了。你这匹马太差了，根本追不上强盗们。这样吧，我跟你一块去追，用我们家的马。”

铁木真想不到居然会碰到这样的好人，感动得差点热泪盈眶，说：“你我从没见过面，怎么好意思让你跟我一起去冒险。你借马给我，我就已经感激不尽了。”

少年挥挥手说：“你别这么说了。我看你是个英雄，心里敬重你，所以愿意跟你去找回马。咱们动作要快点，否则，就追不上了。”

两人骑上少年家的马就向前狂奔。直到路上，铁木真才知道他叫博尔术，是家里的独生子。博尔术跟铁木真一聊，觉得这个小兄弟果然了不起，便对他说：“我认定你是个英雄。以后如果有用得着我的地方，请说一声，我马上就到。”

就是从那天起，博尔术成为铁木真最铁的朋友。成吉思汗后来手下有四个开国猛人，号称“四杰”：博尔术、赤老温、博尔忽、木华黎。而博尔术是四杰里的带头大哥。当然，这是后话，暂且不表。

两人在草原上狂奔了两天，终于在第三天的傍晚，到达一个营地，铁木真一眼就看到大营旁边有八匹马在吃草，正是他们家的马。他高兴得差点跳了起来，对博尔术说：“朋友，你在这里不要动。我上前去把马赶出来。”

博尔术说：“我本来就是来帮你夺马的，怎么能留在这里。要是我不帮你，跟你来有什么用？”

说罢，就跟铁木真一起骑马过去，一起把八匹马赶走。

赶马的动静是很大的，大营里的人立刻就知道马被别人赶走了，便都高呼大叫着追出来。当先的一人还举着一根长长的套马杆，追得特别猛。

博尔术说：“朋友，把你的弓箭给我。我来射他。”

铁木真说："这事就不必让你受连累了。我去射他。"说罢，勒转马头，向那人迎过去。

那人看到铁木真拉着弓箭出来，也不敢再冲，只是用套马杆一指，后面很多人都大喊大叫着追上来。但铁木真拉满弓箭，威风凛凛地挡在那里，他们居然一动不敢动。后来，太阳下山，天黑起来了，那伙人不知虚实，也都回去了。

铁木真他们连夜往回走，又走了三天三夜，这才回到博尔术家。铁木真说："如果没有你的帮忙，我无论如何也追不回这八匹马。现在马回来了，咱们分半吧，你要哪四匹？"

博尔术笑着说："我敬重你是个英雄，这才帮你，可不是想跟你分马才跟你去的。而且我老爸有钱得很，我又是他的独生子，他的钱随便花。你牵你的马回去吧。再说分马就伤感情了。"

博尔术的老爸叫纳忽，是草原上有名的大富翁。

这个大富翁前几天从外面回来时，不见了儿子。刚开始以为这小子可能去哪玩了，可到了晚上仍然不见踪影，他就慌了起来，到处寻找却找不到。纳忽是大富翁，财富多得要命，可儿子却只有一个。现在唯一的儿子失联了，这叫他怎么办啊。他找不到儿子，便只好在家里哭。

他哭了几天，仍然没有停止。这时看到门一开，眼前人影晃动，是儿子回来了。他拉着儿子，又哭又骂："你这几天跑哪里去了？"

博尔术说："老爸，你别哭了。我有个朋友叫铁木真，他家的马被强盗抢走了，我帮他一起去把马赶回来了。"说着指着身后的铁木真。

纳忽这才看到原来儿子身后还跟着一个人。他细一看，铁木真一身英武之气，觉得儿子交的这个朋友真不错，难怪儿子甘愿帮他跑到强盗窝里夺马。于是，叫铁木真坐下来，好酒好饭招待了一番，而且还反复教导："你们两个年轻人，既然成了好朋友，以后就要不离不弃，有难同当，有福同享。"

铁木真告别的时候，他又送了很多东西给铁木真。

铁木真很快就回到家。老妈和弟妹们看到铁木真走了这么多天还不回来，都觉得有点不妙了，个个都愁得要命：那可是一伙强盗啊。铁木真能打得过他们吗？早知这样，还要那些马干什么？

在他们万分绝望的时候，突然看到铁木真回来了，而且还真的牵回了那八匹马，都高兴得要死。

铁木真说："我从九岁定亲起，就再没见到我的妻子。我现在应该去看看她了。"

别勒古台说："大哥，我跟你一起去看看嫂子。"

于是，兄弟两个人顺着客鲁涟河而下，向弘吉部而去。

德薛祥此前已经知道铁木真被泰赤乌人害得好苦，离家破人亡已经没有多远了。他现在也不知道铁木真一家到底在什么地方了。但他仍然坚信，他的这个女婿不会死，一定会来找他的。现在，铁木真果然又来了，他们一家都很高兴。

德薛祥说："我听说泰赤乌兄弟们正在害你们，我又帮上不忙，心里急得要死。现在看到你安全来了，很高兴。你们可以成婚了。"

于是，在德薛祥的主持下，铁木真跟孛儿帖正式成婚。婚后，德薛祥夫妇送他们回到铁木真的家中。孛儿帖夫人的老妈回去时，送给女儿一件名贵的黑貂皮袄。

铁木真认为，现在自己长大了，应该继承老爸的遗志，把蒙古部落重新振兴起来。当然，他知道，要实现蒙古部落的复兴，光靠他们一家是永远办不到的。

现在最关键的是人。没有人什么都做不成。泰赤乌人敢欺负他们，就是因为他们人手少。铁木真需要人的时候，第一个想到的就是博尔术。他立刻派别勒古台去找博尔术，说请他出来，跟自己干一番大事业。

当别勒古台来到博尔术的帐篷外找到博尔术，把铁木真的话传达给他时，博尔术都不去告诉父亲一声，直接跟着别勒古台就走。

这一年，博尔术十三岁！

当然，只和博尔术一个朋友一起去打猎，那是很爽的，但大事业就免谈了。大事业需要很多人，必须有一呼百应的部众，必须有千军万马。

经过这么多次的死里逃生，铁木真对人生、社会的理解已经十分透彻。

此时，他和博尔术站在草原上，面对蓝天白云，开始重新规划一盘大棋。当然，后来，他的棋下得很大，大得前无古人，后无来者。但我想，他当时对这盘棋的谋篇布局肯定不会很大，估计也就是把泰赤乌人消灭，重振父辈雄风，让蒙古部落的旗帜在草原上猎猎作响，成为草原上最为鲜艳的大旗。因为，现在他的实力太弱，无法拥有那么大的视野。至于后来情节的发展，一半是他自己不断努力的结果，一半是时势使然。

现在即使他想找泰赤乌人决战，成本仍然不够。

重建部落

他第一次把草原上的各种势力拿来作了一次全面深入的评估。这十年来，他们一家屡遭大难，被泰赤乌人围剿得全面破产，黄金家族在草原上黯然失色，早已被别人遗忘，蒙古部落在草原上已由原来的头号部落，沦落为谁都可以欺负一下的弱势群体。但草原上的力量版图并没有多大的改变，仍然是六大部落，各占地盘，虽然常有互动，无时无刻没有冲突，但对整个格局的影响并不大。这六个部落就是：蒙古部落、东边的塔塔儿部，北边的蔑儿乞部，南边的汪古部，西边的克烈部和乃蛮部。

铁木真把这些部落跟自己的关系重新梳理了一遍：塔塔儿部是蒙古人的世仇，如果没有塔塔儿部的捣乱，俺巴孩汗就不会死，他的老爸也速该更不会死，蒙古部落肯定不会分裂，闹成今天这个局面。蔑儿乞部也是他们的敌人，长期以来跟蒙古部落除了打仗外，从没开展过其他双边关系。汪古部则跟蒙古部落从来没有交集，非敌非友。乃蛮部离蒙古部落很远，根本没有交集的客观条件。剩下的克烈部，倒是蒙古部落的朋友。而且铁木真知道，他的老爸当年与克烈部的第一把手脱斡邻勒汗曾经结为安答。

那还是也速该的年代。脱斡邻勒汗的老爸突然死掉了。他按照部落规矩，当了可汗。可他的叔叔表示不服，起兵造反，用武力从他手里夺过汗位。他不是叔叔的对手，只得流亡到乃蛮部。他去乃蛮部时，带了一笔很可观的财宝。他把这些财宝送给乃蛮部，请乃蛮部帮他出兵夺回汗位。

乃蛮部的可汗接受他的财宝时，表现得很爽快，可就是不愿出兵。他求了几次，乃蛮部都不愿出兵。

脱斡邻勒汗气得想死，但他不能死。他想了大半天，听说也速该很讲义气，于是就跑去找也速该，求他帮忙。他这时已经身无分文，除了自己的生命之外，没有别的财产。他找到了也速该，把自己的遭遇向也速该控诉了一番。也速该当场就拍板要帮他。

脱斡邻勒汗的叔叔跟也速该一对阵，立马大败，迅速交出了汗位。

于是，脱斡邻勒汗又成为可汗。他对也速该感激得不得了，问也速该要什么报酬。也速该大笑着说："我说过是帮助你的，要是要了报酬还算是做好事吗？"

脱斡邻勒汗就更感激了，说："你不要报酬，那你就是把我当兄弟了。我也把你当兄弟。咱们干脆结为安答如何？"

也速该也很爽快，当场就跟脱斡邻勒汗结为安答。脱斡邻勒汗当时说："也速该安答，以后咱们世世代代都亲如一家。你有什么事需要我出力，尽管讲。"

这些事，铁木真很久以前曾听老爸说过。现在自己不是很需要帮助吗？为什么不去找找他？于是，他决定去见脱斡邻勒汗。

他从没见过这个老爸的安答。现在要去见他，是必须带些礼物去的。如果是以前，他连吃饭都有问题，更谈不上礼物。可现在不同了，因为他的岳父和岳母送给他很多嫁妆。他把嫁妆翻了一遍，发现最值钱的就是那件貂皮袄。当时，蒙古草原各部落还很原始，人们做交易仍然采用以物换物的直观形式。貂皮是很名贵的。他跟孛儿帖说："我想拿你这件东西去拜见脱斡邻勒汗！"

如果是别的女人，一听到这个话，肯定会闹死闹活，坚决不同意，但孛儿帖不是别的女人。她爽快地把这件皮袄递给了铁木真，说："既然脱斡邻勒汗是老爸的安答，那他就如同我们的父汗了。你送给他吧，他会帮助咱们的。”

铁木真大喜，立刻拿着这件貂皮袄，带着合撒儿和别勒古台一同去拜见老爸的这个安答。

当他把那件黑貂皮袄送给脱斡邻勒汗时，他分明看到脱斡邻勒汗的眼睛发亮，知道找脱斡邻勒汗果然靠谱。他说：“脱斡邻勒汗叔叔，你以前跟我的老爸结为安答。现在我老爸不在了，你就是我们这几个兄弟的父亲。这是我们给你老人家的见面礼。”

脱斡邻勒汗当然很高兴。也速该不但是个勇士，而且还是个耿直的草原汉子，能被他看上而结为安答的人，人品肯定不会很差。脱斡邻勒汗对蒙古部落这些年的事儿肯定知道得清清楚楚，现在看到铁木真长大了，来找他了，绝对不是没事来认亲的，而是有求于他。他也愿意帮助这个小伙子。

脱斡邻勒汗对铁木真说：“我对你们家的事都知道了，别的就不多说了。我想办法帮你把失散的部落成员找回来，当成答谢的礼物。怎么样？”

铁木真大喜，说：“真的太感谢你老人家了。”

当时克烈部是草原六部落里第一强。有了克烈部当保护伞，铁木真还怕谁？或者说，谁还敢惹铁木真。在这么一个充满着不确定因素的年代，实力永远是最有发言权的。

蒙古部落的那些成员们看到已经失联多年的铁木真突然又冒出来，而且看到他身后居然还有个大靠山，觉得铁木真又变成潜力股了，于是都陆陆续续地向他靠拢。

铁木真终于走出了一步好棋。

当时，投奔他的人中，还有一个铁匠。那时的蒙古草原对冶铁技术一窍不通，所有的铁器基本都是从大金国进口的。而且那时金国怕草原部落捣乱，出口给草原部落的产品，基本都是烂货多，用不了几次就作废。尤其是金属，他们是严格控制的。因为金属可以打造兵器。所以，这么多年来，虽然草原部落都很彪悍，都敢于打仗，但基本都在跟自己玩，不敢碰金国，就是因为武器太差，打不过大金帝国。当时大金国的士兵上战场时，基本都穿铁甲。铁制兵器早就全面普及。而草原上的战士最豪华的军装只是兽皮，最先进的武器，基本是兽骨加工出来的：箭是兽骨磨成的，矛头也是兽骨磨出的。这样的武器能射穿铁甲吗？所以，他们也只能搞窝里斗，跟同级别的选手比拼。

武功再高，也怕菜刀！

草原部落的人都知道这一点，但他们都懒得开动脑筋去想解决这个问题的办法。他们为什么不去想办法，因为他们没有更大的抱负，没有更开阔的视野。他们的目光只放在草原上，甚至连吞并草原的雄心都很少有，基本都是在做着保本的打算：不欺负别人，也不让别人占领自己的地盘，实在打不过人家，就搬家。反正是游牧民族，这里待不住，就搬迁到别处。

但铁木真不同，他迅速意识到，人多固然重要，但打铁也重要——用现在的话说，科技是第一生产力。

这个铁匠叫札儿赤都，是兀良合惕人，他主动带着他的打铁设备和他的儿子者勒蔑前来向铁木真报到。这个老铁匠并不是头脑发热才投奔铁木真的。他跟铁木真家也有过不一般的交情。

他对铁木真说："当年你在斡难河出生时，我就在那里。我当时就觉得你将来是个大大的英雄，因此就送给你一件貂皮襁褓，而且还想把我的儿子送给你当伴。可是因为他还太小，就又把他带走了。现在你长大了，他也长大了。我就带他过来，让他永远跟着你。"

虽然者勒蔑这时只是个帮老爸拉风箱的小铁匠，目前精通的只是做些工具，但他后来也成长为一个大大的猛人，是成吉思汗手下的十大功臣之一。

如果把铁木真的革命生涯从现在算起，那么手下除了几个兄弟之外，已经有两个未来的好帮手了。更重要的是，他得到脱斡邻勒汗的大力帮助，手下的人越来越多，已经有了革命的本钱。

一切前期工作都已经到位，似乎可以宣布开始了。

然而仍然不能宣布。因为现在铁木真的年纪也不大，而且那些回来归附他的部落成员，也跟他还没有混熟。他这个老大也没有正式的任命，只是大家都约定俗成地认可一下而已，平时有什么纠纷，可以让他出面摆平一下。就连部落里的财产都还各管各的，铁木真家的全部财产仍然是那九匹马，算起来，在部落里还不属于富裕的。

因此，一切都还早。

可是别人却不让他等了。

很多人都以为，泰赤乌人会最先出来打铁木真的，他也以防范泰赤乌人为当前的主要任务。

但后来的历史证明，这个预料是错误的。首先出来攻打铁木真的不是泰赤乌人，更不是塔塔儿部，而是另外一个强悍的部落，而且来得毫无征兆。

那天清早，太阳如期升起，诃额仑的仆人豁阿黑臣也像往常一样，最先起来干活。哪知，她还没有开始动工，就听到一阵天摇地动的声响。作为草原资深居民，她不用分析就知道，这个声音是群马奔腾的声响，而且完全可以瞬间算出这个马群数量不会低于三百匹。这些马跑得这么急，肯定是来偷袭他们的。

本部落里谈论得最多的就是泰赤乌人，大家基本都在谈着如何防范泰赤乌人袭击。这时听到这些骑兵狂奔而来的声音，她在第一时间里就认定是泰赤乌人杀来了。

于是，她赶紧去叫她的女主人诃额仑夫人，大喊大叫：“泰赤乌人来了，泰赤乌人来了。大家快跑。”

诃额仑一听，也慌了神，急着说：“快叫孩子们起来，快叫孩子们起来。”当时，铁木真的妹妹帖木仑因年纪不大，一直就跟老妈睡觉，所以她二话不说，先把这个小女儿抱起来，跑出帐篷上了一匹马。

铁木真他们也乱了套，大家都迅速起床，冲过来找马。接着他和他的四个弟弟——合撒儿、合赤温、帖木格、别勒古台一人一骑，动作都很快。他的那两个手下博尔术和小铁匠者勒蔑动作也不慢，各上一匹马，冲出营地。剩下的一匹马也跟着跑了出来。于是，帐篷旁边一匹马也没有了，只剩下新娘孛儿帖站在那里团团乱转，不知道如何逃跑。老仆人豁阿黑臣四下一看，还停着一辆牛车，就把少夫人拉过去，让她坐在车里，自己当车夫赶着跑路。

她们顺着小河逃离营地。

可是牛的速度实在太慢了，何况还拉着车，跟人走几乎没什么区别。只走了一会儿，那些追兵就毫不费力地追到了。

那些军人叫停了豁阿黑臣，问："你是什么人？"

豁阿黑臣倒很冷静，说："我是铁木真家的仆人，主要负责帮他家剪羊毛。昨天羊毛剪完了，现在我回自己家。"

那些人问："铁木真家在哪里？离这里有多远？他在不在家？"

她说："就在那里，离这里没多远。我是从屋后出来的。他到底在不在家，我也不知道。"

那些人的目标是铁木真，当然不会浪费时间去跟一个老女人啰唆，听她这么一说，就直奔铁木真家而去，怕晚了就抓不到铁木真。前面的故事已经多次证明，铁木真的年纪虽然不大，但逃跑起来还是很有水平的。

他们快马加鞭冲进铁木真家的帐篷，可里面除了简单的家具外，一个人都没有，连马也没一匹——这个迹象清楚地表明，铁木真又逃得不知去向了，而且还不止他一个人逃跑，全家都逃跑了。他们为了这次偷袭，起了个大早，前期工作做得很严谨，每个人都认为，这次一定能把铁木真这个家伙当场砍死。哪知，还是来得晚了。他们搜遍所有帐篷，最后只抓到了一个女人。这个女人就是也速该的另一个老婆，也是别勒古台的亲生母亲。大家在逃跑的时候，都忘记了她。

他们很气愤，都想，既然那个老女人是铁木真家里的仆人，又刚刚从这个家里出去，肯定知道铁木真的下落。现在她是唯一的线索了。于是又勒转马头，去找豁阿黑臣。

再说豁阿黑臣看到敌人被她忽悠走后，也不敢耽搁，立刻催牛快走。可是才没跑几步，车轴却断了。

这样一来，连牛车都没用了。她们只得下车，决定逃到林子里。可她们还没有下车，那些骑兵又杀过来了。他们喝令她停下，然后大声问：“车里装的是什么？”

豁阿黑臣说：“羊毛。”

但对方却不相信里面只有羊毛，便叫士兵们下马去搜一下车里。

士兵们把头伸进车里，大叫：“没有羊毛……”

那有什么？

只有一个美得亮瞎眼的贵夫人。

草原部落虽然天天打打杀杀，流血冲突几乎从不间断，但向来不杀女人。如果是往时，他们肯定不会为难豁阿黑臣。可现在他们决定不放过她。因为她是铁木真家的仆人，而且车里还有个贵妇人。这个贵妇人是谁，不用问就知道，肯定是铁木真的新婚老婆！

抓不到铁木真，抓到他老婆也算有收获，至少比当年泰赤乌人什么也没有抓到好得多。

当然，他们仍然不算完。既然铁木真的老婆才跑出这么几步路，铁木真肯定也没跑多远。他们又顺着铁木真逃跑的脚印追过去。

铁木真他们这时已经进了不儿罕山。这确实是个非常利于藏身的好地方，不但树林茂密，而且到处是沼泽，那伙人哪敢进去？他们在山下转了几圈，就宣布撤退。

铁木真他们在山里躲了一段时间。后来，他们觉得外围好像没什么动静了，就派弟弟们和博尔术出来看看。博尔术他们下来之后，果然没有看到那些人。他们很快就知道，这些人跟泰赤乌人一点儿关系也没有。他们是蔑儿乞部人。

也许你忘记了这个蔑儿乞部人，但蔑儿乞部人却忘不了铁木真的部落。

因为他们就是赤列都的部落。当年赤列都在迎亲归来的路上，也速该看到他的新娘太过漂亮，就顺手强抢过来，让这个美女成为铁木真的老妈。如果赤列都是一般牧民，那也就没什么。可这个赤列都的身份却不一般。因为他的哥哥是部落的带头大哥。也速该抢新娘的时代，正是蒙古部落牛哄哄的时代，他知道无论怎么拼也拼不过蒙古部落。打不过，他就等。终于等到也速该死了，蒙古部落分裂了，铁木真兄弟变成孤儿了。

总之，他们就是在铁木真准备打开局面时，突然横杀而来，把铁木真打了个措手不及，差点复制当年的故事。现在他们抓不到铁木真，抓到他老婆也算是报了大仇——当初也速该也只是抓了他们的新娘。

铁木真打死也没有想到，老爸的这段恩怨情仇，差点把他搞死了。当然，如果没有他老爸抢的那一次，这个世界上就没有铁木真，没有铁木真，这个世界现在是个什么样，谁也不知道。但肯定不是现在这个样子。

知道这事的前因后果后，铁木真暗自侥幸不已，这个世界上不确定的因素简直太多了。他下了山，回头望着不儿罕山，要不是这座山，他现在早已被复仇的蔑儿乞部人手起刀落，现在这个世界上已经没有铁木真这个人了。他当场脱下帽子，向大山跪拜，称它为神山，并举行了一次隆重的祭山仪式。

这次死里逃生之后，铁木真深刻认识到，你可以等成熟再搞事，但别人能让你等吗？必须立刻与这些世仇一决雌雄——江山是靠打出来的，不是靠等出来的。

当然，这话说起来简单，但实施起来面临的问题就多了。到战场上跟敌人拼命，是需要人才的，现在他手下的这些部众，能打的可没几个。

他决定再去找脱斡邻勒汗。

两个盟友

他带着两个弟弟又来到脱斡邻勒汗的帐篷，把自己这几天的遭遇跟脱斡邻勒汗说了一遍。现在老婆都被人家抢走，实在太难做人了。最后，他请脱斡邻勒汗看在他老爸也速该的面子上，出兵帮他去打蔑儿乞部一顿，夺回自己的老婆。

脱斡邻勒汗当场答应：“以前也速该安答连汗位都帮我夺回来。现在我哪能不帮你夺回媳妇？你是也速该的儿子，也就是我的儿子。我能让儿媳妇被人家强占吗？请你放心，我立刻出兵，夺回你的老婆。”

脱斡邻勒汗这次爽快地答应铁木真的要求，其实也有自己的原因。他不但看在也速该的面子上，看在那件黑貂皮的面子上，更因为他跟蔑儿乞部也有仇恨。他在七岁的时候，就曾被蔑儿乞部掳走，当了多年奴仆。蔑儿乞部的人每天叫他在草原上放牧，只给他穿一件破皮袄，从没吃过一顿饱饭。直到后来，脱斡邻勒汗的老爸打败了蔑儿乞部，他这才翻身。所以，他也很恨蔑儿乞部，只是觉得以他现在的实力，要打赢蔑儿乞部，还很困难。此时，看到铁木真提出让他去打这个仇人，他答应得十分爽快。他比铁木真老练多了。铁木真只看到他的力量，而他却还看到了另一个人的力量。

这个人叫扎木合，跟铁木真都是孛端察儿的后代。你一定还记得，孛端察儿有两个老婆。第一个老婆是在一次战斗中掳来的，这个女人被掳过来之前，就已经怀了身孕。后来，她生下一个男孩叫札只剌歹。这个男孩子的后代发展成札答阑氏。札只剌歹的儿子叫土古兀歹，土古兀歹之子叫不勒赤鲁，不勒赤鲁生了合答安，而札木合就是合答安的儿子。

合答安现在是札答阑氏的可汗。他同时也是铁木真的安答。他们小时候，两个部落相邻，而且是友好部落，因此两个小孩经常见面。那时他们觉得都很讲得来，于是，就结为安答。这些年来，铁木真的部落已经衰败得没人记得了，但札木合领导的部落却还强大得很。而且这个札木合也是个英雄，常做着统一草原的伟大梦想。

铁木真没有想到他，但脱斡邻勒汗却在第一时间就想到了他。他既然是铁木真的安答，哪有不帮安答的道理？

脱斡邻勒汗知道，只有跟札木合的力量联合起来，才能把蔑儿乞部一下打败。他确实老谋深算，以帮铁木真的名义，跟札木合一起，把曾欺负自己的蔑儿乞部消灭。既赚了好名声，又报了大仇。

铁木真听到脱斡邻勒汗这么一说，这才想起札木合，“我怎么忘记了札木合安答？他一定会帮我的。”

脱斡邻勒汗说：“你赶紧去找他。他现在就在豁儿豁纳黑草原，兵强马壮。我们跟他约定，我出两万兵力，他出两万兵力，共同夹击蔑儿乞部。只有这样，才能一下打倒蔑儿乞部，让他们一衰到底，否则，没几天他们又会找你麻烦。至于会师的地点、时间，由他拍板。”

铁木真觉得脱斡邻勒汗这个部署太正确了。

他马上派合撒儿和别勒古台去见札木合，把他们的遭遇跟札木合讲了，然后请他出兵，与脱斡邻勒汗一起帮他去消灭蔑儿乞部，夺回他的妻子。

札木合说：“想不到铁木真安答受了这个苦。我不帮他，谁帮他？你们回去告诉脱斡邻勒汗和铁木真。咱们分别出兵，最后在孛斡只会合。”他当可汗多年，有着丰富的统帅经验，很有领袖风范。

两个弟弟回到家里，把札木合的话告诉了铁木真。铁木真喜出望外，想不到自己在困顿之中，仍然有这两个牛人尽力帮助自己。

其实，这两个人也都有自己的心思在里面。脱斡邻勒汗自不必说了，打蔑儿乞部，其实是借札木合为自己报仇，顺便还卖给铁木真一个大大的人情；而札木合内心世界里一直树立着统一整个草原的远大理想。只是苦于实力增长太慢，与心中的理想不匹配。此时能借脱斡邻勒汗之力把蔑儿乞部打败，吞并蔑儿乞部的地盘。脱斡邻勒汗虽然老谋深算，是当今草原的牛人之一，但年纪已大，还能有什么作为？他对自己的水平向来自信满满。

脱斡邻勒汗在接到铁木真的信后，也立刻起兵。

铁木真由于手下部众太少，选了大半天，也选不出几个战斗人员，因此他必须等脱斡邻勒汗大军到来后，再跟他一同出发。

而札木合的行动却很迅速。他在部署时十分用心。他知道，这次战斗是两个部落联合作战。联合作战也必须有个统一的指挥。谁来当这个总指挥呢？

当然由他。

但得找个理由。

他很快就想出了一个办法。这个办法其实很简单。他带自己的部队，提前进入位置，然后很淡定地等着盟军的到来。

当铁木真他们来到时，札木合已经在那里等了三天。

双方在那里进行了一次简单的会面之后，札木合说：“打仗不是开玩笑的，是需要严明纪律的。咱们本来约定同时到这里会师，可是各位却迟到了。我们蒙古人向来都遵守诺言，既然约定了，就得践行诺言。谁不履行诺言，都会受到处罚的。”

大家一听，都张着嘴不说话了。

脱斡邻勒汗说：“我的部队迟到了，如何处罚，由札木合汗说了算。我们愿服从札木合汗的话。”

札木合当然不会给脱斡邻勒汗下处罚单，而只是需要他的这句话。脱斡邻勒汗一说这句话，就等于让他当了盟军的主帅。

脱斡邻勒汗虽然年纪大，经验丰富，但脑洞远没有札木合那样大开，才一见面，就被人家下了套。不过，他也不在乎，反正这仗不管怎么打都赢。战斗结束后，各回各的地盘，谁也不再管谁。

札木合确实是个军事天才。他事先已经把蔑儿乞部的情报弄得很清楚，当即对大家说：“此次咱们首要的目的就是夺回铁木真安答的妻子。一切军事行动都围绕这一点。这是必须明确的。大家知道，蔑儿乞部一共有三个姓，也就是分为三个部分，分别住在三个地方。这三个部分的力量也不是均等的。抢孛儿帖夫人的那一部分的力量是最强悍的。他们的可汗叫脱黑脱阿。我已经得到可靠的情报，他抢到孛儿帖夫人之后，就把她送给他的弟弟赤勒格尔做夫人。另外两个部分，基本都是跟着他混，没多少战斗力。因此，我们完全可以不管其他那两个部分，全军只顾直奔脱黑脱阿。集中力量把他搞定，就可以取得完胜。”

大家一听，还真像个统帅的样子，都大声表示同意他的部署。

蔑儿乞部的脱黑脱阿汗虽然勇于搞事，把铁木真的老婆抢到手，但智商却不怎么高。他天真地以为，铁木真就那么几个部众，哪有什么力量来跟他叫板？因此把孛儿帖送给自己的弟弟当夫人之后，就觉得万事大吉了，继续自己的日常工作，彻底把铁木真忘记了。他一点儿也没有想到，铁木真居然借了两个大部落的力量前来搞定他。按实力而言，光一个部落，他都打不赢，何况两个部落的人马联合开到？而且还是突然奔袭而来的。

当札木合一声令下，四万大军一齐向脱黑脱阿的营地猛赴时，他正睡着大觉，做着一场好梦。

草原上部落众多，部落之间的关系很复杂，发动军事行动早已成为草原的常态。但突然四万兵马一齐行动，这可是草原有史以来规模最大的军事行动。一时间，草原上旌旗蔽空，万马奔腾，尘土飞扬，所有的目击者都目瞪口呆。

蔑儿乞部的人一看，这不是要冲着我们来吗？于是，赶紧去告诉脱黑脱阿。

脱黑脱阿开始还不信，现在哪个部落会有这么多军队？

报告的人说，"你听一听，现在是什么声音传来？"

脱黑脱阿仔细一听，真是骑兵的声音。到底是哪个部落有这么多的力量啊。我近期可没得罪过哪个可汗啊。但马蹄声惊天动地，越来越近，容不得他再去分析了。他甚至连组织部队的时间都没有了。他知道，再耽搁下去，他就只能成为人家的俘虏。他急忙一边穿上衣服，一边叫了几个心腹，连老婆孩子都来不及告别一下，就翻身上马，拼命跑了。

你想想，可汗都逃了，还有谁组织抵抗？

铁木真方面的几万大军浩浩荡荡开来。看到这个场面的人都一致地认为，这场战斗肯定是一场草原上亘古未有的大拼杀，双方必定杀个血流成河、尸积如山。哪知，最后就这样结束。几万大军冲进蔑儿乞部的营地之后，居然没有碰到一个武装人员，大家都举刀四顾和茫然。最后，他们觉得这样一来，兵不血刃，算什么征战？于是，札木合一声令下，几万联军对着毫无抵抗能力的蔑儿乞部展开大屠杀。一时间，蔑儿乞部的营地火光冲天，血肉横飞。这个部落曾是草原六大强悍的部落之一，就这样在血雨腥风中被彻底赶出历史舞台。

铁木真一边带领大家掳掠，一边还大叫:“孛儿帖，孛儿帖！”当时，孛儿帖正坐在一辆车上，夹在一群百姓中乱跑，听到铁木真的声音，就跳下车来，跟铁木真见面。

铁木真一把抱住她，让她从赤勒格尔老婆又转换成铁木真的妻子。而别勒古台在到处找他的老妈。

他的老妈被抓到之后，脱黑脱阿一看，年纪太大了，已没有资格当贵族，就把她分配给一个贫困户，顺便解决了一个光棍汉的老大难问题。

别勒古台拿着弓箭到处找，几乎进入了所有的帐篷，这才在一个破旧的帐篷里看到自己的老妈。可老妈看到自己的儿子进来，就从后门躲开。

人家问她为什么要躲自己的儿子。她说:“我请人算过命，我的儿子有帝王之相。现在我却被蔑儿乞部掳来，当了这么多天老光棍的老婆。这会让我儿子很丢脸的。所以，我不能再跟儿子生活了，就让儿子当我已经死了。”

这个妇人虽然是也速该的老婆，但因为是小妾，地位向来低下，在这个黄金家族里生活着，不管是也速该活着时，还是后来他们家衰败后，她都没有一点发言权。当年铁木真一箭射杀她的儿子，她都没有什么表示。不但她没什么发言权，就连她所生的儿子，在这个家里，地位也是低人一等。幸亏诃额仑还算通人情、识大体，把铁木真兄弟管好，否则，她和另外一个儿子的命运如何，就很难说了。

别勒古台找不到老妈，突然凶性大发，出了帐篷，看到蔑儿乞部的人就放箭射杀。

这一战，导火索是也速该埋下的，点燃导火索的是蔑儿乞部的脱黑脱阿。铁木真找了脱斡邻勒汗，又找了札木合，最终三方以安答的名义，率领大军去与脱黑脱阿对阵。结果，有安答的一方大获全胜，没安答的一方连个抵抗都没有就宣布完败。

安答的名义，确实很好用！

当然，对铁木真、脱斡邻勒汗、札木合三人而言，安答的内涵是不一样的。

第三章
草原上的连横合纵（上）

分手

彻底消灭蔑儿乞部的那一年，铁木真还不到二十岁。

当然，这一战的实际指挥者是他的安答札木合。认真算起来，他只是这次战斗的联络员，然后随军参加了行动。

铁木真他们在彻底灭掉蔑儿乞部之后，宣布撤军。可当他们宣布撤军之时，孛儿帖夫人也宣布怀孕了。

铁木真当时的心情如何，我们不得而知。但很多人都认为，现在孛儿帖夫人的孩子是那个蔑儿乞部贵族的种子。

这个儿子出生后，铁木真给他起名术赤，意思是客人。为什么铁木真会起这个名字？

一个专家说，客人的意思不是很明显了吗？他就相当于铁木真家的客人，是外来人士。

另一个专家说，不对。铁木真起这个名字是有寓意的。因为当时他就在札木合那里混饭吃，是札木合的客人。所以起了这个名字来纪念一下。

好像两个解读都靠谱。

这次战斗结束之后，大家打扫战场，把蔑儿乞部的男人基本都杀光，妇女们都变成战利品，分给各家。有人在地上发现一个五岁的小孩子，就把他抱起来送给诃额仑。诃额仑就把他当成自己的养子。这个孩子叫曲出，后来成为诃额仑的四大养子之一。

撤兵之后，铁木真没有再回自己的营盘，而是带着自己的家人跟札木合一起，到豁儿豁纳黑草原上住了下来。经此一战，他知道，他要是再回那个破落的营盘去，肯定又会有哪个部落的人过来把他搞定。这个时期的草原，要想生活得美满幸福，就必须要有强大的武装力量。

现在铁木真的武装力量基本可以忽略不计。而札木合则不同，他手下有几万部队，他也是草原上人气最为冒尖的猛人，大家都怕他，谁也不敢惹他。跟他在一起很安全。

此时铁木真还没有多少远大理想，能抢回老婆已经万幸了。要去找泰赤乌人报仇，还得等待。

但札木合的理想却很远大。他发现铁木真也是个人才，最好让这个人永远成为自己的部下。而铁木真此时也真的很感激这个安答。两人的友谊这时处于十分纯洁的阶段。

两人一起回忆第一次结拜的情景。那是铁木真十一岁那年。那年铁木真正过着吃上顿没下顿的苦难生活。他们结拜时，札木合送给铁木真一个狍子髀石，而铁木真则给他一个灌铜的髀石。髀石就是草原上的一种玩具。两人当年经常在河边玩这个游戏。

他们结拜一年之后，觉得感情越来越深厚了，便又结拜了一次。这一次，札木合送给铁木真的纪念品是一把鸣镝——也就是响箭。铁木真也送了一把柏木顶做的鸣镝给札木合。于是，两人完成了第二次结拜的仪式。

到了这时，两人觉得他们的感情又深了一层，必须再结拜一次才能让心情舒畅，才能对得起这个感情。于是，铁木真回到家里，翻出那一大堆战利品，找到一条金腰带，这条带子此前天天系在脱黑脱阿那个粗壮的腰部。然后出来，牵出一匹马，这匹马原来是脱黑脱阿的座驾，都送给札木合安答。当然，札木合安答不会白要这些东西。他也把战利品翻了一遍，同样找到一条金腰带。不过这条金腰带不是脱黑脱阿的，而是蔑儿乞部另一个首领兀孙的东西。这个兀孙也跟脱黑脱阿逃跑了。他把这条金腰带系到铁木真的腰间后，又牵来一匹白马，送给铁木真。这匹马同样也是兀孙的名马。

两人在这里共同生活了一年多。这一年多是两人相处最好的时光。

札木合终究是老大，他努力奋斗并不是为了和铁木真结拜，做铁木真的安答。他要做的是草原上的大可汗。因此，他时刻都在谋划着部落的发展。经过多次论证，他认为马牛和羊长期混放是不科学的，因此决定移营。

有一天，他对铁木真说："咱们移营吧。"

铁木真说："好啊。老是待在一个地方，也无聊。"

后来，两个人都清楚地记得他们拔营而走的那一天，正是四月十六日。这一天，草原上称为"红圆月日"——那一次，泰赤乌人也是因为这一天狂欢，让铁木真找到了逃跑的机会。但这一次，他却跟草原上最猛的部落可汗札木合安答同坐在一辆车里，走在移营队伍的前面。

草原上住的都是游牧民族，全部落迁移早已成为生活常态。

两个安答在车里聊得很高兴。

聊着聊着，札木合说："我近期对放牧有了一个新的认识。现在咱们部落的成员越来越多，占地越来越宽，消耗的草也越来越多，所以马牛羊混合放牧是不科学的。最好的办法就是，一部分人到山边扎营，在山边牧马；另一部分人在水边扎营，那里好牧羊。"

铁木真一听，好好的突然说要分成两部分，安答这是什么意思？

铁木真想不通。于是，他停了下来，等老妈和老婆来了，问两个女人："札木合安答突然对我说这个话，到底是什么意思？"

他的老妈诃额仑是个很有大局意识的女人，见铁木真满脸疑惑地来请教，知道儿子的思想又到了关键时刻。她比谁都知道儿子的性格，一旦觉得自己危险，或者觉得谁对不住他，他就会发飙，他一发飙，后果就会很严重，所以她还在那里开动脑筋，没有立刻回答这个问题。可他的妻子孛儿帖夫人这时头脑还简单，听了铁木真的话，直接就说："听说札木合安答是个典型的喜新厌旧的人。咱们跟他在一起都一年多了，是到了被讨厌的时候了。他现在跟你说这话，就是要算计咱们的节奏。咱们别扎下营寨，跟他们分开就是了。否则，等以后他忍无可忍决定抛弃咱们时，局面就不好收拾了。"

铁木真一家曾被泰赤乌氏抛弃，直接从部落贵族变成流浪一家。泰赤乌氏给他们制造出的灾难，在他们一家的心中永不磨灭。此时，他听到老婆这个话，哪有不相信之理？

札木合是安答，可泰赤乌人也是兄弟啊，同生共死了无数次。他们孛儿只斤氏的长者还是他的祖辈，平时对他和蔼可亲得很，可到关键时刻，翻脸翻得比谁都快。祖辈尚能对他下手，何况安答？

安答要这么安全，这个安答还用结拜三次吗？后两次，每次结拜看似是在增进感情，其实是怕感情流失了，必须巩固一把而已。

铁木真就是在这样的怀疑下，果断地下令，他们部落不用扎营，连夜赶路。

于是，草原上这对黄金安答就此分手。

当然，这一次分手并没有波折，表面上安答情义仍然一如既往，叫到对方的名字时，仍然加上"安答"这个后缀词。

联合两个强悍的部落灭了蔑儿乞部，使得铁木真的名声在草原上大震。

他的部众这时也越来越多。

在他下令部落继续往前迁的时候，他的队伍已经浩浩荡荡。不用多久，他们就来到另一个部落的边缘。这个部落的名字叫泰赤乌氏！

泰赤乌人知道，铁木真一旦长大，能量必定不一般，因此曾经全族动员，不惜一切代价，务必除掉他，但最终还是让他逃走了。他们都在等着，等待长大了的铁木真的到来。

他们已经很久没有铁木真的消息了。可当铁木真的名字在草原上传开时，就搭着消灭蔑儿乞部的消息。这个消息对于别人而言，也许是个令人过瘾的谈资，但对泰赤乌人来说，简直是晴天霹雳。铁木真现在一战就把蔑儿乞部彻底消灭，他能放过仇恨更大的泰赤乌人吗？

绝对放不过。但还有什么办法？

泰赤乌人虽然跟铁木真同一血统，但他们的脑袋远没有铁木真的好用，他们虽然在打铁木真一家时很冷血，但当真的觉得铁木真可怕时，却没有想到一个有用的办法，只在那里做惊慌之状，等着那一天的到来。

这时，睡梦中的他们突然听到马蹄声，都起来看。这个月光实在太亮了，亮得跟白天没两样。他们向前看去，但见前头尘土飞扬，大旗飘飘。

到底是哪个部分的？

居然是铁木真来了。

是的，铁木真真的来了。

他这次是路过的。

但泰赤乌人没这样想。当初铁木真去灭蔑儿乞部时，也是这样突然出现的。这是铁木真的一贯风格啊。

于是，泰赤乌人都拼命逃跑，有的人甚至连孩子都顾不上。诃额仑夫人因此又在这里捡到一个孩子。这个孩子叫阔阔出。当时，他的父母怕丢了性命干脆把他丢在那里。铁木真的部众看到后，把他抱起来，送给诃额仑夫人。就这样，阔阔出成为诃额仑夫人的第二个养子。

铁木真的心情很爽，泰赤乌人现在被他吓成这个样子，才看到他的大旗，就跑得比兔子还快。

而更爽的事还在后头。

天亮的时候，他突然发现队伍怎么这么大？自己的部落没多少人啊。一清点，原来是很多部落的人都跟着来了。有的是他的崇拜者，有的是随大流，大家走我也走，走得稀里糊涂，使得蒙古部落的人口数量突然庞大起来。更让他想不到的是，一批后来的牛人也是在这一夜加入他的队伍的。

如合赤温兄弟、答勒都儿罕兄弟，以及乞颜部的汪古儿，把所属的敞失兀惕氏人、伯牙吾氏人都一股脑儿带来，当了他的部众。

其他的如博尔术的族弟斡歌连、者勒蔑的弟弟察兀儿罕、速不台等都是在这个月光如昼的夜里加入铁木真队伍的。

更让他想不到的，连札木合手下的部众也有人跟了过来。

巴阿邻氏的豁尔赤就是札木合的族人，同时还是一个萨满。这个萨满看人的眼光绝对是一流的。他虽然看出札木合是草原上曾经无敌的猛人之一，但自从看到铁木真后，觉得铁木真才是最猛的牛人，而且没有之一。

短时间内突然增加了这么多人，要管理其实是一件很复杂的事。而且草原上历来是同部落的人聚在一起，很少有不同部落杂居的。现在人是多了，但要让他们都安心住下来，坚决拥戴铁木真，仍然是一件困难的事。他们来得干脆，去得也会很干脆。

铁木真一时还不知道如何解决这个问题，豁尔赤却为他解决了这个难题。因为他是萨满，萨满有个功能，就是能在关键时刻代表神仙发表讲话。

他当场大声对铁木真说："铁木真老弟，我向你报告一个好消息。"

铁木真说："什么好消息？"

豁尔赤还是大声说："我做了一个梦。"

铁木真说："你说吧。"

豁尔赤继续大声讲述他的梦："我梦见一头雪白的母牛。它绕着札木合的车帐来回转，最后不知是转得头晕了，还是不耐烦了，就一头顶向札木合的车帐。结果一只角当场折断了。母牛很愤怒，用蹄子猛踣地板，大声对札木合怒吼：'还我角来，还我角来！'而这时，另一只公牛却跟在你的车后面，大声叫：'天和地已经达成共识，让铁木真做老大。现在天和地让我运来一个国家送给他！'这个梦告诉我，跟札木合没有前途，只有跟铁木真才有前途。于是，我就跟了过来。"

萨满说的话，就是神仙说的话。现在神仙都认为铁木真比札木合有前途，神仙都决定让铁木真当国主，我们还能有什么意见？我们跟他跟对了，谁不跟他，谁走错路。

铁木真的心里更高兴了，说：“真的吗？”

豁尔赤说：“你要是怀疑，咱们打一个赌。”

怎么赌？

豁尔赤说：“以后你果真当了国主，准备用什么来报答我？让我如何快乐呢？”

铁木真说：“封你万户长！”

此时，草原上的部落能有万户的并不多。

豁尔赤说：“还不够。万户长是很牛，但不快乐。你还必须允许我自行挑选三十个美女，然后还要给我更大的权力。你敢吗？”

铁木真哈哈大笑，这个赌我打定了！其实这个赌就不像赌，因为如果铁木真当不成国主，豁尔赤一点儿损失都没有。

但这番对话却对铁木真的事业起到了神奇的作用。因为神仙已经同意让铁木真当老大了。

所有的外来人员都安下心来，一心一意跟着铁木真。

这番对话很有铁木真和豁尔赤事先编排后才表演的嫌疑。这也从另一个角度印证了，铁木真是个玩政治的高手。

铁木真带着上万人马，又回到桑沽儿河畔，安营扎寨，放牧畜群。多年前，他从这里逃离，现在他又回来了。

所有的乞颜部人看到铁木真的事业做出了模样，蒙古部落的气象焕然一新，便又都陆陆续续地回来了，而且那些当年分裂意志最坚定、离开的步伐最坚决的部下也都回来了。因为再不回来，就没有回来的机会了——他们坚信，铁木真的事业一旦做大，最先打的肯定是泰赤乌人。他们还在泰赤乌人那里混，跟等死还有什么区别？

这些人深刻地知道大树底下好乘凉的道理。

这些人以前几乎把铁木真置于死地，此时又回到他这里混，虽然个个脸皮很厚，但也都知道，如果什么都不做，也太不够意思了。

于是，以阿勒坛、忽察儿、撒察长老为首的乞颜部头面人物，召集大家开了个会议，说咱们的铁木真这么牛，连神仙都看好他，他要是不当可汗，人和神都不答应啊。然后就去找铁木真:“敬爱的铁木真，你一定要当可汗。你不当可汗，就辜负了神仙对你的期望。”

铁木真一看，这些人还真聪明，于是愉快地接受了他们的建议，宣布自己就任蒙古部落的可汗。

这一年，铁木真二十八岁。蒙古部落已经二十多年没有可汗了。

这些贵族都知道铁木真的性格，因此在铁木真就职的那天，都向他宣誓，一定永远忠于他。我们永远听你的指挥，让你放心，为你冲锋陷阵，打败所有的敌人，把得到的美女、名马等战利品都奉献到你的帐前，绝不私设小金库。平时，我们都认真负责地给你放牧打猎。如果违反你的命令，你就可以砍下我们的脑袋，夺去我们的女人。如果我们违背今天的诺言，你就把我们砍死丢到荒野吧。

铁木真等这一天，等了整整二十年，也许此前还缺乏札木合那样的远大理想，但在跟札木合的这些日子里，他分明感受到札木合的睥睨草原的远大抱负。他也暗暗为自己的前途以及蒙古部落的前途进行了考虑。他离开札木合，也不单单是疑虑使然，也是想自己出来单干，也要像札木合那样树立起统一大草原的雄心壮志。

现在他望着自己的部落，他知道，如果要比札木合做得更好，必须进行一次制度改革。此前草原上的部落，在管理方式上极为粗放，基本就是一个家族掌大权，没有一个标准的官员制度。

于是，他建立了一个分工和防卫都很严密的司令部，组织了一支精锐的近卫部队，让博尔术的族弟斡歌连当队长。同时也任命博尔术和者勒蔑当总管。他从最底层的子弟里精选了一批勇士，组织他的嫡系部队。这些嫡系部队比那些由贵族子弟组成的部队可靠得多了。

模样很快就做出来了，但他知道，他现在也只是做出一个模样，离强大还很远。他全程参与过灭蔑儿乞部的战斗，深知要想在草原上混下去，完全单干是很危险的事。跟其他强悍部落结成联盟是很重要的。

所以，他当了可汗之后，立马开展外交活动，派出使者去向脱斡邻勒汗和札木合报告。

十三翼之战

脱斡邻勒汗这时的内心世界一点也不复杂，反正草原上本来就有很多部落，你不当可汗，别人也会当。与其让别人当，还不如你这个跟我有结义父子关系的人当，所以当铁木真的使者向他报告时，他笑呵呵地表示热烈祝贺。

但札木合的心情就不一样了。

札木合此时肯定还没有把铁木真当成主要对手，但铁木真在毫无征兆的情况，突然拉起队伍离他而去，连一句告别的话也没有，更别说解释原因了，让他觉得很没面子——结了三次的安答，最后就这么分手，分得不明不白，分得没一点理由。更让他气愤的是，连自己部落的很多铁杆都跟着离去。

如果是别人，此时可能会带着大军，直接过去把铁木真痛扁一顿，让他好好知道一番做人的道理。可札木合不是别人，他是到目前为止，草原上最有政治视野的可汗。一个胸怀大草原的人，哪能在这点事上看不开。何况，现在他称可汗时，还派人来通告一声，说明他还是把自己当朋友，还是很尊重自己的。

他没有对铁木真称汗说什么，好像铁木真称汗跟他没有一点关系一样，只是对使者说："你们把我的话转告给阿勒坛和忽察儿两人。当我跟铁木真还是一家人时，他们为什么不说拥立铁木真当可汗？现在铁木真跟我分手，他们为什么跳出来，离间我们兄弟？他们这是要干什么？"

阿勒坛和忽察儿原本是乞颜部的贵族。其中阿勒坛是忽图剌汗的儿子，此前跟着札木合混。札木合对他们都很好，这么多年让他们过着贵族的幸福生活，现在居然也来个不辞而别，把自己当成什么人了？他对铁木真不好说什么，但谴责一下这两个人，还是可以的。

铁木真知道，这个安答已经对自己生气了。现在只是在顾及面子而没有发飙而已。

不过，札木合还算厚道，虽然心里有气，但仍然希望铁木真的部落能做强做大。他谴责了一下那两个人之后，又派人给他们传话：“你们既然拥立铁木真称可汗，就应当永远记住你们的诺言，永远忠于他。你们好好地在那里帮他把事业越做越大吧。”

也是在这一年，孛儿帖夫人又帮铁木真生了一个儿子。这个儿子就是察合台。

到了这时，明眼人都已经看出，铁木真跟札木合的关系已经很微妙。但即使如此，两人仍然没有撕破脸的想法，只是关系有点僵硬而已。

他们很想把这个关系继续保持下去，等以后有机会再慢慢修复。

可他们的愿望很好，但很多事情的发展是不以他们的意志为转移的。

他们的决裂缘于一件小事。很多历史上的大事件，都是由一点小事引起的。

如果放在平时，这事根本不算事。

事情的起因是这样的：

有一天，札木合的弟弟给察儿硬是把铁木真手下拙赤答儿马剌的马群劫走。如果是劫别人的马群，那人很有可能按程序向铁木真报告，然后铁木真会通过外交途径采取对话方式来解决，而且按照目前的局势，这个问题是会得到圆满解决的。可偏偏是拙赤答儿马剌的马群。他也是个张飞式的人物，身上蛮力很大，但智商偏低，没一点政治眼光，知道札木合部把他的马群劫走，二话不说，跳上马背，一阵狂奔，直赴札木合的营地，要坚决把他的马群讨回来。

他很快就找到了自己的马群，但给察儿却不答应，硬是不让他通过。他大怒起来，问到底放不放他过去？

给察儿冷冷一笑，要赶马走，坚决不放。

拙赤答儿马剌大怒，当即喝道：“看箭！”他的思维系统转得不快，但动作却很迅速，话声未落，那支箭就已经射出。给察儿躲闪不及，被当场射中。拙赤答儿马剌看到他只是受了伤，怕他还击，于是又冲上前去，补上一刀。他的力气真的很大，一刀下去，给察儿那具粗壮的身体被分成两半，血流一地。

拙赤答儿马剌杀了给察儿之后，心情超爽，然后他赶着马群放开粗豪的嗓门唱着歌，往回走。

到驻地之后，他像什么都没发生一样，并没有去向铁木真报告。

但他没有想到，这个盗贼可不是一般的盗贼，而是草原目前实力最牛的可汗札木合的亲弟弟啊。你杀了他弟弟，他能放得过你吗？

札木合很快就接到弟弟被人家砍成两截的事，而且还是铁木真的手下干的，不由大怒起来，发誓要杀掉铁木真。

现在铁木真的势力还远远不是札木合的对手，要是双方摆开战场，几乎不用动脑筋就可以知道，结果谁输谁赢。而更要命的是，在札木合怒火万丈的时候，铁木真还什么都不知道。

札木合这时对铁木真实在太愤怒了，他下决心要一战把铁木真打入地狱。虽然他知道，以他的力量完全可以把铁木真打败，但会出现一些波折，而且未必能一战把铁木真打死。于是，他迅速做出决策，联合铁木真的死敌泰赤乌部和塔塔儿部，再次组成草原多国部队，一起围攻铁木真。

塔塔儿部历来是蒙古的死对头，这些年来一有机会就打蒙古部落，对付蒙古部落已经很有经验，一听说要打蒙古部落，基本上二话不说，直接就答应。而泰赤乌人就更不用说了。这几年来，他们看着铁木真的势力越来越壮大，而自己的人口数量却年年出现负增长。因此，他们这些年来，基本都是在极度惶恐中度过的。这时接到札木合的通知，无不激动得热泪盈眶。

札木合这一次，登高一呼，不但联合了铁木真的这两大死敌，其他的一些小部落也跟过来凑热闹。大家掐着手指一算，总共有十三家部落参与，共动员兵力三万。

当三万大军喊杀连天冲向铁木真的营地时，铁木真还什么都不知道。

如果情节照此发展下去，脱黑脱阿的下场，就会被铁木真全面复制。

幸运的是，有人连夜跑过来向他进行了通报。

这两个人就是木勒克脱塔黑和孛罗剌歹，是札木合的手下。不知什么原因，他们就是对札木合很不满意，硬是佩服铁木真。现在看到札木合带领大军向铁木真发动奔袭战，而铁木真居然一点不知道，铁木真再怎么猛也打不过他。于是，他俩偷偷跑了出来，拼命赶在札木合大军之前来到铁木真的大帐前，把情况告诉了铁木真。

本来，铁木真正在桑沽儿河上游的连勒古山一带扎营。此时，他也有三万人马，一片连营。但他做梦也没有想到札木合会来搞定他，而且会组织这么多部落一起来对付他。在得到这两人的报告后，不由得大吃一惊，急忙传令，大家赶快集中大营，准备打仗。

可札木合来得太快，而铁木真虽然也有三万人，但战斗力却差得很远，完全可以归进乌合之众行列。

这是铁木真第一次指挥打仗。他看到敌人共分十三翼，于是也把部队分成十三翼，基本就是死抱着兵来将挡水来土掩、针尖对麦芒的原始战术。双方一接触，铁木真的十三翼就被札木合的十三翼大败。于是只得撤。

其实，在铁木真下令撤之前，很多士兵早已自觉地逃命了。

这场大战，让铁木真以及草原部落再一次对札木合的军事能力有了深刻的认识。铁木真部大败之后，被札木合联军追着打，一直退到斡难河的哲列捏峡谷。幸亏这个峡谷沼泽遍地，易守难攻，铁木真拼命守住。札木合几番强攻，虽然部队的士气仍然高涨、战斗力仍然保持最佳状态，但粮草却已经告急。战斗力再强，战士再狠，也不能空着肚皮去进攻。

于是，札木合只得宣布撤军。

当然，他撤军时，还是要面子的。他大声宣告："铁木真已经被咱们打到山谷里去了。咱们的战略目的已经完全达到。"虽然铁木真部逃得很快，但札木合联军仍然抓到了一大批战俘。

札木合把这些战俘排队起来，检阅了一番，基本都是赤那思氏人。他们在这场战斗中，是铁木真的十三翼之一，跟札木合死磕一阵之后，就全部被俘。这个族群也是海都的后代，曾归顺过札木合，后来又到了铁木真那里。札木合很恨这些叛徒。这些天来，他不断接到部族里有人组团去投奔铁木真的消息，已经很气愤了。这时抓到这些叛徒，马上狼性大发，在回军的途中，下令架起七十口大锅，在锅里装满了水，然后把这些叛徒加俘虏全部活生生地扔进锅里，然后加火煮烂。他大声警告在场的人："这就是当叛徒投靠铁木真的下场。"

在场的人看着锅头里的人体在翻滚着，都吓得全身发抖。他们望着那排大锅，再看看札木合，热气腾腾之中，札木合可汗的脸上杀气腾腾。以后难道他们就跟这张杀气腾腾的脸混下去？说不定哪天，他脾气一发作，滚在锅里的就是自己了。

札木合转着他那张杀气腾腾的脸，看到现场所有的人都惊惧不已，不由得心花怒放，他觉得这才是做大汗的气度。然而，他只看到这些底层战士的惊惧，却没有看到他们内心世界的变化。

不过几天，他不断地接到报告：有人组团离开部落了。

到哪里了？

基本都投靠铁木真了。

札木合一听，就想不通了，怎么自己打了胜仗，这些人还要离开。

其实，他不明白，残暴的人都是靠杀人来立威的，但他们永远想不到，杀人虽然能立威，但这个手段是最容易让人心流失的。人心一流失，你最后还能有什么？

古人早就说过，得人心者得天下。很多统治者也早就读到过这个句子，但他们仍然觉得残暴来得过瘾，来得八面威风。他们总是以自己的残暴度来衡量自己的伟大程度。

这次铁木真虽然大败，而且几乎没有还手之力，但由于战场在沼泽地一带展开，不利于札木合联军骑兵的展开，使得他们的屠杀大打折扣。而蒙古部落长期在这里生活，地形熟悉，逃跑起来很有效，因此铁木真实质性的损失并不大。

他退守峡谷之后，清点下人马，松了一口气。可没过几天，居然不断有札木合手下的人成群结队前来向他报告，说愿意加入他们。

铁木真大喜。他稍一拍脑袋就明白了其中的道理。因为他跟札木合生活了一段时间，深知札木合很够朋友，也很有水平，但为人残忍，动辄就杀头。跟他混的人都怕他。

铁木真立刻意识到，要战胜札木合，不是要在战场上把他打败，而是必须制定出与他相反的政策，对属下要宽宏大量，要让他们觉得跟你是安全的，是幸福的，你是他们的大哥，而不是作威作福的大官僚。

总之一句话，你要把所有的人当人看！

如此一来，札木合与铁木真一比，就差了不止一个档次！

铁木真每天接纳着从札木合那边来的移民，脸上全是笑容。

这次战斗，被打败的铁木真成为真正的胜利者。

解决内部矛盾

这些天来，投靠铁木真的人数最多的就是兀鲁兀氏人术赤台率领的部族，忙兀氏人忽亦勒答儿率领的忙兀人。这两个家伙把整个部众一个不留地全带来了。更让铁木真高兴的是，他老爸原来的奴仆蒙力克的父亲，也带着自己的七个儿子来了。原来自从铁木真落难后，他们一家都在札木合那里混饭吃。

他决定好好地庆祝一番。

然而就是这一场宴会，却酿成一个历史性的大事件。

宴会开始时，大家都很守规矩，该喝的喝，该吃的吃。跟所有宴会一样，敬酒环节是宴会的重头戏。

现在蒙古部落已经是大部落了，敬谁不敬谁，是有规矩的，先敬谁再敬谁，也能体现面子的大小问题。

负责敬酒的是主管后勤的失乞兀儿。他现在的职务是司膳。

他先过来给铁木真、诃额仑夫人、合撒儿、撒察长老各倒了一皮瓮的酒，接着给撒察长老的小老婆额别该斟酒，然后继续斟酒，斟到豁里真时，豁里真突然站起来，猛扇失乞兀儿的耳光。

失乞兀儿当场惊呆，捂着脸，问:“你打我？”

豁里真暴跳如雷，大声说:“打的就是你。请问，我和额别该都是撒察那个老头儿的老婆对不对？”

失乞兀儿说:“没错啊。整个部落都知道你们是撒察长老的老婆。”

豁里真大叫:“但你为什么不记得，我是大老婆，额别该是小老婆？你为什么先给她斟酒？”然后又对失乞兀儿拳打脚踢几下。

撒察是铁木真的叔叔，现在是部落里的长老。而失乞兀儿是也速该时代的老人，算起来都是老一辈了。

失乞兀儿被打了之后，觉得自己很冤枉，很盼望大汗能帮他说几句，给他讨回公道。可是铁木真却在那里傻着眼，没有办法。

失乞兀儿看到铁木真什么话也没说，不由得心一酸，放声大哭起来，说:“如果也速该还在，我能受这个罪吗？”然后一边哭一边跑出宴会。

铁木真觉得自己真的十分窝囊，可他最后只能看看自己的叔叔和几个婶婶，再看看一步一步走出帐外的失乞兀儿。他这才知道，管理这些人真不容易。

如果按以往，他不把几个闹事者大打几拳，是消不了这口怒气的。但现在他只得忍着，把叔叔的大小老婆劝住，然后勉强挂上一副好脸色，叫大家继续喝。

哪知，铁木真这口火气还在肚里团团乱转，另一件更大的事又出现了。

原来，当时部落的治安并不那么好，偷鸡摸狗的事时有发生，尤其是全部落举行宴会的时候，那些小偷就特别活跃。因此，铁木真在举行宴会时，也布置了安全保卫工作。全面负责这个工作的就是别勒古台。

在大家高高兴兴地吃喝时，别勒古台还是很忠于职守的，不断到四周巡视。

巡视的结果，还真让他抓到了一个现行。

你知道这家伙偷的是什么东西吗？

告诉你，就是铁木真的马缰。

是的，就是一条马缰。你可能觉得很可笑，但当时草原上的经济绝对欠发达，物质一点也不丰富，就连一条像样的马缰都是奢侈品，一天到晚让人觉得眼红。

别勒古台一看，就上前大喝：“你这个小偷，居然敢偷大汗的马缰。你这是找死。”

别勒古台也是个脾气火暴的人，二话不说，上前就狠揍那人一顿。

那人捂着痛处，逃跑了。

那人不是跑去躲，而是去找他的主人。他的主人叫不里，也是个牛人。他是蒙古部落主儿乞氏的带头大哥，算起来还是铁木真的堂哥。这次宴会虽然是铁木真主持，但仍然按照传统形式，以家庭组团的方式参与。铁木真只是他们家族（孛儿只斤氏）的主持者，而主儿乞氏主宴的人就是不里。

不里看到自己的手下被打，就生起气来，指着别勒古台大骂，然后宣布跟别勒古台决斗。

别勒古台当然不怕，脱下袍子，裸露着右肩出场。

不里虽然也是有名的勇士，身上的蛮力也不少，可一看别勒古台肌肉很发达，觉得要打起来，估计还真打不过他。于是，突然拔出刀来，向别勒古台砍去。

别勒古台哪想到对方会在这个场合中用刀？躲闪不及，右肩中刀，血当场喷涌而出。

铁木真看到后，更是怒上加怒，一个好好的庆功宴会，现在成什么样子了。而且这些事就在他的眼皮下，一件接着一件地发生，这些人眼里还有我这个可汗吗？

别勒古台倒还想得开，劝哥哥：“别生气。我这点伤不算什么。现在部落兄弟刚刚聚会，大家彼此感情还没有融洽。等过了一段时间，自然会好的。”

可铁木真却不听了，别勒古台再劝，但他还是不听。他对这几个人实在太忍无可忍了。当年泰赤乌人丢下他们母子的时候，他这些叔叔们都毫不客气地站到泰赤乌人的立场，毫不犹豫地孤立他们。现在来投奔他，虽然迫于形势拥立他当可汗，但仍然不把他当一回事，继续在他面前作威作福。长此以往，他这个可汗当得还有什么意思？还谈什么与札木合一争高低？连自己家里的事都摆不平，还谈什么统一大草原？

铁木真当时抄起一根捣马奶的木杵，直接冲进去，大声叫："你们不是要跟我们孛儿只斤氏的人斗吗？我就来跟你们斗。"

那一帮主儿乞氏人还真不怕大汗，都上前来跟他扭打。他舞着那根捣奶棍一阵乱打，结果把一群主儿乞氏人全部打倒在地。然后宣布把那两个闹事的女人都抓了起来。

主儿乞氏这才真的蒙了。他们总以为自己是铁木真的长辈，铁木真只有依靠他们才能把事业开展下去。以前他们一离开，铁木真一家立马宣布破产。铁木真一定会记得以前的教训，不敢得罪他们。哪知，这次铁木真不干了。

他们反复开动脑筋，终于明白，现在的铁木真不是以前的铁木真了。九岁的铁木真是很需要他们，但三十岁的他已经不一样了。他可以需要他们，但他们对他的兴衰已经没有多大的作用了。倒是现在他们更需要铁木真。如果离开铁木真的大营，他们又能跑到哪里去？他们跟过泰赤乌人，也跟过札木合，但幸福指数明显不能与现在比。

他们向铁木真认了错，求铁木真放了那两个女人，保证以后不再放肆了。

这个宴会本来是个庆功宴，哪知却差点开成一个分裂的大会。幸亏此时的铁木真实力已经雄厚，完全可以镇住内部的这些人。否则，后果不堪设想。

内部这些不服分子被铁木真一根捣奶棍打服，算是摆平了一件事。

当然，铁木真并不只盯着自己的内部事务，忙于跟自己的这些长辈斗智斗勇，而是把眼光放得更远，时时留心部落外的局势。

好机会

这时已经是1196年，宋朝的赵扩刚刚接位当皇帝两年，而金国是章宗完颜璟主政。金国到现在立国已经七十年，大金帝国当初的锐气已经逐渐没落，金国高层的文化水平越来越高，吃喝玩乐也越来越讲究，而军事水平却在直线下跌。完颜璟也是个文化大师，每天都努力当好文化人，饮酒作诗，写写画画，做得很成功。他的书法特别不错，其作品几乎可以跟宋徽宗的瘦金体有得一比。他也以此为豪。只是他绝对没有想到，他的书法越来越好，但国力却越来越走下坡路。

不过，在他的初期，金国的政治还算清明，被人们送了个“明昌之治”。当年金熙宗玩了一把以夷制夷的把戏，硬是让蒙古部落与塔塔儿部落互撕了这么多年，让北部边境稳定了一大段时间，免除了多边作战的困境。

金国很希望北部永远保持这个形势。但这个形势最终还是被打破了。

先是合底忻部和山只昆部在边境搞得很活跃。此时，南宋是正是韩侂胄得势。他因为策划参与了赵扩的内禅活动，迅速成为皇帝的红人。韩侂胄突然成为权臣，急于证明自己的水平。现在在南宋，最能体现自己水平的事情就是北伐，把金国灭掉。他天天在那里高叫北伐，让金国也很头疼——虽然长期以来，南宋跟金国对垒，基本是输多赢少，但金国多次胜利，也没能力打过长江去，统一全中国。每次打仗，不管胜败，国力都是大大受损，认真算起来，谁也讨不到便宜，说是双输也没错，只不过看谁输得多一点而已。

这些草原部落居然在这个时候捣乱，金国哪能忍得住？于是，金国就派兵去围剿。金国出兵时，当然没有忘记塔塔儿部，叫他们也跟着一起参加这次军事行动。金国对这次军事行动还是很重视的，他们用了整整一年的时间进行前期准备工作，调齐各路大军之后，才高调宣布出征。

第二年，也就是明昌六年（1195年），金国三万大军杀向这几个部落，统帅是左丞相夹谷清臣。在金国和塔塔儿部联军的猛烈攻击之下，合底忻部和山只昆部被大败。塔塔儿部看到合底忻部和山只昆部丢了大量的物资，便叫部队停止战斗，放手抢东西，然后肩挑马驮，一路唱着草原大歌回去。至于战斗，就由金国去打吧。夹谷清臣知道后大怒，他的政治眼光显然有问题，那几个部落才刚刚摆平，又挑起这个铁杆盟军的反感，他派人过去，把塔塔儿部狠狠地批了一通，大声宣称要对塔塔儿这种无组织无纪律的行为进行重罚。

塔塔儿部的老大一听，就生起气来，我们帮你守边疆这么多年，没有功劳也有苦劳，现在还帮你去打仗，要了这点战利品，你就生气，就要惩罚我们，我们也是有自尊的。在夹谷清臣宣布重罚塔塔儿部时，塔塔儿部也宣布造金国的反。

金国高层万万没有想到，塔塔儿部会宣布造反。他们一致认为，夹谷清臣处理这事太欠妥了。向北出兵的目的，是以打仗来促和平，只是想让他们记住，金国是不能反的。现在却弄成这个局面，刚打完那几个部落，又逼反了一个更强大的部落。于是他们撤了夹谷清臣的职，换上完颜襄。

完颜襄清楚地认识到，如果不能把塔塔儿人一战摆平，以后的事就会没完没了，到时他们南北受敌，阿骨打大帝创立的基业离宣布破产就没有多远了。

于是，他们派出当前金国最猛的人牛人完颜襄带兵出战，务必把塔塔儿部一战打垮，让他们永世不得翻身。

可以说，金国的这个策略是很正确的。

塔塔儿部是整个蒙古部落的大仇敌，整个蒙古部落的成员都认为，消灭塔塔儿部是他们最伟大而艰巨的目标。作为蒙古部落大汗的铁木真当然也时刻注视着塔塔儿部。只是塔塔儿部不但实力雄厚，而且还有金国作后盾，这么多年来，草原部落基本不敢惹这个金国的二层机构。

然而，塔塔儿部居然敢造起金国人的反。

铁木真知道打塔塔儿部的机会来了。

他立刻派人通知脱斡邻勒汗，说："金国的丞相完颜襄已带大军前来消灭塔塔儿部了。我们完全可以趁这个机会，过去夹击塔塔儿部，为我的老爸报仇。”

脱斡邻勒汗听说是为安答也速该报仇，哪有不出兵的道理。

于是，二话不说，带着部队就过来跟铁木真会师。

铁木真派人去找撒察叔叔，让他也带自己的部众前来。可是他们等了六天，眼睛看得都疼了，叔叔们仍然没有出现。

两人没有办法，只得带着兵前进。再等下去，就没仗可打了。

塔塔儿部绝对没有想到，金国大兵来得这么猛，只一仗就把他们打得大败。他们立刻祭起草原游击点的法宝，打不过就逃，逃到漠北深处，看你还追不追。

他们的想法很不错，但他们只想到草原很辽阔，却没有想到现在的形势已经不是当年的形势了。以前，草原的部落都还弱小，草原很大，你尽管跑，没谁理你。可现在却不同了。他们部落之间的敌对情况越来越严重，只要有机可乘，立马就过来猛揍你一顿。

他们向草原纵深处逃跑，金兵果然追不上他们。他们正得意，突然迎面杀声大起，死对头铁木真杀到了，而且不光是蒙古部落，还外加了脱斡邻勒汗的大军。

他们只得拼命死战。可在这样的形势下，再怎么拼，也是拼不过人家的。结果塔塔儿人逃得了完颜襄的猛打，却落入了铁木真的围剿，连第一把手薛兀勒图都被铁木真活捉，所有人不是被杀死，就是做了铁木真的战俘。

铁木真当场把薛兀勒图砍死，算是为老爸和俺巴孩汗报了大仇。然后把塔塔儿部的战俘全部改编，让他们成为蒙古部落战士。

这次战斗，铁木真的收获不仅仅是这些。

金国人实在太痛恨塔塔儿部了，突然看到铁木真自觉地配合他们的军事行动，把从他们手里逃脱的塔塔儿部打败，感到很高兴。金国人一高兴，彻底忘记了几十年前，蒙古部落给他们制造的麻烦让他们更加头疼，更没有睁开眼睛看一看，现在铁木真的骑兵是什么样的战斗力，于是，就把蒙古部落当成他们的战友，然后高调地宣布：任命铁木真为札兀惕忽里，封脱斡邻勒汗为王。从此，脱斡邻勒汗就被人们称为王罕。

很少有人知道这由一连串组成的职务名称。有的说，这几个不管你如何读都很拗口的文字就是蒙古语“招讨使”“一旗之长”甚至是“百夫长”的意思。而又有人说，这不是蒙古语的音译，而是女真语的音译，意思是蒙古各部的统帅。但不管什么意思，这总是铁木真从金国那里得到的封号——当时草原虽然以部落形式存在，但他们都怕金国，他们虽然没有直接被金国领导，但他们仍然相当于金国的属国。现在金国把这个封号送给铁木真，就意味着，铁木真成为金国在草原上的代言人，谁反对铁木真，谁就是反对大金帝国。反对大金帝国的下场如何？请参见塔塔儿部的毁灭。

对于金国而言，这个任命只不过是一张纸，除了可以忽悠草原各部之外，没有其他作用，更没有任何的损失。相当于骗铁木真帮他们看守草原各个部落，谁不听话，就帮他们打谁。打来打去，都是草原部落的人家破人亡，跟大金国没一点关系。就算铁木真被人打死了，他们还可以找另一个代言人。

如果他们碰到的是别人，这个策略绝对正确。然而，他们现在碰到的是铁木真。

铁木真自立以来，在草原上历经两战，使他深刻地知道，光靠一人孤立地打拼，最后基本都是越拼越弱。只有搞好外交关系，有自己铁杆的联盟，才能把事业越做越大。如果没有脱斡邻勒汗的帮助，他肯定走不到今天。现在他不但有脱斡邻勒汗这个长辈当后盾，还有金国这个强大帝国当保护伞，他在草原上往来纵横的时代就要来临了。金国为除掉不听话的塔塔儿部感到振奋，但他们绝对没有想到，他们又为铁木真清除了一个强有力的对手，为他日后的事业铺平了道路。

除此之外，这场大战的收获还有：塔塔儿部的地盘和人口；为俺巴孩汗复仇的名声。在草原上，为祖先复仇向来被视为一件无限荣光的事，受到人们无比的崇拜。

这种崇拜让铁木真获得了空前的人气。草原上的人都仰望着英雄的铁木真。

当然，铁木真还收到一个战利品：塔塔儿人遗弃的一个小男孩。他觉得这个小男孩很可爱，于是便带回去，送给老妈当养子。这个小男孩叫忽都忽。

按理说，此战之后，铁木真声威大震，形势一片大好，不管是内部的部众，还是外面的部落，都不敢跟他对着干。可这个时候偏偏有人跟他对着干，而且还不是外部的敌人。

札木合错失机会

这时的敌人是主儿乞部。

目前这个部落的长老就是撒察和泰出，此前也是这两人带头要求铁木真当大汗的，现在又是他们带头造反。他们趁着铁木真带着主力远征塔塔儿、根据地空虚的时候，突然宣布造反，带着部队杀进铁木真的老营，杀了十多个人。

一看就知道这几个家伙绝对是在进行找死的活动。就那点力量，在宴会上一群人都打不过铁木真，现在宣布造反，冲进一个几乎没有战斗能力的大营，最后只取得杀死十人的战绩，居然也敢跟铁木真作对？

老营里的人都跑出来，向铁木真报告。

铁木真哪能不怒火万丈？这几个老家伙来到这个世界上似乎是专门跟自己做对的。难怪请他们出来一起讨伐塔塔儿部他们不出来，原来是要留在后院放火。

撒察等人只有闹事的水平，却没有对付铁木真的本事和实力。他们在铁木真的老营里捣乱一通之后，就放心过自己的日子，好像根本没有干过什么事一样。他们仍然在自己的地盘上吃喝玩乐，对铁木真没有什么防备。铁木真带着部队杀上来，他们连抵抗都没来得及进行，便被打败了。铁木真把他们的部众全部改编，然后继续追击撒察和泰出。他能放过这两个反复无常的家伙吗？

他们最终逃不脱铁木真的掌心，在贴列秃山口被抓获。

铁木真冷冷地问这两位叔叔辈的长老：“以前你们是怎么说的？”

这两个家伙虽然长期糊涂，但记忆力还不算差，一听到铁木真的问话，立即回答：“我们违背了誓言，请你按照当初的誓言砍死我们吧。”

铁木真当场处死了他们，将他们的尸体丢在荒野。

铁木真将这两个挑头人砍了之后，将主儿乞人全部收编。虽然主儿乞人看起来水平很差，但他们里边还是有人才的。

铁木真收编他们之后，从中发现了一个人才——木华黎。木华黎还在主儿乞部时，谁都不认识，可他跟了铁木真之后，不久就成长为独当一面的大将，日后南下，一路破敌无数。大半个金国，都是他搞定的。

铁木真深知，如果要将事业做强做大，内部的稳定是极其关键的。现在主儿乞部的事解决了，但那个不里仍然没有解决。不里仗着自己有蛮力，居然敢纵容手下偷铁木真的马缰，事后非但不承认错误，反而还砍了别勒古台一刀。这样的人留着，也是后患一个。既知是后患，哪能让他留下？可一时又抓不住他的把柄。

于是，铁木真制造了一个机会，把这个心腹大患除掉。他又举行了一次宴会。在大家都喝得很爽的时候，他突然建议让不里力士和别勒古台搞个摔跤比赛给大家看。

于是，两人下场。据说以前不里曾多次跟别勒古台比赛过，在一次比赛中，他曾把别勒古台一脚绊倒，然后压住，不管别勒古台怎么挣扎，都无效。这一次，大家都以为，不里肯定又会大获全胜。

可两人扭打了一个回合，不里却突然倒下，所有观众都看得出，不里好像是在假摔。别勒古台立刻骑到他的身上。他不断地扭动。别勒古台快压不住了。他就抓住不里的肩膀，然后抬头看了看铁木真。

铁木真一看，这可是机会。

他用嘴巴咬了咬下嘴皮。

这就是暗号！

别勒古台立刻调整姿势，两手扼住不里的颈部，用膝盖压不里的脊背，用力向后一板，但闻一声骨头的碎裂声响起，大家同时啊了一声，不里的脊骨被硬生生地折断了。

不里倒在地上，并没有当场死去，他转头对大家说："我本来是不会输的，只是怕大汗，这才故意摔倒，现在把性命也丢掉了。"说完就死去了。

别勒古台把他拉出去，丢在野外。不里是合不勒汗的孙子，他的老爸是合不勒汗的第三子。

所有的人都知道，虽然铁木真没有下令处死这个堂兄弟，但如果没有他的授意，别勒古台哪敢公然折断不里的脊骨把他弄死。大家都知道不里跟铁木真的关系，更知道不里的性格。知道不里心里不服铁木真。于是，铁木真只有干掉他，同时通过干掉他，向大家宣示，谁想捣乱，就杀谁。连不里这样的人他都敢杀，还有谁他不敢杀？

连续打了几次仗，灭了强大的塔塔儿部落，成为金国在草原上的代言人，所有这些，都令铁木真在草原上的人气不断狂涨。这个蒙古部落的可汗，已经成为草原上最猛的部落首领了。其他几个部落一看，恐惧感油然而生。他们虽然也经常跟其他部落发生流血冲突，但只是打了一下就停战，没有更多的冲突。现在看铁木真这个势头，那是要统一草原啊。统一草原的必需过程，就是把他们全部打倒。

他们都咬牙切齿，觉得不能让铁木真再嚣张下去了，等他再砍掉几个部落，大家就只有等他来杀了。但大家又都知道，现在哪个部落都打不过他。既然单挑打不过他，那就搞联合。

在铁木真忙着在内部清除异己的时候，那些部落在忙着商量搞定他的大计。

最先提出建议的是搠罗吉和赤儿吉歹。这两个家伙现在分别担任合答斤和山只昆部的带头人。因为长期以来，他们不断地跟大金帝国叫板，前两年被打得溃不成军，对金国很愤恨，同时对与金国建立友好外交的部落也很愤怒。现在铁木真跟金国很好，他们打不过金国，就只好想办法去打铁木真。

这两个家伙当然也知道，凭他们两个想跟铁木真叫板，除了再次大败外，没有别的出路。于是，他就挑唆一切可以挑唆的部落，一起去打铁木真。每一个强国都会有天然的敌对国家。因为大多数强国基本都是吞并弱国而发展起来的。铁木真能强大到这个地步，同样是因为发动了几次灭人部落之战。这就难免结了很多冤家。

第一个冤家就是塔塔儿部。虽然现在这个部落也只是残部而已。

第二个冤家就是泰赤乌部。这是大家都知道的事。

第三个冤家就是札木合，这也是草原尽人皆知的事了。

只要联合到这几个部落，完全可以集结到足够打倒铁木真的力量了。何况还有很多小部落，如朵儿边部、弘吉剌部等部落的可汗都是撒罗吉和赤儿吉歹的朋友，私人关系一直很好。只要他们通知一声，这些世交部落都会随叫随到。

两人坐在帐篷里一下子就数出十一个友好部落来。于是，立马发出倡议书，推举札木合为总指挥。

在这十一个部落中，其中札木合的力量最强大、人气最高，能力也最出众。属于众望所归的人。撒罗吉和赤儿吉歹虽然是倡议人，但也知道要让札木合听他们的指挥是不可能的。因此，根本不用谈判，他们就让札木合成为总指挥。

这一次，他们做得很隆重，十一个部落的首领在阿灰泉集会，共同推举札木合当可汗。他们提出的任务就是打倒铁木真，顺便打倒王罕。

他们都信心满满。虽然铁木真有金国在后面撑腰，但他们也知道这只是享受口头支持的待遇而已。除非万不得已，金国是不会出兵来帮铁木真打仗的。金国最不愿干的事，就是插手草原的争斗。金国最需要的是，这些部落之间争斗个不休，然后自己站在那里当吃瓜观众，需要的时候，鼓鼓掌，点点赞。他们认为，这些部落自己玩累了，才不会有精力跟他们捣乱。

所以，打铁木真尽管打，不需要怕金国。

这些人的分析显然很有道理。

他们不但懂得这个道理，更懂得铁木真是个很能打的人。铁木真自出道以来参加或指挥的战斗，除了那次败给札木合之外，再没有第二个失败的记录。因此，对付他，必须小心谨慎。于是，他们很快就拿出消灭铁木真部的最佳方案。

这个最佳方案其实很简单，而且他们也经常使用：偷袭！

然后马上行动，连夜向铁木真部狂奔过去。

他们以为他们做得很秘密。而此次铁木真还真的不知道又一次毁灭性的危险已经悄无声息地向他逼近。

但最后，这个秘密仍然让铁木真知道了。

是一个叫豁里歹的人冒着被砍掉脑袋的危险去把这个情报告诉铁木真的。

当时铁木真正在古连勒古山那里休整，筹划着下一步的发展。

哪知，他的下一步还不知道如何落脚，人家的大刀已经挥过来了。他大吃一惊。他知道，即使札木合不秘密偷袭，以联军的力量公开前来叫板，他的力量同样不足以对抗。他现在虽然是金国在草原的二层机构，但他知道，金国的支持只是空头支票，永远不能套现。他唯一的盟友，仍然是王罕。幸亏札木合他们把王罕也跟他捆绑起来，让他还有个同盟。否则，虽然王罕很够哥们，但面对这样强大的敌人，难免不会心生惧意，做自保的打算。如此一来，他就悲催到底了。

他立刻派人通知王罕，札木合联军正向他们杀过来，请迅速向他这里集结，准备跟札木合决一死战。

这是真正的死战。

王罕当然没话说，直接带着全部兵马前来会师。

两人会合之后，进行了简单的商议，决定顺着客鲁涟河而下，迎战札木合。

草原上有史以来规模最大的决战就此拉开序幕！

铁木真说："札木合这次采取偷袭的勾当，肯定以为我们到死都不明真相。可老天却帮着我们，让我知道了真相。咱们这边做好准备，然后派出侦察部队，前去了解情况。”

铁木真派阿勒坛等为先锋，而王罕则派他的儿子桑昆为先锋向札木合杀来的方面迎过去。这些先锋之前，都派有侦察兵，以全面掌握王罕联军的情况。

先锋部队走后不久，就接到前方侦察兵的报告：联军来了！

敌人来的也是先锋部队。双边都知道此次战斗关系重大，因此在知道碰到对方后，先锋部队都停了下来，并不是像往常那样见面就先交手，而是叫停前进的步伐，相约明天再打。

札木合的部队本来是要偷袭的，哪知才踏进人家的地盘没几步，就被人家发现了。而且看这个情况，铁木真正等着他们的到来。

在这种情况下，札木合军的作战意图已经彻底暴露。但事已至此，就只有打了。双方的主力部队迅速来到，在阔亦田那里各自摆开点阵。

札木合知道自己的战略意图已经被对方知道后，又想出一个办法，请军中两个萨满出来，说要使用呼风唤雨的法术来帮忙，把敌人打败。他的这个办法如果成功，能大大地提振一下斗志。

双方大战，阵地上喊杀连天，尘土飞扬，到处是人与马的尸体。

札木合令旗一挥，两个萨满出场。但见两人在那里跳着大神，不一会儿天还真的下了雨。

札木合的部队一看萨满的法术成功了，更是奋力拼搏。

差一点就死了

哪知，雨突然变大，风突然变狂，而且全吹往札木合的阵地，联军所有的指战员都被狂风暴雨扫得睁不开眼。

有人大叫，萨满的法术做过头了……

有人大叫，神仙，神仙原来是帮他们的……

……

如此一来，札木合也蒙了。他是坚定不移的有神论者，看到这个模样，不由长叹一声，看来神仙真的站在铁木真那一边了，我们萨满请来的神仙，都还在帮他。

札木合虽然不怕草原上的任何人，但他怕神仙。在神仙面前，他老实得狠，拨转马头，往回跑路，再跑得晚了，肯定会被对面那个安答活捉过去。

而铁木真这边看到敌人请萨满出来作法，开始也有点怕，而且作法没多久，大雨大风就真的来了，大家的胆气立马就直线下跌。哪知，所有的风雨全打到对方的阵地上，自己这边的阵地却晴朗一片，大家都笑了：神仙原来是帮我们的。士气一下狂涨到爆，个个发疯般杀向正在逃跑的敌人。

联军那边，连最高统帅都跑了，其他人还能在那里打乱仗吗？当然不能。而且所谓的联军，从某个角度来说，其实就是乌合之众，打得顺了，大家万众一心，所向披靡；打得不顺了，立马兵败如山倒，谁也顾不了谁。于是，广阔的草原成了铁木真和王罕部队屠杀联军的好战场。

联军各部分散退去。

王罕的部队向札木合逃跑的方向追击；铁木真去追赶泰赤乌人。他决心在这一战中彻底解决泰赤乌人。

此时，泰赤乌人的带头大哥叫阿兀出，也是个把儿秃。他退到斡难河的对岸，看到铁木真仍然猛追过来，知道这个兄弟是不会放过他了，只得咬牙下令部队摆开阵势，与铁木真死磕。

双方又大打出手，直到天黑，这才收兵，都安营扎寨，明天军号再响时，大家战场上见。很多逃难的百姓也混在军营中睡下来。

大家虽然都睡了，但铁木真手下的大将都很纳闷，大汗怎么不出来一起作战？大汗哪里去了？

其实铁木真哪里都没有去，他是因为受伤了，一度生命垂危。

他在指挥部队向泰赤乌人冲锋时，突然一支冷箭射来，正好射中他的脖子。他立马倒下。

当时在他身边的是负责警卫的者勒蔑。者勒蔑看到大汗突然倒下，而且脖子那里伸出一支长长的箭杆，知道大汗中箭了，而且中的是致命的地方。

者勒蔑当时大惊，如果是别的人，他肯定不会再浪费时间去看，但这是大汗啊。他抱起铁木真，看到大汗还真没有死，他把箭拔出，然后捂住伤口。可血止之后，伤口又充满了黑色的瘀血。要是让这些瘀血存在那里，铁木真就会没命了。者勒蔑便用嘴巴帮铁木真把瘀血吸出，然后吐在地下。可瘀血实在太多了，他吸了很长时间，都没有吸完，很多瘀血都被他咽下去了。

直到半夜，铁木真才悠悠醒来，用很微弱的声音说，“我想喝水。”

者勒蔑一看，这是战场，哪有水，但离自己大营又太远。敌人的营寨里肯定有——不光有水，而且还会有马奶呢。最好能找到马奶。只是如何才能进去？

者勒蔑很快就想到了一个办法，他把自己的衣服都脱下，只穿一条内裤，光着身子进了敌人的营寨。他没有找到水，也没有找到马奶。他一开始不相信，这么多马，怎么就没马奶。他找了一下，终于明白，由于打仗，老百姓都把母马放出去了，现在军营里都是公马，哪来的马奶？他后来找到一大桶奶酪，就把这桶奶酪扛回去了。他在泰赤乌人军营里折腾了这么久，居然没有被人发现，心里暗自侥幸不已。

者勒蔑再找到水，把奶酪调好，喂铁木真喝下去。铁木真终于醒来，坐了起来，问者勒蔑到底是什么情况。者勒蔑把经过都说了。

铁木真说：“我躺在这里动弹不得，你为什么光着身体跑进敌人的军营里？要是被敌人抓住，你不会把我供出来吧？”

者勒蔑耐心地解释一番，铁木真一听，这才放下心来。他少年时被本族人出卖，受尽苦难，已经养成了多疑的性格，怕自己又被人出卖。现在再被出卖，就不会像以前那样了。他现在是草原上十几家部落的共同敌人，不管落入谁的手中，绝对没有生还的可能。听到者勒蔑的解释后，这才放下心来，对者勒蔑说：“好！你做得很好。对你的救命之恩，我永远记住！”

虽然都以为天亮的时候，会再次发生一场好看的大战。可泰赤乌人看到别的盟友都已不知去向，自己还在这里，跟等死还有什么区别？于是，他们也在下半夜悄悄起来逃跑了，只剩下一大群老百姓还在营中睡大觉。现在你知道，者勒蔑去找马奶时，为什么没被发现了吧？

铁木真很气愤，如果不是这一箭，泰赤乌人能跑得了吗？不过，事实已经如此，再生气也没有用。既然敌人营里还住着一群老百姓，那就到里面走一走，把这些百姓带回去，也算有收获了。

这时，百姓们都已经开始逃散，铁木真骑追过去，大声动员他们不必逃跑，可以跟他回去。

他正呼喊着，突然听到山坡上有人大叫："铁木真，铁木真。"

是个女人，穿着红色的衣服。

他立刻派人过去问："你是什么人，敢这样呼喊我们的大汗？"

女人说："我叫合答安，是锁儿罕失剌的女儿。我的丈夫被士兵们抓走了，他们想杀掉他。我想让铁木真救他。所以才这么叫的。"

铁木真一听，原来是恩人的女儿，当年正是这个女人把他装进羊毛车里，让他逃出生天的。他急忙跑过去，跟合安答相见，立刻派人去救合安答的丈夫。哪知，她的丈夫已经死了。他便把合安答和众百姓都带回大营。

第二天，锁儿罕失剌也来了，他来的时候还带着一个人。

铁木真一见，实在太高兴了，虽然泰赤乌部没有完全消灭，大仇还不能报得彻底，但大恩人一家来了，也是件美事。他对大家说："当年就是这位老人家打开的木枷，救了我的命。"然后对锁儿罕失剌说："你们怎么到现在才来找我呢？"

锁儿罕失剌说："我知道我什么时候都可以来找你，所以也不用急。"

铁木真点点头，说："好，现在来也不晚！"

铁木真再看锁儿罕失剌身后的青年，突然黑下脸来，说："昨天在阔亦田战场上，有一支从山上射来的箭是谁放的？那一箭就射中了我的这个地方，差一点点就把我射死了。”

那人说：“报告大汗，以前我曾射死过大汗一匹战马。昨天这支箭也是我射的。”

大家一听，这个年轻人原来是来找死的。你不说，谁知道？大家看到铁木真的脸更黑了。

那人继续说：“大汗你当然可以把我处死。但我劝大汗还是不要杀我。你杀了我，也不过杀死了一个投降过来的俘虏。如果大汗放过我，让我为大汗效劳，从今之后，我只听大汗的命令，大汗叫我去干什么我就干什么。”

铁木真问：“你叫什么名字？”

“豁阿歹。”

铁木真说：“以后你不要用这个名字了，就叫哲别！你就跟在我的身边，当我的伴友。”

很多人都知道哲别就是神箭手的意思。

不少人都问铁木真，为什么收留这个多次把你当成箭靶要射死你的人？

铁木真笑着说：“一般人绝对不会承认他曾经射过我。现在他能把他曾经几次要射死我的事都讲出来，没有一点隐瞒，说明他是一个很可靠的人。现在这个世界上还能找到这样的人吗？”

泰赤乌人虽然连夜逃跑，顺利脱离战场，没有被铁木真全歼，但部落的人已经灰心丧气，大部分人都觉得他们没有前途了。你想想十一个部落联盟，气势磅礴地前来打铁木真，都还被铁木真打成这个样子。铁木真最后放过其他部落，只死追泰赤乌氏，可见铁木真对他们的愤怒程度。

这个想法一时间弥漫在泰赤乌部当中，很多人看泰赤乌部的大当家塔儿忽台就不顺眼了。难道还要跟着他，继续被他忽悠吗？

如果是别的人有这个想法，对于塔儿忽台而言，并不可怕。可现在连他的随从侍卫失儿古额秃都有这个想法了。失儿古额秃连同他的三个儿子都看衰了他们这个首领。他对他的儿子说："现在再跟塔儿忽台混，不用几天就会混进死胡同。不如现在把他抓起来，献给铁木真。咱们以后就跟铁木真混。"

两个儿子都认为老爸的这个主意很好。

塔儿忽台打死他也没有想到，他的这个心腹随从会有这个想法，所以一点没有防范。父子三人一出手，便把他拿住，然后捆绑起来。

塔儿忽台一看，这是要做什么？

失儿古额秃说："只有把你送到铁木真面前，我们才会继续有活路。"

他们把塔儿忽台押出大帐。本来他们想把他放在马上，可这家伙实在太肥，不宜捆绑了放在马上，就找了一辆车，让他坐在车上出去。

塔儿忽台的子弟们很快就知道老大被人家绑架了，纷纷大喊大叫着追出来。他们很快就追上这几个绑匪，喝令他们赶快放了人质。如果不放人质，他们就杀过去。

可失儿古额秃却不慌不忙，把塔儿忽台按倒在车板上，然后骑上去，把刀架在塔儿忽台那肥肥的脖子上，对他说："你告诉他们，再敢上来一步，这刀就下去几寸。"

塔儿忽台知道这可不是空话，急忙大声对那些威胁绑匪的死党说："你们可不要逼着失儿古额秃杀我。现在你们什么都不用做，赶快回家去。铁木真还小的时候，我因为很看好他，对他还不错。有人要我杀他，但我没有下手。他肯定还记得这回事。而且从目前他的所作所为来看，他的胸怀还是很宽广的。因此，我相信他绝对不会杀我。现在你们不回去，这个失儿古额秃立刻就会下手。"

那些死党一看这个阵势，觉得老大说得没错。只得停住脚步，呆望着他们的老大被三个绑匪押着，向铁木真的营地走去。

失儿古额秃他们走了一段时间之后，眼看就要到铁木真的营地了，他们突然想起，听说铁木真这个人还是很讲义气的。连哲别那样把他射得差点就没命了的人，他都放得过，还重用了。这个塔儿忽台虽然是他的敌人，但也是他的同族兄弟啊。虽然他天天高喊着报仇的口号，可要是真的抓到了，就未必真的会下手了。他不下手，我们的后果是很严重的。别人可以抓塔儿忽台，但他们父子不宜开展这个行动。

失儿古额秃这么一推理，觉得放掉塔儿忽台更安全。

他们就解开了塔儿忽台的绳子，然后让他骑上一匹马说："可汗，你还是回去吧。"

父子三人空着手去见铁木真，把经过详细说了一遍。铁木真向他们竖起了大拇指，说："对。你们做得太对了。任何卖主求荣的家伙都不会受到欢迎的。如果你们真的把他送来，我第一件要做的事就是砍掉你们的脑袋。我跟他的恩怨必须在战场上解决，不能靠几个卖主求荣的人来解决。以后你们就跟着我，该重用你们时，我自会重用。"

第四章
草原上的连横合纵（下）

王罕的恩将仇报

铁木真这一次大胜联军，其实也胜得很侥幸。如果没有人向他报告，其结果有可能又复制了蔑儿乞部的灭亡；如果札木合不多此一举，玩那把萨满的把戏，估计铁木真会胜得更艰难一些；如果没有王罕的全力相帮，他仍然有可能被打败。

所以，自他出山以来，王罕一直是他的贵人，是他最坚定的靠山。

大家都觉得王罕不但讲义气、人品好，力量更强大。

可就是这个强大得几乎无敌的王罕，在这次战斗之后，突然被赶下台。

王罕以前曾被叔叔夺过汗位，把他赶出部落，成为流亡分子。后来是也速该帮他把那个夺权的叔叔打败，让他又当上了可汗。这一次，把他拉下汗位的不是叔叔，而是他的亲弟弟。他当年复辟之后，对自己的亲属就不再信任，只要他觉得哪个亲戚对他有威胁，他就毫不犹豫地除掉。当时，他已经除掉了两个弟弟。但还剩下两个。

他觉得这两个弟弟看上去很像好人。于是，就暂时放过。这两个弟弟当中，有一个叫札合敢不，很敬重哥哥，跟他的关系十分密切。而另一个弟弟额儿客却一直对他看不顺眼，觉得这个可汗哥哥人品不行，在心里对他表示不服气。只是王罕当政之后，把部落越搞越强，他不敢动弹。但也只是暂时不敢而已。他还在盯着机会。

可他的心思很快就被王罕发现。他也很机灵，知道自己的心思暴露之后，立马在王罕动刀之前逃跑。额儿客逃到乃蛮部那里。乃蛮部的首领叫信赖，他听了额儿客的话之后，决定举全部落之力帮助他。

而王罕对这一切却一点不知道。直到他弟弟带人杀到眼前时，他这才发现事情严重了。他仓促应战。跟所有仓促应战的部队一样，最后失败，而且一连败了三次。最后，他一直向西逃，逃到西辽国境内这才停止。而当他停止逃跑的步伐时，只剩下他一个人了。

他看了四周景色，原来是到了古儿汗耶律古鲁的地盘。他跟这个老大还有些交情。西辽是一个国家，机构设置得比草原部落规范得多了。他以为这次投奔到了好靠山，哪知，古儿汗的内部也乱得要命。他每次开口请大汗兄弟帮他出兵时，大汗兄弟都不答应。他说得多了，古儿汗就生起气来，对他狂吼:“你想复国，请别人去。你再啰唆，就把你抓起来，送给你的老弟算了。”

王罕没有办法，只得离开西辽，又先后来到另外两个城。由于路途很远，他身无分文，只得靠挤五只山羊的奶和喝骆驼的血维持生命。

最后，他走到古泄兀儿海子，再也没法往前走了。

没法再往前走的王罕突然发现，天下如此之大，竟然没有他的立足之地。以前他也曾流亡过，但那时他年轻，而且出来的时候，还带着一大批财宝，后来去其他部落，虽然财宝被人家连蒙带骗拿走，但他在那里还可以享受个落难部落元首的待遇。只是因为他觉得该部落没有出兵为他报仇的意思，这才空着手出来投奔也速该。而现在一无所有。他望着苍天，这辈子看来真的要穷困而死了。

铁木真也知道王罕那里又发生政变了，想到这个老人家不但是他老爸的安答，而且还在他起家时帮了他的大忙，之后又成为他坚定的靠山，现在他落难了，自己也应该帮一帮他。

他派出两个使者去寻找王罕。两个使者找了很长时间才找到了他。

两人对他说："我们大汗听说可汗的事后，就派我们来找你。现在你跟我们回去吧。"

王罕一听，当场泪奔。

铁木真听说王罕要到了，出来迎接他，然后让他在自己的营地里休养过冬。

当然，如果只把王罕接过来，让他在自己的地盘上生活，绝对不是铁木真的风格。

王罕丢了汗位，就必须帮他恢复汗位。以前老爸才那么一点实力，都还帮他复国，现在他可是草原上获得大金国任命的第一个官员，也是现在草原上力量最为强悍的部落。如果连这点也做不到，他还算是成吉思汗吗？而且，他现在不能失掉克烈部。

只有王罕当这个部落的首领，这个部落才会跟他团结一心，成为他的铁杆同盟。

所有的人都知道，铁木真肯定会出兵帮王罕复位。王罕的那位弟弟更知道这一点。这个弟弟虽然敢于在哥哥的背后搞政变，但却没有跟铁木真打仗的胆量，竟然在铁木真还没有动手时就逃走了。

克烈部的贵族们便又过来，把王罕接回去，继续当部落的首领。

王罕就这样第二次复辟。王罕几十年来，一直是草原上排名很靠前的牛人，但却被政变了两次。而两次复辟，靠的全是铁木真父子。

王罕对铁木真父子很感激。可时间久了，他突然发现，也速该安答生的孩子真的太优秀了，比他自己还优秀。生一个优秀的儿子，真的比什么都重要。他这么一想，突然觉得自己在这方面比也速该安答差多了。自己的儿子桑昆虽然也可以上战场，可水平跟铁木真比起来，简直是一个在天一个在地。

他继续往下想，铁木真这个孩子按现在这个势头发展下去，不用多久，一定会统一整个草原。以前他怕札木合统一草原。但现在他不怕了。他不怕的原因是，札木合碰上了铁木真。铁木真绝对是老天派来的札木合的克星。铁木真是札木合的克星，那谁是铁木真的克星？

没有！

绝对没有！！

草原上谁也不是这个家伙的对手。

现在自己还活着，铁木真肯定对自己恭恭敬敬，可自己驾崩之后，他还能跟自己的儿子保持这个关系吗？那时，草原的格局也不是这个样子了啊。

他希望草原永远保持这个样子，让他的儿子、孙子们永远当克烈部的可汗。

这就够了！

为什么札木合、铁木真他们一定要统一草原？

他们一统一草原，自己的子孙就遭殃了。

为了自己的子孙不遭殃，他必须想办法除掉这些潜在的危险。

他当然知道，现在的铁木真实力雄厚，凭克烈部的力量是搞不定铁木真的，更不能再搞什么联军来对付铁木真了。

于是，他派人去把铁木真请来，说为了感谢义儿，增进父子之间的感情，特地摆了个酒席，请他来喝酒。

铁木真当然很高兴地来了。

王罕在准备酒的时候，也做了刺杀铁木真的准备。他的这个套路其实就是鸿门宴，等喝到一半时，就搞个暗号，杀手瞬间出现，把铁木真当场砍死，永远除掉统一草原的隐患。

他事先的准备工作做得很好，保密工作也做得不错，而且铁木真也满脸笑容地来了。

一切似乎都很顺利。

但仍然出现了漏洞。

他手下有几个人品很不错的人，在喝酒的时候，他们就插到铁木真和王罕的中间来，一边喝一边向铁木真递眼色。开始铁木真还不会意，后来他又一边递眼色，一边摸切肉的小刀——他们的食品以肉为主，进餐时每个人都使用小刀切肉。

铁木真曾多次死里逃生，本来警惕性就很高，这时看到这些眼色和动作，立马知道，这个自己口口声声呼为父汗的人要拿自己开刀了。

他不等这个父汗向埋伏的刀斧手发暗号就站起来，对王罕说："我家里还有些急事要处理，先告辞了。"说摆，就迅速地离开了现场。

王罕目瞪口呆，好久才反应过来。可铁木真已翻身上马，绝尘而去。王罕白费了一番功夫，到头来什么也没做成。别人搞阴谋怎么就那么容易得逞，自己的阴谋诡计怎么就这么不好使？

同样的计谋，不同的人使用就会有不同的结果。

如果按照往常那些草原部落老大的性格，回去之后必定大发雷霆，然后果断地带兵杀向克烈部，但铁木真不是别人。他不能杀王罕。这不光是感情问题，也是形势问题。

情感就不用说了，他一家跟王罕打交道到现在，二十多年来，是草原上互相帮助的典范。而且每次给对方的帮助，都是事关生死存亡的关键处——可以说，如果没有对方的帮助，己方唯有一死，别无他途。从这方面来说，作为一个有远大理想的草原政治家来说，他有放过王罕的胸怀。从形势来说，现在虽然不断地有外部落的人来归顺他，但几乎所有的部落首领都把他当敌人。现在能跟他成为朋友的也就只有克烈部。不光王罕跟他有过生死之交，就连克烈部高层的其他人士，对他也极为友好。这次他能从草原鸿门宴上脱身出来，都是这些人帮忙的结果。王罕不敢公开向他叫板，而且事到临头，也没有果断采取措施，大概也是考虑到这个因素在内。

这才是最主要的。

退一万步来说，他可以跟王罕翻脸，但不能跟克烈部翻脸。

即使王罕直接宣布他是克烈部的敌人，他仍然相信克烈部是他最真诚的盟友！

只有大政治家才有这种老辣的眼光。

没有这样的目光，他就不成其为成吉思汗，他就跟成吉思汗这个称号不匹配了。

他回到家后，好像什么事都没有发生一样。

蒙古部落平静如初，但克烈部落那边却一点不平静。那些贵族对王罕的这种行径都看不顺眼，常在一起就此事发表评论，认为在这样的人手下当部下，能有什么好日子？

王罕自设局要杀铁木真之后，心情更加复杂，疑心就更多。他当然知道，是他手下这些人帮了铁木真的忙。因此老早就派人对这些人进行了监控。这些话很快就传到他那个比任何时候都敏感的耳朵里。

他二话不说，下令把这些议论的人都抓起来。一个个都绑好，然后押到他的大帐里来，要求在场的人都向这些人的脸吐口水。

大家以为，他肯定已经悔改了，这事就应当翻过一页了。

是的，铁木真也这么认为。

姐妹花

铁木真当然不能在这个事上继续纠缠。他作了向塔塔儿部发出最后一战的动员。

他把各部队长都召到帐下，宣布了他的军规：与敌作战时，切不可贪财。打胜仗后，所有的财物都是我们的，我们要共同分配。如果被敌人打退，只要退到原来的阵地，就必须拼死反攻，把他们击败；如果退到原来阵地而不反攻的，斩立决。

你看到这个军规，肯定不以为然，但你一定要知道，当时草原部落是没有军规的，大家决定去打谁，就翻身上马冲进战场，然后乱哄哄地大砍大杀，谁杀的人多，谁得到的奖赏就多，抢得的财物基本都归自己。铁木真发现这样的打法太低级了。于是，就决定整顿一下军纪，部队一定要听可汗指挥，只有这样，才能使自己的军队战无不胜。

塔塔儿部早在前几年就被打得元气大伤，当铁木真的大军出现在他们面前时，他们仍然打了一仗，但很快就宣布大败，退到兀儿勒灰河和失鲁格勒只惕河。但铁木真仍然不停，渡河追击，把他们的百姓全部当成战利品，带了回去。这一战，塔塔儿最后的几个支系，全部被歼灭。

胜利之后，铁木真升帐，宣布对违抗军纪的人进行处罚，因为阿勒坛、忽察儿、答里台三人严重违抗军令，把战利品据为己有，于是，铁木真下令，让哲别和忽必来把他们掠得的所有财物全部没收。

虽然把塔塔儿部彻底打垮了，但掳来的这些百姓如何安置，仍然是个让铁木真很头疼的事。

塔塔儿部害死了蒙古部落的两位老大，那个忽图剌可汗其实也是因为塔塔儿部郁闷而死的，使得蒙古部落遭受了灭顶之灾。蒙古部落所有的成员都恨不得把每个塔塔儿部人杀光，剁成肉末拿来喂宠物。成吉思汗对他们更是恨之入骨。

在这个愤怒面前，他也有点把持不住了。

他开了一个会，会议的议题就是如何处理这些战俘。

所有的人都认为，塔塔儿部害死我们的可汗，把我们弄得太惨了。我们一定要为祖先们报仇。当然不能把所有的战俘全杀光，还是要分主次的。害我们的主要是比车辖高的成年人，与小孩无关。所以，我们必须把比车辖高的人全部砍死。剩下的，就让他们当我们的奴婢。

没有不同意见。

铁木真也完全同意。

这个会议是内部会议，所以开得还是比较秘密的。

但别勒古台却不把这个秘密当一回事，他出来之后，碰到一个叫大扯连的人。大扯连也是塔塔儿部人。他问别勒古台："你们刚才是在商量如何处置我们这些人吗？"

别勒古台说："简单得很，就是把比车辖高的人全部杀光。"

大扯连一听，心里大惊，但他的脸色没有什么变化，急忙派人把铁木真的这个决定向塔塔儿部人进行了传达。

在战俘营里等待处理的塔塔儿人听到之后，立刻就爆发了。与其被他们杀，不如跟他们拼命。

他们迅速行动起来，在那里垒起寨子，做好抵抗的准备工作。

蒙古部落的人发现人家早就做了准备。没有办法，只得硬攻。塔塔儿部拼命死守，使得蒙古部落的伤亡很大。费了好大工夫，才把这些人最终打败。

蒙古部落的人宣布凡是比车辖高的人，全部押赴刑场。

塔塔儿部人仍然不服，他们偷偷进行了商议，每个人都在袖子里藏一把刀，发誓在临死之前，再杀一个敌人。

蒙古人对塔塔儿部的这一招完全不知道，当他们上前把这些战俘带起来、准备手起刀落的时候，这些战俘突然从袖子里拔出刀，先捅进了他们的身体，又给蒙古兵造成了一次伤亡。

消息传到铁木真那里，铁木真十分生气。他黑着脸把参加会议的人叫进来，问是谁把这个消息传播出去的？

别勒古台说，是我讲给大扯连的。

铁木真说："从今之后，取消别勒古台参加高层会议的资格。我们开会时，你在外边审案子。我们宣布会议结束之后，你才可以进来。"

当然，他没有处罚大扯连。塔塔儿人同情塔塔儿人，是天经地义的事，更要命的是大扯连生有两个大美女。此刻他的小女儿已经是铁木真的妃子，正处于被宠爱的时期，铁木真哪会对她的老爸动刀。

这个美女叫也速干——听上去，有点像也速该的兄弟。

也速干虽然很受宠爱，但她觉得光自己受宠还是不行，还必须让她的姐姐也一起受宠。

有一天，她跟铁木真喝酒时，说："大汗，你对我太好了。其实我的姐姐比我强多了。"

铁木真一听，立刻放下酒杯，问："那现在她在哪里？如果她真的比你强，你能把你的位子让给她吗？"铁木真不但打仗有一套，玩政治有一套，就连对付美女也有一套。如此一来，就把日后宫廷中争斗隐患的可能性消灭了。

铁木真开展军事行动时动作很快，找美女的动作也很快。他立刻下令手下大规模出动去寻找美女也遂。当时，也遂的老公带着她躲到森林里，可仍然躲不过铁木真的寻找。他知道自己要是还待在这里，肯定是死路一条，于是就丢下老婆逃跑了。

手下把美女带到铁木真面前时，他的眼睛立刻就直了。也速干看到自己的姐姐来了，立刻宣布让位，让姐姐坐她原来的位子。

铁木真每天带着这个美女，吃饭喝酒，甚至处理军政大事。

有一天，他跟几个美女在一起大吃大喝，突然也遂发出一声长叹。

铁木真一听，这个长叹内涵不一般，他立刻传令，在部落里严查，找出不是本部落里的人来。大家一阵忙碌，果然查到了一个陌生的青年男子。

大家问："你到底是谁？"

这个男子倒很诚实，说："我就是也遂的前任老公。我前段时间逃跑了，以为现在没事了，就又回来了，想不到仍然被认出来。"

铁木真一听，原来是这个男人，这样的男人是不能留下来的，于是果断下令："这小子原来是想回来造反的。杀！"

又救了王罕一次

在铁木真猛打塔塔儿残部后，又和王罕向蔑儿乞部的残余力量发起进攻。王罕除了把脱黑脱阿的长子杀掉之外，又把战利品全部拉回自己的老营，连根毛也不分给铁木真。

部落里的很多人都不高兴，但铁木真却什么也不说。他不能为了这点战利品跟王罕撕破脸。

只要王罕还跟他联合，不公开宣布与他为敌，他就必须尽最大的力气来维持这个同盟。只要这个同盟能坚持下去，他在草原上就多了一个强悍的朋友，最不济也少了一个强大的敌人。

不久，铁木真决定攻打乃蛮部。

乃蛮部曾经耍过王罕。按王罕的那个性格，他能不恨乃蛮部？他比任何人都有灭掉乃蛮部的理由。铁木真就是认定这一点，决定征讨乃蛮部，一来消灭了一个越来越强大的对手，二来也以此来加固一下他与王罕之间的感情。

当铁木真跟王罕商量这个事时，王罕很高兴，说："这个乃蛮早就该打了。要是再不打，我这辈子恐怕就没有亲手报仇的机会了。"

两人合兵一处，立刻向乃蛮部杀过去。

很多人看到乃蛮部这三个字时，都会以为，这肯定是个十分落后的部落。其实不然，真正的乃蛮部，是草原六大部落中文明程度最高的。直到现在，草原上其他部落还都没有官制。除了可汗这个称号外，其他高管都是贵族之类的。实在德高望重的，就称为长老。乃蛮不但有官制，据说还有文字，连国家的雏形都基本形成了。他们位于草原的西部，目前分为两个部分，有两个可汗，是兄弟俩。兄弟二人虽是一家人，但分了两个部落，明显是闹不团结的结果。铁木真和王罕联军正是瞅着这个因素，去跟他们叫板，免得以后兄弟俩突然团结起来，那就不好对付了。

他们这次剑指的是兄弟可汗中的哥哥——不亦鲁黑汗部。

联军很快就开到乃蛮部地界，跟乃蛮部的部队打了一天，战况非常激烈。虽然最后他们胜了这一仗，但胜得也很艰难。敌人吃了败仗之后，由于熟悉地形，一下就撤得干净，联军并没有占多大的便宜。

铁木真和王罕都知道，来日再战时，将与敌人的主力恶斗，战况只会更加激烈。因此，他们都扎下营，好好休息，以便明天有力量上战场。

当然，铁木真还是很有信心的，只要不出意外，所有战士都拼死作战，以联军的实力，乃蛮部最后仍然是可以打垮的。

然而，王罕却在这个关键时刻下令退兵。

你还记得札木合吧？

札木合打了败仗后，无路可逃，无旧部可招，就逃到王罕那里请求政治避难。他是很有水平的，他是在王罕对铁木真有看法之后前来的。王罕果然很果断地收留了他，让他当自己的军师。王罕认为，札木合是草原上公认的猛人，除了他，还真没人是铁木真的对手。留下他，比杀掉他有利多了。于是，铁木真的这个安答就躲在他老爸安答的部落里。

札木合深知，如果此时搞定乃蛮部，以后草原就只有铁木真一家独大了，那时谁也拿铁木真没办法。留下乃蛮部比留下铁木真好多了。

其实札木合投奔王罕已经很长时间，但就躲在某个角落里，直到这时，他才对王罕发表自己的意见。

他问王罕："大汗你知道，白天这一仗为什么打得那么艰难？"

王罕说："乃蛮部确实厉害。"

札木合摇摇头："大汗说错了。不是乃蛮部厉害，是铁木真厉害。"

王罕说："你说什么？"他盯着札木合的脸。

札木合的脸色一点不复杂，他继续阴险地笑了笑，说："铁木真早就派使者跟乃蛮部沟通过，只是瞒着你而已。白天打仗，他只是做做样子，让你去拼杀。这样打法，不艰难才是怪事。"

王罕的脑袋本来还不算糊涂，但近来对铁木真有看法，而且曾对铁木真搞过未遂的鸿门宴，因此他也怕铁木真放不过他，对铁木真的警惕性越来越高。

他一惊之后，说："札木合，那你说我们该怎么办？我总不能联合乃蛮部来打铁木真吧？"

如果王罕不跟乃蛮部有仇，札木合肯定大叫："你就是应该这么做。"但现在的情况是，王罕跟铁木真仍然是盟友，仍然保持着表面上的义父子关系，只是心里警惕着，离仇恨还很远。而王罕跟乃蛮部的仇很深。所以，札木合不能这么教唆，而是说："既然铁木真通敌在先，咱们为什么不以其人之道还治其人之身？咱们也不用去通敌，连夜拔营离开，让铁木真自己跟乃蛮部拼。不管他们谁死，对咱都有利。"

王罕一听，有道理。

札木合说："咱们一定要悄悄地走，别让他知道。"

于是，在札木合的策划下，他们在营地里把火烧得很旺，好像大家都还在那里做战前准备工作，然后就集结起来，逆着泄兀勒河悄悄地走了。

第二天，铁木真起来时突然发现，王罕的营地里已经没有一个人了，知道王罕是要留下他一个人在这里跟乃蛮部死磕，不由得心下有气。幸亏现在自己的力量已经很雄厚，完全可以独自对付草原上任何一个部落的打击。他对王罕真的很失望。

而现在王罕更失望。

他听从札木合的建议，果断地带着自己所部逃离战场，丢下蒙古部落在那里跟乃蛮部血拼。战场上打得再怎么残酷，都已经跟他无关。

哪知，乃蛮部另外一个太阳汗虽然水平很差，但他手下有个猛人，叫可克薛兀，虽然没有参加战斗，但却密切注视着战斗的进展。看到王罕半夜撤军，就知道联军内部意见已经不统一，心下大喜。这可是个机会啊。

他迅速做出决定：追击撤走的王罕。

一来，王罕部队的战力比铁木真弱，二来王罕肯定只是一心一意搞分裂，聚精会神往回走，你就是打死他，他都不会想到人家会尾追过来猛揍他一顿。

王罕的大军正在行军当中。王罕正在为自己的决策感到得意，突然后面杀声震天。他意识到，自己被别人偷袭了。

他转头一看，居然是太阳汗的主力冲了上来。他的部队都被打得四处乱逃，队形已经乱成一团。他已经无法组织有效的抵抗。只得带着身边的人拼命跑路。

结果，桑昆的老婆以及儿子都成为对方的战俘。他们部落一半的百姓、马群和粮食都被乃蛮部掳走。

王罕一看，这次损失也太大了。现在想夺回他的这些东西，已经没有力量。要是夺不回这些东西，克烈部落的衰败就不可避免。他咬了咬牙，又厚着脸派人去找铁木真，向这个义子控诉乃蛮部的罪行，请义子看在以前交情的分上，再帮他一次。

铁木真二话不说，立刻把博尔术、木华黎、博尔忽、赤老温派出去。

这四个人号称铁木真帐下四杰，打仗历来不含糊。

四人立刻带着部队去救王罕。

乃蛮部抢了一大堆东西之后，并没有立即回去，而是继续跟克烈部作战。看这个阵势，他们已经下定决心把克烈部彻底摆平。这时，王罕的儿子桑昆正带着部队跟敌人作战。桑昆的马腿已经受伤，大批乃蛮部的士兵正向他扑来，准备把他活捉。

正在这时，蒙古军杀了过来，把桑昆救下来，接着又把乃蛮部打得大败。

那些被乃蛮部抢走的东西又都一件不少地回到王罕的手中。

王罕这次真的热泪盈眶了，他大声说："太感谢铁木真了。以前你老爸救了我。现在你又救了我。我越来越老了，离死也不远了。我的弟弟没能力，我的儿子更没水平。我死后，谁来管克烈部的老百姓？铁木真你就当桑昆的哥哥吧。"

铁木真看到王罕这话十分真诚，心里很高兴，当天就在兀剌河畔举行仪式，结为父子。

两人在那里宣誓：出征时，两人共同发兵；围猎时，咱们一起出发。今后咱们如同父子，擦亮眼睛，坚决不接受坏人的离间。有事一定要好好说。

后来，铁木真说："父汗，咱们干脆来个亲上加亲。桑昆老弟的妹妹兀儿公主就当我儿子术赤的媳妇吧。我女儿豁真公主也嫁给桑昆的儿子秃撒合。好吗？"

可是王罕却没有说话。

铁木真没有再说什么。他一直纳闷，为什么王罕不同意这样的亲事？

很多人都觉得奇怪，连王罕家里的人也有点蒙了，问王罕为什么。

王罕长叹一声，说："我们的女儿嫁到他家，一点发言权都没有。而他的女儿嫁到我们家，我们都得听他的。这样的婚事，我能答应吗？"

这话很快就传到铁木真的耳朵里，铁木真这才知道，这个义父仍然对他不放心，仍然对他有看法。于是，他对王罕父子也越来越冷淡了。

于是，两人结为父子没几天，感情就出现了裂痕。

札木合的阴谋

躲在暗处的札木合一眼看出，这对义父子的裂痕已经永远不能弥补了，自己又可以出来挑拨一下了。他现在手下没有军事力量，丧失了搞事的资本，只要动动嘴巴挑动一下，说不定又能把草原搞得乱成一团，自己或可在乱中捞他一把。

现在挑拨离间的机会又来了，他哪能不紧紧抓住？

这次他找的对象不是王罕，而是王罕的儿子桑昆。

连王罕都多次说过，桑昆太不成才。这个桑昆的智商可想而知。蒙骗他比忽悠王罕容易得多了。

札木合带着一批铁木真的反对党偷偷找到桑昆，对他说："你知道铁木真跟乃蛮部的阴谋了吧？"

桑昆说："他们有什么阴谋？"

札木合说："他们老早就互派使者，不断加强沟通，正在制订消灭克烈部的计划呢。其中，铁木真跟你老爸结拜的事，也是这个计划中的一个环节。可惜王罕大汗太过善良，全面相信了他的话，把他当成儿子看。我可以断言，如果你们不及早醒悟，果断下手，不用多久就会吃大亏。"

桑昆说："那我们该怎么办？"

札木合阴狠地说："只有先下手为强。难道你还等他下手了才动手吗？"

当时，在场的还有阿勒坛、忽察儿两人，这两人原来是铁木真的亲属，由于违反军令，被铁木真狠狠地批评了一顿，干脆离开铁木真的帐下，投奔桑昆。这时看到桑昆问他们，他们当然说札木合汗说得太有道理了。

桑昆说："如何才能搞定他？"

札木合说："你们去跟他对打，我再突然冲杀上来，一起把他砍死。"

阿勒坛、忽察儿说："我们偷偷去把他的老妈和儿子们一起干掉。"

另外几个人说："我们负责把他的老百姓夺过来。没有了老百姓，他还能当什么成吉思汗？"

桑昆想不到他们有这么多的办法。马上派人去找他老爸，让他同意这个方案。

这时王罕还算清醒，听了使者的话后，说："札木合是个搬弄是非的人。上次就是听了他的胡说，弄得咱们差点灭族灭种。现在他又拿这套理论来灌输给你们。你们不要听札木合的话。铁木真是个好人。"

桑昆看到老爸不把他的话当回事，便又叫人去做王罕的思想工作，说："现在大家都已经这么说了。大汗为什么不相信？"

王罕仍然不相信。

最后，桑昆觉得还是自己亲自去说服才有力，于是，他跑到老爸面前，对王罕说："现在你还很健康地活着，铁木真就已经不把我们放在眼里了，对我们的态度越来越冷淡。哪天，你老人家突然不幸去世后，你的部落还能属于我们管理吗？"

桑昆虽然智商超级不发达，但对老爸的心思还是把握得很到位。这话一说出，王罕突然就没话可说了。

他盯着桑昆，好久才说："我当然盼望我的这些遗产留给自己的儿子。可现在我们还必须依靠他。如果我们与他为敌，老天爷肯定不会保佑我们。"

桑昆一听，脸色刷白，想不到自己网罗了那么多铁木真的反对党，而老爸自己却突然变成铁木真的铁杆粉丝了。他只得悻悻而去。

王罕看到自己的儿子差点就哭着出去，心里便一软，又出门把儿子叫了回来："你没有听完我的话啊。我只是担心老天不保佑我们。你们想怎么做就怎么做吧。"

桑昆一听，大喜过望，说："铁木真不是要跟咱们结成亲家吗？咱正好可以利用一下……"

王罕说："怎么利用？"

桑昆说："咱们就假装同意跟他结亲，派人去请他来把喜事办了。他一来，咱们就抓住他。"

王罕一听，觉得这个办法太妙了，这样的好计谋，如果不实施一下，实在是太浪费了。

几个铁木真的反对党再次聚会，一致认为，这是目前最好的办法。

于是，他们按照定好的计划去开展工作，派人过去对铁木真说马上让他儿子术赤跟察兀儿公主成婚，请铁木真务必马上前来。

铁木真怎么也不会想到，王罕的脸会变得比翻书快，而且近来根本没有翻脸的理由，还天真地以为，王罕已经觉悟了，完全意识到两家联盟的重要性，所以答应了这门亲事。于是，他带着十个死党骑马去王罕的大营。

半路时，他们在蒙克力父亲家里歇一宿。

蒙克力父亲说："此前，王罕他们坚决拒绝了这门亲事，怎么现在又突然答应了呢？我怕其中有不可告人的目的啊。你们还是小心一点为妙。"

铁木真一听，也觉得很有道理，可到了现在怎么拒绝才好？总之，王罕还没有公然宣布分裂之前，这个联盟万万不能破裂。

蒙克力的父亲又说："就说现在马太瘦了，必须照料马群。等明年春天再说。"

铁木真就派不合台等人过去，跟王罕解释，自己则直接返程。

桑昆一干人都已做好了准备，只等铁木真前来，便可将他抓住，然后砍死。哪知，最后只盼到他的两个使者。

几个人都又惊又急，一致认为，肯定是铁木真看穿了他们的把戏，这才中途回去的。他们接着商议：既然阴谋暴露，铁木真肯定不会放过他们。干脆一不做二休，趁他还没有做好准备，还在半路上走着，明天就行动，过去把他包围起来，同样也可以抓住他。

这几个人觉得这也是个好办法，这次铁木真死定了。

最高兴的是阿勒坛。阿勒坛算起来是铁木真的叔叔。他把这个消息告诉了他的弟弟大连扯。注意，这个大连扯是另一个大连扯。除了名字跟那个一样外，别的跟他无关。

这个大连扯也是个多嘴的人，回到家后，就在第一时间跟自己的老婆说："哈哈，我们已经决定了，明天去捉拿铁木真。如果谁现在把这个情报出卖给铁木真，肯定会发大财。”

他的老婆大吃一惊，说：“你开什么玩笑？要是被人家听到了，去告诉铁木真，你的脑袋还有吗？”

他哈哈大笑，说：“哪有谁听到？”

可还真的有人听到了。

听到的人是他的牧马人巴歹。在他们进行这番对话时，他正好送马奶过来。他假装什么都没有听到，放下马奶后就走了。当然，如果他回去之后，什么也不说，后面的故事肯定得改写，世界历史也许会走样。

但巴歹也跟很多人一样，一听到什么小道消息，就喜欢对别人吹。他回到家之后，就跟同是牧马人的乞失里黑说了这件事。

乞失里黑说：“不会吧？谁敢抓大汗？”

巴歹说：“不信拉倒！”

乞失里黑说：“我再去打探打探！”

说着，他又跑到大连扯的家。

大连扯虽然是个马大哈，但他的老婆却很有警惕性，怕这个话真的传出去，就反复交代家里的人，千万不要把这个话漏出来。

大连扯的儿子客延一边在帐房外面磨箭，一边不以为然地说：“你们说，谁把会议内容泄露出去，就割谁的舌。可你们又怎么能封住别人的嘴呢？你们连自己的嘴都封不住，先漏了出来。”

客延显然也参加了会议，对整个方案知道得很清楚。他转头看到乞失里黑过来，也不想想，自己刚才的话已经被这家伙听到了——如果是做大事的人，肯定会在第一时间想到，这个牧马人肯定听到了自己刚才的话，当务之急就是先把他抓住关起来，甚至砍掉。但客延显然不是做大事的人，看到牧马人后，就交代他：“把那两匹好马找来，拴好。半夜我们要骑着它们出发。”

乞失里黑一听，立马意识到他们真的是要去抓铁木真。他也是蒙古部落的人，虽然跟着主人到王罕这里打工，但他仍然觉得成吉思汗不能被这几个人害死。他回来跟巴歹一商量，便决定马上去告诉铁木真。

铁木真将信将疑，两人看到铁木真的脸色，便都发起毒誓。

铁木真说：“我相信你们的话。咱们马上跑。”此时他还在半路上，如果没有这两个牧马的人通报，还真会被桑昆活捉过去，肯定是不能活着回来的。

他很快就回到老营。可现在大伙都出去放马了，老营也没有什么人。他立刻向附近的人发紧急通知，王罕打过来了，请大家都向老营集结，准备大战。

尽管桑昆他们认为完全可以在半路上拿住铁木真，王罕和札木合仍然作了保守的估计——铁木真可能预先得到情报，因此他们在特别行动组行动的时候，也下令大军出发。如果抓不到铁木真，就让大军冲上去，直接攻取他的老营。他们也是牧民，知道现在铁木真的老营不会有作战部队。只要抓紧时间，仍然能打铁木真一个措手不及。

况且，目前双方的力量旗鼓相当。

班朱尼河盟誓

王罕一边行军一边跟札木合展望着美好的前景。

虽然王罕曾多次和铁木真合作过，但每次合作，基本都是各带各的兵，独当一面，胜利之后，又各回各的部落，连个战斗总结都没认真做过，因此，他对铁木真现在的作战能力居然知道得不多。他只好问札木合：“你是铁木真的安答，肯定知道铁木真部队里哪支作战能力最强。”

札木合说：“他手下有两支部队最猛。一支是兀鲁兀惕部，另一支是忙兀惕部。这两支部队运动灵活，配合能力强。而且所有战士自幼就练好刀枪，单兵作战能力特别厉害。他们的旗巾是黑旗和花旗。”

王罕说：“好！等决战的时候，我们先让只儿斤部冲上去打头阵，与他们厮杀，然后土别干部以及我的一千近卫军作后援，冲上去对他们进行大面积打击。一千名中军侍卫作最后的砍杀，不愁打不败他们。”

札木合一听，说：“这个战术太妙了，肯定能把铁木真打垮。”

如果照此下去，铁木真还真有点不妙了。

可以说，王罕到这时，还真走了几步好棋。如果他能按现在这样走下去，胜利还是有希望的。但他做好部署之后，居然对札木合说："札木合老弟，要不你来指挥这场战斗？"

如果是别人，估计假装谦虚一下，就会愉快地接受任务。何况像札木合这样的牛人，曾做了多年统一大草原的光荣梦想，现在王罕自动把兵权转让过来，哪有不接受之理？

可札木合不是别人。他当场明确地拒绝了王罕。

不但别人觉得不可思议，连王罕都想不通。

札木合听到王罕的话，第一反应居然是：这个王罕原来是个没自信的家伙。我以前跟铁木真打的时候，只赢了一场，后来再打，基本都是被他打得不剩渣。看来王罕也怕他。铁木真打败我，我服了。可要是王罕这样的人把铁木真打败了，那不等于王罕还要胜过我？不能让王罕胜过我。

你觉得札木合这个逻辑很搞笑吧？

他就是这么搞笑。这样搞笑的结果，就只好让铁木真赢了。

他仍然怕铁木真赢不了，居然还派人偷偷地把王罕的部署详细地告诉了铁木真。

铁木真看到后，也大吃一惊，要是按这个打法，他真的要完蛋。

铁木真立刻把那两个精锐部落的队长术赤台和忽亦勒答儿召了过来，把王罕的作战意图跟他们讲了，问他们敢不敢跟敌人来拼？

当然敢。

他们大声对铁木真说："请大汗让我们去当先锋，与克烈部拼杀到底。如果我们牺牲了，大汗就照顾好我们的遗孤！"

大家都知道，现在老营的部队实在太缺乏了，只能依靠这两支部队。前途如何，谁也不敢预测。铁木真就带着这两支部队前来迎战。

两支草原最精锐的部队就这样面对面地厮杀。

王罕果然按照他的那个方案，四个梯队连番攻击，但都被铁木真的两支部队顶住，没能前进一步。

双方打得异常激烈。

桑昆在后阵一看，已方部队的人口数量远比铁木真的多，可大战多时，己方的四个梯队居然都被对方的两支部队打退，这是什么仗啊。他表示不服，要亲自上火线，把战局扭转回来。

桑昆勇气十分可嘉，但是个十足的倒霉鬼，他带着部队，举着大刀，大喊大叫着冲上来，还没有砍到敌人一个脑袋，一支箭忽然射来，正中他那边红色的腮帮。克烈部看到少当家受伤落马，便都回身去救护他。此时，天色已晚，便宣布暂停战斗，明天还有时间打。

这一仗下来，虽然王罕部被铁木真的两支精锐部队拼死顶住，没有取得绝对的胜利。但铁木真部打得十分艰苦，不但忽亦勒答儿受了重伤，差点光荣牺牲，而且在清点人数时，发现博尔术、窝阔台、博尔忽都不见了。窝阔台可是铁木真的长子啊，后来就是他继承了汗位。

大家都很着急。

这是在战场，失踪就意味着死亡！

铁木真倒不很急，因为博尔术还没有回来。他相信博尔术会有能力保护他们的。

大家一阵张望，草原上暮云四合，苍穹如一块黑铁压下，到处是死尸相藉，风呼呼马啸啸，就是看不到三人骑马前来——哪怕一个人也看不到。

谁也不说话了。

铁木真沉声说："只要看到敌人杀上来，咱们就跟他们死磕。"

由于人数少，整天大战，所有的战士都倒地而睡。

铁木真知道，自己的前途真的可以套上凶多吉少这四个字了。

但他仍然想办法脱离险境。半夜时，他把大家叫醒，连夜移营。

铁木真以为，只要天一亮，王罕的军队就会铺天盖地杀来。

哪知，博尔术浑身鲜血出现在他面前。他大喜，问窝阔台他们呢？

博尔术摇头说不知道。

大家都沉默了。

铁木真下令，作好迎敌的准备。但敌人仍然没有身影，只有一骑慢慢前来，大家仔细一看，原来是博尔忽带着窝阔台回来了。窝阔台的颈部中了一箭，被博尔忽横放在马上带回来。

铁木真再望着身边的一众战士，大多都已身上挂彩，虽然知道他们仍然会为他拼命，但能拼得过王罕的大军吗？

当大家接触到他那冷峻的目光时，都是信心满满。他们不相信，王罕能把他们打败。但又有谁能看到铁木真的内心世界呢？

铁木真望着黎明时分的草原，心里装满了悲壮的感觉。他多次身陷绝境，但从没有过这种悲壮感。

王罕一直是他的靠山，这个靠山帮他收集旧部，帮他抵御强敌，帮他去打仇人。可现在靠山也成为他的敌人。

铁木真他们做了必死的思想准备，在那里紧握武器等着最后决战的来临。

哪知，他们等来等去，还是看不到王罕的部队杀过来。他们也有些不解了，不知这个王罕还有什么想法？难道他觉得这边人数太少，要等所有蒙古部落的兵员都集结了再打才过瘾？

后来，铁木真派人去看，回报说，敌人已经撤离。

为什么？

难道王罕突然良知发现，觉得不宜父子相残，这才悄悄离开的？但又不像啊。王罕心胸狭窄，连兄弟都杀，还顾得上一个结义的儿子？这绝对不是王罕的风格。

其实，王罕是在顾及他儿子的性命。

他看到儿子的腮帮中了一箭，意志就垮了下来，觉得还是撤离为好，先好好把儿子的命救回来，只要有人在，就有仗打。

札木合鄙视他还真对了。你想想，铁木真是什么人？一个连札木合都服气的猛人，不但个人能力突出，而且部落实力也是蒙古最强，真的硬碰硬对着打，草原部落除了被他吊打之外，不会有别的结果。他现在能把铁木真打到这个地步，完全是因为抓住了机会，而且得到札木合的指点、战术得当的结果。这样的机会，你还能等到第二次吗？但错就错在，当看到儿子受伤时，他忘记了这个想法。

桑昆一时的愚蠢，不计后果的冲动，外加一支战场上的冷箭，配上王罕那颗缺乏大志的心胸，终于让铁木真渡过了难关。

铁木真这仗打得十分被动，损失很大。战斗结束之后，他迅速召集各部，向东挺进，以便与王罕的势力范围拉开距离。

他对东边还是比较熟悉的。那是他岳父部落的地盘。他派术赤台过去，向弘吉剌部宣布：如果抵抗，咱们就打。如果热爱和平，就服从我的领导，听从我的命令。弘吉剌部哪是铁木真的对手？于是宣布永远服从大汗的领导。

当年铁木真没费什么功夫，讨了个弘吉剌部的美女。现在也不费什么功夫，就把整个弘吉剌部的势力范围全部划归自己的版图。

铁木真在东边成功地站稳了脚跟。

他把这件事从头到尾进行了一次全面的回顾，觉得王罕实在太不像话了，自己对他让了又让，忍了又忍，他却一次又一次地要把自己往死里打。他派出使者，直接对王罕以及王罕手下的那些人喊话：我们义结父子，曾经是草原上互相帮助的楷模。也曾经发过誓言，要团结到底，永不分裂。我一直严格遵守这个神圣的誓言。可父汗却在发誓言之后，言犹在耳，就多次加害于我，专门做违背誓言的行动，最后居然还派大军出来讨伐我。我真不明白，我到底犯了什么罪，惹得父汗一定要把我彻底消灭掉？请父汗派人来给我说明清楚。

王罕一看这个架势，知道铁木真现在已经休养好，要跟他摊牌了。王罕虽然心胸狭窄，但人品还不算巨坏，听了铁木真的口信，觉得自己还真做错了。而且他更知道，既然铁木真敢于派使者前来传达口信，就等于在向他宣战。他现在部队人口数量虽然很多，但不管怎么想，都觉得不是铁木真的对手。一仗打下来，他们整个克烈部就会变成蒙古部落里的一部分。

他终于觉得自己错了，为什么一定要去跟铁木真为敌啊？他几乎要泪流满面，对使者发誓：“从今之后，我一定要遵守誓言。如果思想再产生那些错误的念头，就立马让我出血而死。”说罢，取出一把剜箭扣的刀子，刺破小指，把流出的血放到木桶里，让使者带回去给铁木真。

王罕通过血的教训，想再发个毒誓言，让铁木真放过他和他的部落。他的这个做法绝对没有错。但他愚蠢的儿子却继续愚蠢。

桑昆看到自己老爸这么做，就大发脾气，马上竖起大旗，喂饱战马，准备去攻打铁木真，消灭蒙古部落。

铁木真叫人去喊话，只是想稳住王罕这些人，哪知桑昆却怒火冲天，直接率领大军又向铁木真奔袭而来。

铁木真再次被王罕突袭。这一次，他败得很惨，最后为了避免部落被全歼，他下令大家分散突围。他自己也带头杀出重围。

当他冲出重围时，他发现跟在他身后的只有十九个人了。

他们逃到班朱尼河。这里的环境十分恶劣，遍地沼泽和泥潭。虽然都在河边走，但河里流的全是泥水，连一点可以解渴的清水都没有。大家翻遍行李，找不到可以塞进嘴巴的东西。他们望着茫茫的沼泽地，不知该如何走出去。

幸亏一匹野马跑了过来。他们用最后的力气把它射死，终于填饱了肚皮。他们喝着河里的泥水解渴。

铁木真看着沼泽地里的十九个战友，要多狼狈有多狼狈，但烂泥涂满的脸面仍然透出坚定的神态，跟着他一步一步向前。他指着班朱泥河那浑浊的水，大声对大家说:“如果以后我成就大业，凡今天跟我喝过这水的人，我一定与他们同甘共苦。如果做不到，我就跟这条河的臭水一样。”他的原话是:“使我克定大业，当与诸人同甘苦。苟渝此言，有如河水。”

这个誓言虽只是一句话，但对铁木真的事业产生了巨大的影响。这十九个人当中，除了铁木真兄弟是蒙古人外，还有畏兀儿人、蔑儿乞人、契丹人等其他部落的人，他们来自不同的部落，有着不同的宗教信仰。但当他们在一起发誓的时候，他们的信任超越了他们的信仰，超越了他们的部落界限，把他们的感情建立在一种近乎兄弟的情分上。这些人基本都是该部落的精英，在本部落有着强大的号召力。只要他们能够紧密地团结在铁木真的周围，那么他们的族人也就能团结在铁木真的周围。

草原部落打了这么许多年的仗，最后谁也没有灭掉谁，即使某个部落被灭了，但最后仍然可以从头再来，就是因为部落之间界限分明，你即使灭其族，收集了他们的部落，但由于他们只是屈服于你的强权，仍然信仰他们的宗教。于是，只要本部落冒出个有水平的带头人，他们便又拢过去，再次组成有自己特色的部落。铁木真之所以在彻底破产之后，仍然能重振蒙古部落的雄风，这个是重要因素之一。

他们走出班朱泥河，很快就四处联络失散的部众，在短时间内又集结了几千人马。

如果是二十年前，几千人马的力量就算强大了。可这些年来，草原部落经过多次的大战，所以，能够生存下来的部落，力量都已经很强大，动辄可以调动以万为单位的战斗部队。

铁木真此前考虑不周，连吃王罕的大亏。因此，他知道，如果不把王罕打垮，他还会继续吃亏下去。

王罕虽然很平庸，但他的实力却还是很强大。

铁木真苦苦思索着如何才能把这个让他几乎陷于破产境地的“父汗”搞定。

他拍着脑袋，就是想不出一个好办法来。

王罕之死

他的办法还没有出来，他的弟弟合撒儿却来了。合撒儿前段时间跟铁木真闹了些矛盾，一气之下，带着全家跑到王罕那里。可到这个时候，他又想念起自己的哥哥来，就把三个儿子都留在王罕那里，自己跑出来找铁木真。哪知，铁木真这些天来为了不让王罕知道自己的行踪，一直保持低调，没有像以往那样到处高举旗帜。合撒儿连续寻找多日，把干粮都吃光了，还吃了几天的野菜，这才找到哥哥铁木真。

铁木真知道合撒儿这段时间一直在王罕那里之后，突然脑子灵光一闪，想出了一个计策。他让两个死党合里兀答儿、察忽儿罕两人冒充合撒儿的使者去见王罕，对王罕说：“我本来要去找我的哥哥铁木真，但找了这么多天，就是找不到他。我已经不知道他到哪里去了，看来他真的彻底完了。我现在已经无路可走，连吃饭都有问题了。我的老婆孩子都还在父汗那里。如果父汗宽宏大量，让我回去，我一定回到父汗那里重新做人。”

王罕自打败铁木真，使得草原这些天都看不到铁木真的身影，心里很有成就感，觉得这个世界真的不需要他操心了，于是在那里搭起金帐，准备请大家来大吃大喝一场。

合里兀答儿、察忽儿罕见到王罕时，他正在验收刚刚搭建的金帐，听了那些话之后，想也不想，说：“我当然欢迎他回来。他到底也是也速该安答的儿子啊。亦秃儿坚，你就代表我过去，把合撒儿接过来。”

于是，亦秃儿坚就跟合里兀答儿、察忽儿罕回来。

三人很快就来到与铁木真约定会合的地点。

亦秃儿坚一看，前头是几千骑兵正军容整齐地集结在一起。他立刻明白，上铁木真的当了。这两个使者不是合撒儿派出的，而是铁木真让他们以使者的名义去完成侦察任务的。他当场拨转马头，要逃回去向老大报告：铁木真要来偷袭了。但合里兀答儿早有准备，骑着马赶在他的面前，把他挡住，却不敢上前跟他动手。

察忽儿罕见状，便一箭射过去，正好射中亦秃儿坚的坐骑。亦秃儿坚的马倒在地上，把亦秃儿坚也掀翻在地。两人这才上前合力把他抓住。两人押着亦秃儿坚去见铁木真。

铁木真对左右说，他不是来接合撒儿吗？带他去见见合撒儿。

他很快就见到了合撒儿，正想问个为什么。可合撒儿已经不需要他再问为什么了，挥挥手，叫左右把他砍了。

铁木真终于知道了王罕的虚实，更知道王罕现在除了准备举行隆重的宴会外，别的什么都没准备。

这就是机会。

铁真木传令大家向王罕部进军。

克烈部正猛吃猛喝着，突然蒙古大军冲杀进来。

如果是别的部落，此时肯定都四散而逃，谁也无法组织有效的抵抗。克烈部近年来多次出征，草原上重要的战斗他们都参与过，因此，战斗经验非常丰富。此时虽然突遭偷袭，但并没有彻底慌乱，仍然果断地丢下饭菜，拿起武器跟蒙古大军血拼。

这个时候，如果王罕父子能稍微冷静一点，局面可能就不一样了。因为铁木真的部队并不多，而克烈部的主力部队全部在此，只要挺过一段时间，把士气提振过来，铁木真估计就顶不住了。但这家伙的脑袋却懒得想那么多，认为被人家偷袭，能保住这条老命已经不错了，于是把部队指挥权交给部下，自己带着全家人逃跑了。

铁木真也没有想到，这次战斗居然这么激烈。他们连续打了三天，个个都累得快举不起大刀了，王罕部队终于举着白旗出来，宣布投降。

铁木真清点俘虏时，没有看到王罕。他大声问：“我父汗一家在哪？”

王罕手下的首席大将合答黑说：“我们的大汗已经逃出去了。在你们攻打我们的时候，他就逃走了。我们为了保证他有足够的逃跑时间，这才跟你们死磕三天。我们估计他现在已经到达安全地点了，这才出来投降。”

铁木真威严地问：“这三天里，都是谁在指挥作战？”

合答黑说：“我在指挥。要杀要砍，随你的便。”

铁木真一看，这是人才啊，于是走过去，亲自解开了他的绳子，说：“你做得很对。你以后跟我干吧。”

合答黑一想，看来王罕的前途已经到头了，不如跟铁木真混下去。反正已经对得起王罕了。于是，宣布从今之后，他和克烈部都是成吉思汗最忠实的属下。

铁木真近来被王罕打得很惨，几次被逼得走投无路，现在终于把王罕也逼了一把，而且克烈部的全体人员都还留在这里，全面被他收编。

历史已经多次证明，克烈部是一支十分善战的部落。

铁木真把克烈部收编之后，分成几个部分，分属几个部落，把他们化整为零，彻底打破这个圈子，让他们无法再聚集起来，全面消解了日后的隐患。在这方面，铁木真的手段显然比草原其他部落首领高了不知道几个档次。

克烈部人长期以来都是蒙古部落的盟友，只是王罕突然要打铁木真，打得毫无理由，所以克烈部的人老早就看这个老大不顺眼了。因此他们对铁木真也很服气。不但这些战俘愿意接受铁木真的收编，很多还在外面的克烈人也都回来向铁木真报到。最典型的就是王罕的一个弟弟札合敢不。札合敢不因为怕他的哥哥王罕杀他，就一直流亡在外。这时听说铁木真收编了他的部落，就带着全家回来，很明确地告诉铁木真，他愿意成为铁木真的手下。

铁木真一看，不但是札合敢不回来了，而且他的两个女儿也回来了。铁木真不但打仗水平厉害，看美女的眼光也厉害。这两个美女都长得很漂亮啊，都适合嫁到他家来。于是，他当场宣布，他娶了札合敢不的大女儿，至于小女儿，就让她当拖雷的老婆吧。嫁给拖雷的这个小美女，后来生出了两个历史上的牛人：蒙哥和忽必烈！铁木真绝对没有想到，他打了一辈子的仗，最后管理天下的人身上保存了一半克烈人的血统。

铁木真收服克烈部之后，把整个事件的过程从头到尾在自己的脑子里回放了一遍，如果没有那两个牧马人的告密，他哪能有今天？于是，他下令，把王罕的金帐、金酒局、器皿全部奖给了巴歹、乞失里黑，还把王罕帐下的工作人员也都分配给他们，让他们从王罕的工作人员，变成那两个新科贵族身边的工作人员。

当初那个大连扯说，谁去告密，谁一定能够享受无比的荣华富贵。这话还真说对了。

到了这时，你基本知道铁木真的政治性格了吧？对于主动脱离原老板前来投奔他的人，热烈欢迎；对于在危急关头，砍掉老板的脑袋作为投靠他的功劳的人，他坚决清除。他年少被别人孤立，这个打击对他太大，他的记忆太深刻，他内心世界最憎恨最恐惧的就是那些敢于背叛老大的行为。这样的人才，他是不需要的。

王罕以及其他的克烈部的部众们都天真地认为，只要给他三天的时间，他就能逃到安全的地方。

他和他的那个蠢材儿子一路狂奔，一路互相抱怨。王罕这辈子多次被政变下野，他比谁都知道被下野的悲惨境地。此前，他搞政变的两个人，一个是他的叔叔，一个是他的弟弟。这两个家伙的水平也不比他高到哪里去，铁木真父子一出手，就又帮他上台。那时，他虽然下野，但他的部落还在。现在是铁木真把他赶下台。这不是内部政变，而是灭族灭种了。他再怎么牛，也恢复无望了。他没有想到，到了这个年纪，还会沦落到这个地步。他一边狂奔，一边埋怨他的儿子。

桑昆比他更混蛋，看到老爸不断地骂他，直接拍马逃跑，远离老爸的啰唆。

王罕只得自己一人跑着。他已经跑了很多天，水和干粮都吃完了。他觉得很口渴，正好看到前面有一个营盘，便进去跟人家要一袋水来解渴。

这个营寨是乃蛮部的营寨。

这一次，他再次把他的智商狠狠地表现了一下。

乃蛮部是他的仇人，他在不久前还联合铁木真把乃蛮部狠揍了一把。乃蛮部能不恨他？而他居然把这一切都忘记了。

他进入乃蛮部后，告诉人家他是王罕。对方把他捆了起来，带到速别赤那里，说逮住了一个奸细。这个奸细居然说他是王罕！

速别赤没跟王罕打过交道，不认识王罕，一听说是奸细，就什么话也不说，喝令直接砍了。

王罕就这样被砍了。他死的时候，还口渴着。这个曾经威震草原的可汗，竟然落了个如此下场。

如果他投降铁木真，也许铁木真还真不好对他动刀子。

王罕部一灭，铁木真草原上最强硬的对手终于倒掉了。铁木真望着草原上初升的太阳，松了一口气。

桑昆一路狂逃，最后逃到西夏的地盘，被当地人杀掉。

如此一来，王罕的部属全归到铁木真的帐下。

此前，铁木真虽然很牛，但每次打仗，都还请王罕出兵合作。后来，跟王罕成为敌人，打了两仗，两仗都很惨。直到最后一仗，他出其不意，仍然打了三天，艰苦异常。不光铁木真知道王罕比他牛，就是金国都看得出。他们灭掉塔塔儿部时，铁木真只是获得了一个官帽子，而当时的脱斡邻勒汗却被封王。现在王罕死了，这个草原规模最大的遗产却留了下来，由铁木真全面继承。

可以说，铁木真真正强大起来是在他接收了王罕的遗产之后。

他在收编克烈部之后，就把目光投向了另一个强大的部落——乃蛮部！

第五章
成吉思汗

太阳汗是个奇葩

很多人对乃蛮部落很不熟悉，但对突厥这两个字并不陌生。其实，乃蛮部落就是古代突厥人的后代。他们长期在草原西部生活，跟西夏、辽国和金国都打过交道，是草原上最有文化的部落，也是最强悍的部落之一。

这个部落虽然比其他部落有文化，政治体制也比其他部落完善一点，但在权力面前，他们跟草原部落的观念没一点差别，尤其是贵族人士，个个都想掌握大权。

现在乃蛮部落依然分两个部分，相当于两个独立联合体，可汗分别是兄弟两个。一个叫不亦鲁黑汗，一个叫太阳汗。

你已经知道，这两个兄弟是不和睦的两个兄弟。

他们分裂的根源来自一个女人。

这个女人叫古儿别速，是前任乃蛮部可汗也就是他们老爸的宠妃。她当宠妃时，年纪还轻得很。当了宠妃之后，很快就发现权力这东西太好了。接着她又发现，她的老公年纪太大了，离死亡已经没多少时间了。她比谁都知道，只要她这个老公死去，她就会被隔离在这个权力中心之外，以后权力是什么也只能想象而永远摸不着了。

古儿别速想到这一层后，立刻开动脑筋，如何让自己永远留在这个权力的中心点。后来她想，这个老家伙死后，肯定得由他的儿子接班。现在他只有两个儿子，就从这两个儿子那里入手。

你已经知道，这两个儿子就是日后的不亦鲁黑汗和太阳汗，同父同母的兄弟。这两个人都有一个共同的特点：脑子不好用，但很好色。

有这两点就足够了。

于是，她开始用女人的手段，色诱这两个未来的接班人。这两个家伙很快就上了钩。

当两个家伙在她的床上舒服时，她觉得自己才是最大的赢家——不管谁当上下一任的部落元首，最后她都能牢牢地控制着全部落的权力。

这个女人虽然有掌握权力的欲望，却没有掌控权力的水平。

老家伙死去，她什么也不做——即使想做，也做不出什么动作来。

于是，兄弟两个撸起袖子大干。最后，弟弟占了上风，而哥哥也没输到底。各拉各的死党，部落就一分为二。部落一分为二，但美女不能一刀分成两块，你拿左边我拿右边。结果太阳汗在分割老爸的遗产时占了上风，因此美女当然就选择了他。

前段时间，铁木真与王罕联军部打过乃蛮部落，可后来王罕突然爽约，在关键时刻宣布撤军。虽然铁木真后来也把乃蛮部落打败了，但这次他们的损失并没有多少，而且那时打的只是一部——不亦鲁黑部。

太阳汗在一边笑而不语。

没几天，他就跟蒙古部落就扯上了。

王罕被砍死的消息很快就传到了太阳汗的耳朵里。太阳汗有点不相信，王罕不是很强大吗？王罕不是刚刚把铁木真打败了吗？现在怎么变成了王罕被打败并被砍死了？

古儿别速比他聪明多了，让他派人去把王罕的脑袋拿来。

当那颗脑袋摆在乃蛮部的高层面前时，所有的人都一致看出，真是王罕可汗的脑袋！

乃蛮部给王罕举行了祭祀仪式。仪式刚刚结束，不知是王罕那颗脑袋在作怪，还是太阳汗眼花，他突然看到王罕那张脸出现了笑容。

他直接把王罕的脑袋抓起来，扔到地上，然后叫士兵们集体上来，用脚不断地踩。后来，王罕的脑袋被踩碎了。

不光你觉得太阳汗的素质太低，就是可克薛兀也看他不顺眼了。他对太阳汗说："你把可汗的脑袋砍下来祭祀后，又对它进行暴力踩踏，这显得你也太没素质了。老天也不会保佑的。你看看，这条狗为什么叫得这么难听，我越听越觉得是不祥之兆。以前，老可汗还在的时候曾经对我说过，我的这个儿子太不成才了。我看他说得一点不谦虚。现在你让古儿别速掌管部落大事，你自己除了放鹰打猎之外，真没有别的本事了。"

可克薛兀是乃蛮部的首席大将，不但仗打得漂亮，而且人品也不错，当着太阳汗的面，直接说了这么一堆正能量的话。而太阳汗居然也只是睁着那双眼睛看着他，然后就什么事也没有了。

太阳汗觉得现在他的部落是最牛的，别的部落统统不堪一击，此前其他部落之所以还存在，是因为他还没有讨伐人家的心情。这时他突然有了这个心情，于是他就跟他的古儿别速说："听说东边有一个叫蒙古部落的，是他们把王罕赶了出来，造成了王罕的死亡。那咱们就去为他报仇吧，把那些蒙古人全面打败，然后把他们马啊、帐篷啊、其他财物啊，还有男男女女统统抓来，当咱们的奴隶。"

古尔别速一听，也笑了起来："大家都说你胆小懦弱，现在看来他们都错了。我觉得，打完蒙古人后，全部杀掉才好呢。"

两人这么一聊，好像蒙古部落已经是他们的瓮中之鳖了，只要他们愿意，这个以铁木真为首的部落就可以手到擒来，然后恐吓调戏要死要活全凭他们的心情了。

可聊过之后，两人又觉得，好像不那么容易吧？听说不亦鲁黑汗就被他们干翻过。如此一来，还是大意不得，最好请个帮手来。本来，哥哥不亦鲁黑汗是最好的帮手。前次哥哥被人家痛扁时，他们把中间立场坚守得很到位，现在还有脸求他吗？即使脸皮够厚，但他能答应吗？他不出来打你一下就不错了。那就只好去求汪古惕部落了。这也是个大部落啊。

两人这么一商量，立刻决定派出使者，去汪古惕部。

可克薛兀又大声说："你们这是找死啊，千万不能主动向蒙古部落挑战！"

两人大怒，他们根本不把可克薛兀的话放在耳朵里，对使者说："你赶快去。这里是我们说了算，不是他说了算。"

使者很快就来到汪古惕部落，受到汪古惕部首领吉惕忽里的接见。

汪古惕部虽然是草原部落，但他们先后跟辽和金接壤，所以，他们一直很低调地生存着。当辽国强盛时，他们当辽国的二层机构，当金国崛起时，他们又成为大金帝国的附庸，帮金国守卫长城。所以，他们跟草原部落的交往较少。因为他们有大金帝国罩着，所以草原列强也不敢跟他们玩。

太阳汗只想到汪古惕部也是个部落，完全没有想到他们是金国的下属，更没有想到铁木真同样是大金朝廷的命官，算起来他们才是一家人啊。

太阳汗的使者把自己可汗的意图直接告诉了吉惕忽里：东方的蒙古人太嚣张了，不打他们一下，他们就不知道疼。你做我的右翼，一起夹击他们。如何？

吉惕忽里果断地回复：我不干。想打你们自己去。

当然，如果他只是这么打发太阳汗的使者，也没什么。关键是乃蛮部的使者才回去，他在第一时间就派人去向铁木真通报了：乃蛮部想约我一起去打你。我不干。如果你打他们，我做你的盟军。于是，汪古惕部就这样成为大蒙古国的一员。

这时，铁木真正带着他的手下在帖篾延阔野打猎，得到吉惕忽里的通报后，立刻回到大帐，商议迎敌之策：现在乃蛮要来打咱们，夺取我的弓箭。咱们该怎么办？

在座的都跟乃蛮部打过仗，知道乃蛮部不好打，就都胆怯起来。当然他们不想打的理由不是说自己的胆不够，而是说:“现在我们的马太瘦弱了，这样的马哪能上得了战场。还是等明年草长之后，马肥了再出征。那才有取胜的把握。”

铁木真一听，这么多人都怕了，不由得心下一凉，该怎么办?

在铁木真脸皮变色的时候，别勒古台站了起来，大声说:“堂堂蒙古男子汉，怎么个个都怕成这样了？人家都宣布要来夺大汗的弓箭了，你们却在这里说不可战，难道你们说不打人家就停止了？你们真正的理由不是马瘦了，而是胆瘦了！太阳汗算什么东西？他现在很轻视我们。这就是我们的机会。在他还没有准备好的时候，我们抢在时间的前面，完全可以冲过去把他们打败。这是老天爷送给咱们的机会，我们为什么不接受呢？”

铁木真大声说:“别勒古台说得好。王罕的兵原来也比咱们多得多。可咱采取突袭的战术，最后不是取得了完胜？大家都别说了，现在唯一要做的，就是把前期工作做好，随时准备出征。”

铁木真当然不是在盲目乐观。

他知道，这群人跟他多年，打了无数大仗，有胜有败，但都挺了过来，现在听说要跟乃蛮对垒，都集体胆怯起来，是有原因的。这个原因就是乃蛮部确实强大，而且制度比他们完善。

铁木真知道，要胜他们，也不容易。他们制度完善，我们为什么不去完善自己的制度?

他经过酝酿，决定重新建立一个完善的指挥系统。他把部队全部召集到哈拉哈河的客勒贴该合答，宣布了新的军制，并颁布札撒。

札撒就是军法！这是草原有史以来第一部军法。这套军法的原文已经丢失，具体内容已不得而知。但据说，这个军法里的处罚条例很严厉，死刑很多。其实这也没什么奇怪。当时他们都是游牧民族，天天扛着帐篷到处跑，居无定所，若犯了法，能关到哪里?

有了军法，意味着铁木真的部队已经开始走向了正规化。当然，他颁布的军制使他的部队更有战斗力。以下就是他这次制定的军制:

按千、百、十组织，委派了千夫长、百夫长、十夫长，统率所有的军队。设立扯儿必官（相当参谋部），编制为六人，他们是朵歹、多豁勒忽、斡格列、脱仑、不察阑和雪亦客秃，掌管军队调度各种事务。设八十宿卫、七十散班，宿卫巡夜，散班白天执勤，三天三夜轮换一次。此外还从千、百户那颜及平民的子弟中挑选一千名勇士，战时作为先锋，平时充当护卫。

当然这套军制比起当时的金国和宋朝的军制而言，就显得太原始了。但作为草原部落的第一套军制，可以看得出铁木真的治军和执政的水平。这套军制一出，部队的纪律更加严明，结构更加趋于完善，不但让部队的战斗力得到了提高，也强化了他个人的权威。

完成这些制度建设之后，铁木真和他的蒙古部落以一个前所未有的新姿态屹立于草原。

这一年是 1204 年。

也是在这一年的四月十六日，他举行了一次庄严隆重的祭旗仪式，然后宣布出征乃蛮部。

铁木真在宣布出征的时候，还搞了个名堂：为父汗王罕报仇！

又是札木合

铁木真派出哲别和忽必来为先锋，逆克鲁仑河向西进军。

这两个人虽然作战勇敢，箭法厉害，但还是有点粗心。从双方实力比较来看，蒙古部落军队的人口数量还是不如对方的。而且蒙古部落是远征，实力肯定会有所消耗，后勤更是会出现大问题。他们取胜的法宝就在“突袭”二字，也就是突然袭击。两人高举先锋大旗，一路狂奔，很快就到了撒阿里客额儿。这已经是乃蛮部的地盘了。但他们仍然没有在意。

他们终于碰上了乃蛮部的哨兵。本来，碰上哨兵也是正常的事。如果处理得好，这个哨兵会在第一时间成为他们消灭的乃蛮部的第一个敌人。

可不知是他们太过粗放，还是这个哨兵太过机警，居然在哲别这样的神箭手眼皮底下，抢走了一匹马，然后扬长而去。哲别放马追过去，但对方的马实在太快，最终没追上。

铁木真知道后，大吃一惊，马儿被对方抢过去，己方的虚实基本就摆在人家的面前了。这仗还能打吗？

很多人都认为应该赶快撤兵。因为现在已经充分地说明了，我们的马确实太瘦太弱，又连续跑了这么多天，累得差不多要趴在地了。连先锋大将哲别的马都追不过人家一个哨兵的马，咱们的装备跟人家的差距有多大？

铁木真也有点拿不定主意了。别勒古台也不再说什么。

大帐内一片寂静。

扯儿必官朵歹缓缓地站起，沉稳而有力地说："不能撤。仍然是那句老话：机不可失，时不再来。现在我们是在跟乃蛮部的太阳汗对垒。乃蛮部虽然人强马壮，人口众多，但都是蠢材。如果只用简单的办法来打，我们必死无疑，但打仗还有软实力的较量——这才是关键的。我们的虚实已经暴露在他们面前，但我们完全可以把这个不利的因素，转化为有利因素。"

如何转化？很多事说起来轻巧，但做起来就不那么轻巧了。

朵歹微微一笑，说："这个转化其实很简单。立刻在我们的营地多设疑兵，下令每个战士各烧火五处。如此一来，火光的规模就是我们现在的五倍。他们必然产生畏战的心理，以为我们故意让他们把那匹马抢去的，是在引诱他们出来作战。我们在制造机会的同时，也赢得了时间。我们利用他们举棋不定的时间，把马喂饱，然后全面进攻，想不胜都难。"

铁木真一听，当场拍板，就按这个方针办。

话说乃蛮部那个机警的哨兵，把那匹瘦马直接带到太阳汗的帐下，向大汗报告：东边的蒙古人已经打过来了。此马为证。

帐下所有的人一看，哇！这也叫战马？这样的马也来打仗？蒙古人也太夸张了吧？

太阳汗抬头看天，说现在天色不早，明天出战，把这些蒙古人打败。

大家一边喝酒一边玩乐，虽然大战在即，但他们望着那匹可怜的老马，个个都是胜利在望的样子。可当他们准备散席时，又有哨兵进来报告。

那哨兵说:“大汗，我看到蒙古大军来了，来了很多很多。”

太阳汗说:“到底有多少?”

哨兵说:“他们大营那边的篝火，比天上的星星还多。”

太阳汗本来是个胆子很小的人，此次想拿蒙古人动刀，主要是以为铁木真的实力很弱，手上没多少部队。这时听到哨兵说他们的军队很多，立刻有些慌了起来，下令再探。

第二天，哨兵再报:我们爬到山顶去看了，蒙古大营里的篝火点比昨晚更多了，看来蒙古的军队正源源不断地开到。

太阳汗一听，就软倒在座位上了，当然他也知道，此战已不可避免。蒙古人动员了这么多军队前来，跑了那么多路，不打一下，他们能走吗?他当场提出，我们暂时避开他们的锋芒，来个诱敌深入，再找机会消灭他们。具体的做法就是我们将他们拖向阿勒台山，待其筋疲力尽时再消灭他们。

这个办法其实还真正确。如果他真的躲来躲去，铁木真的后勤就会断炊。那时根本不用他花多少力气，铁木真就会大败。

太阳汗这辈子做了无数个决策，基本没有一个决策是正确的，这次难得蒙了一个正确的，却遭到他儿子屈出律与部将可克薛兀的坚决反对。

太阳汗那个所谓诱敌深入的决策，本来就是建立在一个怕字之上，并没有对双方情况进行研究分析，话虽说得很堂皇，但内心却虚得要命。他儿子对铁木真没一点了解，但对老爸的心思却了解得比谁都清楚，一番话就直点了太阳汗的罩门，当场把老爸的诱敌深入之计驳得没有一点余地。

太阳汗抹着脸上的虚汗，眼睛望着地面，没有说话。

豁里速别赤一看，用粗糙的手拍打着箭套，大声说:“大汗啊，你老爸在位的时候，从没有这么窝囊过。他都是冲杀在最前面，在战场上，从没有让敌人看到过他的马背，想不到你居然是这样的人。我看还不如直接让古儿别速来当我们的女可汗算了。”

这话直接就戳到了太阳汗的痛处，他立刻愤然而起，大声说:“打就打。”

你想想，主帅都是这个态度，这仗的前景可想而知。

此时乃蛮部足足有五万人，而且更要命的是那个札木合也在军中，以他那个奇葩的性格，他能给太阳汗出什么好点子吗？估计他就是贡献出几个金点子，太阳汗也不会采纳。

乃蛮部就这样，在一片争议之中，很虚弱地出来迎战铁木真。

铁木真看到乃蛮军队已出动，也下了作战命令。

双方终于在纳忽崖东麓面对面。

铁木真看到敌人的军队确实庞大，而且军容也很整齐，战马强壮，就知道这仗难打。但到了现在，除了冲锋之外，没有第二条路可走。他进行了简单的战斗动员之后，便迅速进行了部署：命合撒儿担任中军指挥官，自己亲自作先锋，斡赤斤掌管后援部队。

此时乃蛮部虽然隆重开到，但太阳汗却仍然有些犹豫。

铁木真知道，太阳汗可以犹豫，但自己不能犹豫。他带着忽必来、者勒蔑、哲别、速不台四人直接杀进乃蛮部的阵地。

这时，太阳汗正和札木合在中军那里，看到铁木真率领前锋直杀进来，脸色就有些刷白，他问札木合：“冲过来的那几个家伙都是谁啊，猛得像狼一样。”

札木合看到太阳汗脸色大变，心里又充满了鄙夷。

他说：“那四个人我当然都认识。他们叫哲别、忽必来、者勒篾、速不台，个个身强力壮、肌肉发达，比狼还凶猛，冲锋过来，谁也挡不住。所以，他们被称为铁木真帐下四狗。”

太阳汗一听，心里那个避实击虚的思想又活跃起来，说：“既然他们这么凶猛，咱还是退一步，消消他们的锋芒。”

于是，乃蛮部向山腰退了去。太阳汗因为胆小，怕跟敌人硬碰硬，在临阵之时，居然退却。草原上骑兵对阵，要取胜，人多固然力量大，但真正拼的是勇气。你要是胆气收缩，人口再多，让敌人追着打，结果就是让敌人多费一点杀人之力而已。

随着乃蛮兵的退却，蒙古兵的斗志大振。本来，他们看到自己人数少，马又不如对方壮，底气已经严重不足，逼得铁木真不得不自任先锋，要通过自己的拼命来鼓舞斗志。铁木真开始以为，自己肯定要经过一番血拼，把敌人的锐气打掉一点，这才可以提振士气。哪知，对方居然这么配合自己，还没冲进他们的阵地，他们就先退回去了。

合撒儿一看，下令兀鲁兀惕和忙忽惕掩杀过去。但见两部人马如旋风般杀出，烟尘滚滚之中，喊杀连天。

太阳汗又问："这两支部队又有什么来头？"

札木合说；"这是蒙古部落里最能打仗的两支部队。他们就是著名的兀鲁兀惕和忙忽惕。只要他们一冲锋，没有哪个部队能挡得住他们的冲击。"

太阳汗说："既然如此，那就再让他们一让。"

乃蛮兵再向山坡退却。

合撒儿看到乃蛮部落再退，便大喝一声，下令全军出动，一齐向前杀过去。

本来到了这时，太阳汗看到对方的兵马远不如自己，就完全可以放开手脚大打一场。哪知他天生胆小，一怕再怕，眼看别人冲上来，只是一味地避开。在合撒儿全军扑来之时，他下令第三次退却。本来就没有多少斗志的乃蛮兵到了这时，真的斗志全无，个个在那里观望，等着太阳汗继续退却的命令。

太阳汗当然还想退，可是回头一看，已经退到山顶上了。太阳汗也知道不能再退了。

这时候，太阳已经落山，两军在纳忽崖上下对峙着。乃蛮部全军密集地蚁聚山顶，而铁木真的大军则把大山紧紧围住，竟实现小量兵力包围比自己数量多的敌人。

乃蛮部在崖顶上，望着远远落下地平线的太阳，个个心生恐惧起来，怕蒙古人乘夜攻上来，便都挤着向上退去。本来就已经混乱的军心，这时更加混乱。五万大军拼力一挤，靠近崖边的人就一排一排地落下山崖。

太阳汗看到这个场景，就更加害怕了，他只是紧紧地缩在那里，不再说什么。为什么会造成这个局面啊。仗还没有开打，刀还没有沾血，怎么就都跳崖了？跳崖也是死，为什么不冲下去跟敌人对砍？

他想不通，那些士兵更想不通，还在一直地向山顶挤去，山顶上的人只有继续落下深渊。

剩下的士兵，都丢下手中的兵器，满脸麻木地看着山脚，看着山下的蒙古兵。

天亮的时候，铁木真下令进攻。蒙古兵杀上山腰，箭如飞蝗。太阳汗被一箭射中，倒在地上，看着败兵从自己的身边爬过。他问人家札木合呢？谁也没回答他。其实札木合料他必败，早就乘隙逃走了。而且在逃跑之后，还派人向铁木真详细讲述了自己忽悠太阳汗的经过，请铁木真主力攻上山，太阳汗所有部队的抵抗力已全部丧失了。

可克薛兀鄙夷地看着躺在地上的太阳汗，转头对士兵们说："咱们有这样的老大，想不死都是难。现在咱们在死之前，也要表现一下，让这个老大明白，不是乃蛮人不成才，而是他太窝囊。兄弟们，杀啊！"

可克薛兀带着他身边的部队向蒙古大军反扑，这是乃蛮部唯一的抵抗。这伙人虽然都很拼，但终究是强弩之末，最后全部战死。

太阳汗被铁木真留下了活口。他活着没多久，就因伤而死。他的儿子跑得快，投奔叔叔不亦鲁黑汗去了。

著名的纳忽崖之战宣告结束。

当然，铁木真还俘虏了古儿别速。铁木真老早就知道，古儿别速是个大美女。如果不是大美女，太阳汗兄弟是不会反目成仇的。他们不反目成仇，自己就不会取得今天的胜利。铁木真下令把大美女押过来，纳为妃子。

古儿别速表示以后一定老老实实，不再惹事了。

曾经不可一世的南乃蛮人就此宣布结束。

这一次，铁木真的收获实在太大了，除了南乃蛮部那片广大的地皮以及丰富的物资外，连札木合带来的札答阑等部都全面归顺了蒙古部落。

但仍然有很多反对派漏网了，比如蔑儿乞部的老大脱黑脱阿，早先也投奔到乃蛮部，哪知，才刚跟太阳汗混熟悉，铁木真就打了过来。他们想帮太阳汗都来不及。这些人都是聪明人，又都有着丰富的逃跑经验，因此在太阳汗败亡时，他们都找到了逃跑的线路。

脱黑脱阿很快又找到了太阳汗的儿子屈出律。双方会面之后，个个黑着脸，表示不服。这算什么仗？根本没有打就垮了？这不是铁木真厉害，而是太阳汗自废武功造成的。他们得出结论，让他们掌握大权，铁木真就死定了。

现在太阳汗死了，该轮到他们了。

于是，他们决定再次去跟铁木真对抗。

又纳了一个美女

当他们决定再去找铁木真时，铁木真已经率军杀了过来。

他们做梦也没有想到，铁木真来得这么快，只得拿起武器抵抗。结果脱黑脱阿中箭倒地。他的两个儿子看到老爸奄奄一息，马上就会咽气，知道无论如何也带不走他。于是，两个儿子一咬牙，把老爸的头砍下来，带着回去。

这两个家伙逃得很快，铁木真追不上。

但铁木真并不打算放过他们。

铁木真对蔑儿乞部恨之入骨，哪能放过他们？

蔑儿乞部一共分成三姓，也就是说，他们也跟乃蛮部一样，有三个并列的可汗：脱黑脱阿、太亦不合、答亦儿兀孙。他们经过上次铁木真的严重打击之后，都跑到南乃蛮部，想通过乃蛮部的力量帮他们恢复。哪知，乃蛮部的力量虽然很强大，可太阳汗水平太差，跟铁木真一打，竟然败得比他们还难看。而且在这一战中，太亦不合在纳忽崖被打死在战场上，脱黑脱阿被打死在逃跑的路上。现在只剩下答亦儿兀孙了。

答亦儿兀孙现在身边已经没什么人了。他知道铁木真最恨的人就是他们。所以，他知道，铁木真可以放过任何一个人，但绝对不会放过他们兄弟。现在两个兄弟都死了，铁木真的矛头就只好对准他了。他跟大部分人一样，实在太不想死了。

但他现在拿什么来挡铁木真砍向他的刀？他现在身边连个工作人员都没有啊，除了他的女儿忽兰之外。

当他看到这个漂亮女儿时，突然心头一动！

他现在对自己的其他能力都已经没有信心，但对女儿的脸绝对自信。他坚定地认为，只要铁木真看到自己的女儿，那些所谓的新仇旧恨，都会一笔勾销。否则，他就不是铁木真。

答亦儿兀孙这么一想，立刻停止逃跑，果断地拨转马头，向铁木真的大营奔去。

父女俩走了几天几夜，还是没看到铁木真大营的影子。

但他们却碰到一个人——纳牙阿。他是铁木真身边的侍卫。

纳牙阿拦住两人，问："这不是答亦儿兀孙可汗吗？你们要到哪里去？"

答亦儿兀孙说："我们想去见成吉思汗。"

纳牙阿说："见他有什么用？"

答亦儿兀孙说："我想把我的女儿送给他。"

纳牙阿一看，我的天，大汗帐下的那一群美女，谁也比不过她啊。因此也不敢造次，便叫两人跟他走。

纳牙阿是个很机警的人。他知道大汗的爱好。现在这个美女碰到自己，如果自己不把美女完整无缺地送到他的帐下，以后自己就别在那里混了。为了安全起见，他让父女两人在自己那里歇了三天，这才带着他们赶路，去见铁木真。

纳牙阿带着美女来到铁木真的帐下，把情况从头到尾向大汗汇报了。

铁木真一看，这个美女比太阳汗的宠妃又强了无数倍。

他突然问纳牙阿："你小子既然知道她已经是我铁定的妃子了，你为什么要留她在你那里住三天？"

纳牙阿看到老大的目光这么凶狠，知道解释不清楚，这颗脑袋立马落地，急忙把事情的前因后果再说一遍，用脑袋担保对于这个美女只是眼睛看过，手从没碰过。

但铁木真仍然不相信。

纳牙阿没有办法，只是不承认。

后来，忽兰美女说，大汗，我可以担保他说的句句是真的。

铁木真一听，这个美女还真是冰雪聪明。于是爽快地采纳了她的意见。

第二天，天亮时，立马宣布重赏纳牙阿，而且不止一次重赏他，立国之后，还给他封万户。要知道，铁木真放出的万户侯大印，只有四颗啊。

至于忽兰美女，他一直宠爱不衰，不管到哪里征战，都一直带着，在他众多的后宫美女中，忽兰美女排名第二。因为第一是孛儿帖。那是他老爸给他定的亲，地位是神圣不可动摇的。

答亦儿兀孙把女儿献给铁木真之后，一天到晚没事干，想到自己也曾是一个部落的可汗，指挥着千军万马，过着威风凛凛的大汗生活，可现在自己居然要靠女儿才能在这个世界生存，实在是要多窝囊就有多窝囊。他心里不平衡起来，一不平衡就想造反。在铁木真离开大营的时候，他找了个借口说，想留在后方。铁木真看到他连女儿都献给自己了，哪还会对他不放心？于是，就让他留在后方，并把原来属于答亦儿兀孙部下的那些人划为百户，统归这个岳父管理。然后，他自己带着忽兰出发。

可他出发不多久，新科岳父立刻转变为叛乱分子。他带着自己的部属在铁木真的后方基地进行打砸抢。只是他的这些部属人口不多，战斗力弱，虽然突然跳出来搞事，仍然打不过铁木真后方的留守部队。留守部队一边跟答亦儿兀孙的人打，一边飞骑报告铁木真。铁木真大惊，立刻派部队回来。答亦儿兀孙立刻宣布失败，逃到薛灵哥河那里暂时避难。

铁木真派博尔忽和白沉过去，再把答亦儿兀孙痛打一顿，然后把他押回来。

铁木真对答亦儿兀孙说："看在你女儿的面子上，我不再处分你。但你的部落得拆分，给其他家当奴隶。"

他放过答亦儿兀孙以及答亦儿兀孙的部众，并不等于放过这个跟他有深仇大恨的部落——蔑儿乞部。他下令部将带兵出征，把还没有宣布顺服的小部落以及那些还到处逃窜、时刻咬牙切齿要组织力量报仇的残余彻底消灭。在部队出发时，他反复交代一定要把蔑儿乞人的那几个挑头人找到，一个不留。

没多久，这些部队都完成了任务，几个著名的挑头人被彻底消灭。但有一个人，毫无音讯。

札木合。

这是最让铁木真头疼的人。

安答之死

这个安答帮了他的大忙。他的基业曾经靠他打下来。只是因为他们都是蒙古部落的人，两个人都想当蒙古部落的可汗。结果，就从安答成为对手，成为最大的敌人之一。只是当两人摊牌之时，札木合在形势大好的情况下，还想利用一下神仙，最后却作法自毙，遭受到有生以来的大败，而且再没有回天之力。从此到处流窜，变成一个挑拨离间的专家，不断鼓动其他部落与铁木真作对。可是每到关键时刻，札木合就又帮起铁木真来。如果没有他的帮忙，铁木真是否能拿下王罕和太阳汗，还真说不定。可他一出来搅局，最后居于弱势的铁木真都大获全胜，而且基本没费多少成本。

在铁木真为找不到札木合而感到郁闷时，札木合更加郁闷。

札木合这些年来东奔西跑，几乎走遍了整个草原，从一个大汗变成一个说客。这个部落完了，又潜逃到那一个部落。当乃蛮部落被消灭之后，他本来又想逃到另一个部落。哪知，当他逃出来的时候突然发现，草原上现在只有一个部落了——就是他曾经当过可汗的蒙古部落了，其他部落都被灭了。他这些年来，不断地挑动这些部落与铁木真打，本想靠这些力量把铁木真打垮，哪知到头来，他不断地带着铁木真打完这个部落又灭那个部落。然后，他变成了今天这个模样，再也不知跑到哪里去了。以前他逃窜时，身边总还跟着一群手下。虽然这群手下人数有限，但还可以称为一个团队，人家叫他一声可汗，他应起来，也还不那么心虚。可现在，他把身边的工作人员数来数去，就五个。

他们继续逃。逃到一个叫傥鲁山的地方。他们一看，真的不知道再往哪逃了。既然如此，就到山上去。

五个人在山上转了多天，终于抢到一只羊。

札木合跟往常一样，习惯性地在一边看五个人忙了大半天，等全羊烤熟了，老哥子拍拍手下来，说，你们是什么出身？

五人一听，都是一愣。这话是什么意思？这是在摆谱啊。这意思是说，他札木合大当家原来是蒙古的贵族，虽然不是黄金家族的成员，但跟黄金家族也是近亲。他们这几个都是不知从哪里冒出的底层人士啊。按草原习惯，不管做什么，贵族都有优先权。所以，现在虽然大家都做了土匪，贵族仍然是贵族。土匪也要讲规矩的。

札木合向来傲慢，就是到了现在，仍然看不起这几个死党。他落到今天这个地步，并不是他没有水平，而是因为他这个性格。

当他一脸傲气地过来要割全羊时，那五个人集体愤怒了。

这五个人长期共事，已经心心相印。大家这么一想，同时使个眼色，趁札木合吃羊肉的时候，把他扑倒在地，然后把他捆起来。

札木合大叫，你们在干什么？你们有什么资格这么对待我？我是你们的老大。

那五个人冷笑，我们在干什么？我们是在捆你啊。你不是想当贵族吗？我们送你回蒙古部落。那里才有贵族。

五个人拿来一块布，把札木合包起来，扛着来到铁木真帐前，交给铁木真，然后跪在那里，等铁木真向他们宣布重重有赏。他们只在那里心潮澎湃地盼望着铁木真的重奖，却彻底忘记了札木合的特长是什么。

札木合的特长就是挑拨离间。即使没把柄在他的手里，他都能制造出一个越听越真实的把柄出来，把本来没有敌意的双方搅得拼死拼活。更何况这五个人还有致命的把柄捏在他的手中，其实认真地说，不是这五个人的把柄，而是铁木真的把柄。这个把柄就是铁木真的脾气。跟札木合那个奇葩个性永远消不掉一样，铁木真对卖主求荣之人永远恨之入骨，一旦被他知道，管你是谁，他都会喝令刀斧手拉下去，先砍再说。

当那五个人正在那里笑的时候，札木合在包裹里大声说话。

铁木真突然听到帐外很吵，便喝道：“谁在外面这么大声说话。”

门卫说：“是包裹里的札木合在说话。”

铁木真说：“他说什么？”

门卫说：“他好像说，山上的乌鸦，如今捕起了天鹅；林中的斑雀，如今捕起了雄雉；卑贱的家奴，如今擒起了主人；我亲爱的安答，这个世道是什么世道？札木合大人，你是不是说这几句话？”

札木合说：“对。”

铁木真一听，再看那五个跪着的人，这才想起，这几个家伙原来就是札木合的近臣。难怪你这个安答会失败。自己身边最可靠的死党居然是这等货色，敌人还没有看到你的影子，你最贴身的死党却把你卖了出来。

他大喝：“快快把这几个胆敢卖主求荣的家伙拉出去，斩了！”

那几个人正等着领赏，哪知却等来几个拿着雪亮大刀的刀斧手，他们大叫：“大汗，你弄错了吧？我们是有功人员啊。”

铁木真冷笑道：“我没有弄错。我不需要你们这样的有功人员。”

他杀了这几个有功人员之后，觉得札木合这个安答还真不好处理。这个安答实在太可恨了，给他制造了几次危机，差点让他灭了。这样算起来，把他砍几次都不算过分。可他毕竟是安答，而他毕竟是铁木真。当然如果按他以前的那个脾气，他根本不用考虑这么多。可现在他必须考虑这么多。如果他只当一个传统部落的可汗，他也不用考虑这么多。可现在他已经是草原上一统江湖的大可汗，他必须考虑这么多。

站在不同的高度，必须有不同的考虑。

如果放过这个专门制造麻烦的安答，你真不知道他明天又会干出什么事来。这个安答脑子里装满了不能确定的因素。

如果你一刀砍了他，人家会如何看待你啊。这样会产生不良的影响。

后来，铁木真费了很多脑筋，想出一个办法。这个办法很简单，就是把问题踢给对方，让对方来解决。札木合不是智商很高吗？他派合撒儿去跟札木合举行了一个简短的会面。

合撒儿说："大汗希望安答能主动跟他和好，从头再来，以后在一个帐篷下生活，出门同乘一辆车，跟你们小的时候一样，有什么话就说什么话。前段时间，你虽然离开了他，甚至做了一些不利于和谐的事。但他知道你仍然是他真正的安答，把他的安危放在第一位，每到关键时刻就给他送情报，帮他顺利渡过难关。这也只有安答才会做到。"

札木合说："我们小时候白天在一起玩，晚上在一起睡觉，大事小事都能互相帮助。后来，我听信了坏人的挑拨，就离开了安答。现在想起这些事来，觉得脸面挂不住，心里实在太难受，所以就四处躲藏，不想再跟安答见面。现在安答又做我的思想工作，给我重新做人的机会。可我想了很久，真的能重新做人吗？我的安答现在已经杀尽仇敌，一统草原，成就了万世基业，还留我下来做什么？我如果还留在这个世界上，只会让他感到不安。我现在只有孤身一人，身边没一个亲朋好友。我真的很失败。我对于安答已经没有别的要求，只想请安答让我死去。当然，还是有要求的，就是让我死得不流血，能完整地入土为安，在阴间保佑安答。这是我全部的遗言，别的没什么话了。"

合撒儿把这番话带给铁木真。

铁木真松了一口气。

札木合不愧是札木合，把铁木真的内心世界看得清清楚楚，几乎不留死角。铁木真恨这个安答，最想杀的就是这个安答。可这个安答对他的帮助太大了。当他还一穷二白时，这个安答不计成本地出兵帮他打出一片天地来，可以说，没有这个安答，他能否做到今天这个模样，还真是未知数。从这个角度来说，札木合不管做了多大的事，他都不能对这个安答动刀子。更何况，札木合虽然天天挑拨离间，曾经联合十多个部落来围攻他，但札木合又先后帮铁木真以弱胜强，把敌人打败。更要命的是，造成两人分裂局面的是铁木真。所以，要杀他，简直是无法开这个口。如果不杀，留下这样的人，根本不知道他明天又搞什么怪事。现在札木合说了这番话，帮铁木真把麻烦全省了。

铁木真在听取合撒儿的汇报后，沉吟良久，这才说："札木合安答是草原难得的英雄，也是我的好安答。可是他现在请求一定死。我也没有办法了。他是蒙古贵族，当过可汗，身份高贵，一定让他好好死，然后厚葬。"

可以说，仅从抱负而言，草原上只有札木合是铁木真的对头。很多史家把札木合评价得很高，说他的能力跟铁木真处于同一个档次。其实，我们从他跟铁木真的交手当中可以看出，他显然比铁木真低了不止一个档次。他的智商很高，但个性一发作，就会做出不可理喻的事。一个有抱负的大英雄或者大枭雄，能干出他那样奇葩的事吗？这么任性办事的人，能成就大事吗？

可以说札木合是个志大才疏的人。

至于札木合的死法，也有很多种说法。据说，为了让他不流血，就直接拿绳子一勒。有的说，是装在一张布袋里，然后让马群踩死。当然不管哪种死法，札木合都是死。

札木合一死，草原上再没人可以成为铁木真的对手了。那些零散部落知道札木合都死了，哪还敢跟铁木真为敌？于是，那些小部落便都排队过来，表示了加入蒙古部落的强烈愿望。

放眼大草原，从东到西，从南到北，几乎都挂上了铁木真的招牌。

成吉思汗

铁木真统一大草原的远大理想基本实现。

他手下的那些死党，这时心情也都大好。这些人当年投奔他时，有的还是小孩，只是觉得他是个英雄，服气他，愿意跟他玩。哪知，他的事业越做越大，现在居然统一了整个大草原。

这些死党随铁木真多年，对铁木真的心思知道得比谁都多，于是，都劝铁木真把自己的职务提拔一格。

此时，铁木真还只是蒙古部落的可汗。现在他们请他做大草原上的可汗。部落可汗，只是小可汗，草原可汗才是大可汗。

铁木真手下的死党们决定向他劝进。

当时，铁木真在斡难河的源头，召集所有部下，举行了一次隆重的集会——其实就是给大家创造一个劝进的机会。大家果然集体要求铁木真当大汗。铁木真在死党们闹哄哄地劝进时，也谦虚了几下。这些谦虚说白了，就是大家的劝进力度还没有到位。

这最后一步，是由他的弟弟合撒儿逼过去的。

合撒儿看到铁木真仍然不同意，而大伙儿劝进的水平却已经到底，无法更进一步了，就大声说："哥哥把一个草原打下来了，干成了前无古人的伟大事业。做个大汗还有什么意思？听说中原一带还有皇帝啊。哥哥也不要当什么可汗了，直接就称皇帝算了。"

于是大家都大叫："合撒儿说得太正确了。他说出了广大草原人民群众的心声。大汗要当就当皇帝。汉人可以当皇帝，大汗为什么当不得？"

于是，铁木真终于采纳了大家的意见，登上了帝位。当然，由于蒙古人都把皇帝当可汗，他这个皇帝其实就是最大的可汗，因此就称成吉思汗。铁木真到了这时，才正式被称为成吉思汗。

当天，大草原上，"成吉思汗"四个字响彻云霄，长久地回荡在历史的天空。

铁木真满脸笑容，随即大封功臣。蒙古的官制很拗口，就不在这里讨论了。

毕在遇是个牛人

那一年是宋宁宗开禧二年（1206 年），也是金章宗泰和六年。铁木真统一蒙古称成吉思汗是历史性的大事件，后来最先受到这个大事件冲击的金国对此毫无反应。他们本来对于草原上各部落的来来往往就不怎么在意，他们把所有的注意力都集中到与南宋的争斗上。金国到了这时，也已经开始走下坡路了。很多南宋人士都看出这一点。著名主战派人士、大词人辛弃疾则直指：金国即将"必乱必亡"。

南宋仍然是韩侂胄当首席大臣。韩侂胄一直热衷于北伐。早在两年前，他就进行了一系列的北伐准备。他那时确实在下一盘很大的棋，命吴曦练兵西蜀，赵淳、皇甫斌准备出兵取唐邓，殿前副都指挥使郭倪指挥渡淮。这个阵势确实够大，只要他一声令下，长江沿线都成了北伐前线。他对吴曦寄予的希望最大。他天真地以为，吴曦是吴璘的孙子。吴璘那么有水平，连金兀术都可以打败，又是那么忠勇，他的孙子肯定都会把这些基因全面继承下来。

吴曦仗着是吴璘的孙子，在朝廷中升职很快，快得别人都不服气，可他仍然不满足，觉得在宋朝混还真不如到金国那里去混。可要是这么空着双手过去，人家看都懒得看你几眼。当韩侂胄问他愿不愿去四川继承爷爷的遗志时，他爽快地答应了。

于是，韩侂胄就给他发了一张四川宣抚副使的委任状，让他去四川练兵，准备向金国进攻。

注意，他当的是副使，他还有一个上司。这个上司叫程松。

吴曦根本看不起这个顶头上司。因为他虽然是副使，是第二把手，可是韩侂胄还给他一个特权“便宜行事”，也就是说，可以看着办。实际上，就是完全可以不用听程松的指挥。

吴曦在四川的人脉很深广。当年吴玠在四川任上，多次打败金军，当时的军功实际上不亚于其他南宋名将。他说在南宋诸将中，独服岳飞。他们兄弟守四川时，金国那些牛人就一直不敢进攻四川。开始时，大家看到吴璘的孙子又来了，都很高兴。

可他更高兴。因为他现在手里有钱和兵，想干什么就干什么。

现在他最想干的事就是投靠金国，脱离宋廷。

他到达四川之后，就让程松做北伐的准备工作。当时，他们做了分工，程松带着三万人守兴元东，而吴曦则带着六万人驻扎在河池西。

吴曦很高兴，程松很郁闷。因为程松发现自己根本指挥不动这个副手。他很想在这个副手面前摆一下谱。于是，他给吴曦发了一个通知，叫他来大庭参见自己。

本来吴曦已经来了，一看到参见这两个字，直接拨转马头宣布打道回府。

程松看到这个副手不来了，也很无奈。他看到那家伙越来越牛，也觉得有些危险了，可又抓不到人家什么把柄。于是，就让一千八百人当自己的警卫部队。

吴曦决定投靠金国，但他也不想太为难程松。于是，他以准备出兵为由，又从程松那里抽调了大批部队。程松居然无话可说。

当时的大安军知府安丙一眼就看透了吴曦的内心世界，向程松提出了自己的看法，请程松做好吴曦背叛朝廷的思想准备。程松虽然觉得吴曦是个危险人物，但也只是认为对自己很危险，不会做出叛国的事来。

程松作为宣抚使，也很想通过打个仗来证明一下自己的能力，于是，带兵去攻打天水。结果这次战斗只证明一点：程松打仗的水平太差，才一接触就被对方打败。

韩侂胄这时看到吴曦已经到位，于是，下令郭倪发动进攻。

郭倪现在是山东、京、洛招抚使，全权负责东边的北伐战线。他现在权力很大，自视水平高，一讲到北伐，就把自己说成是诸葛亮，他还在手持的扇上写：三顾频烦天下计，两朝开济老臣心。

他没有水平，但他手下有个猛人，叫毕在遇。

毕在遇的老爸叫毕进，曾经是岳飞的手下。毕在遇现在的职务是武义大夫，只是个中级军官。郭倪派他跟镇江都统陈孝庆一起去攻打泗州，为北伐做热身运动。

两人领兵前去，本来计划是搞个突然袭击。哪知，对方守将向来警惕性高，两人才约定好出兵时间，他就全盘知道了，下令全城戒严，关闭市场，堵塞城门，做好战斗的准备。

毕在遇一看，看来这招儿不灵了。他对陈孝庆说，既然他知道咱们的出兵日期，咱就不按这个既定方针办，而是提前一日出兵，仍然可以打他个措手不及。

陈孝庆一听，觉得可以。有时同一个计划，稍作转换，效果就会大不相同。

两人这次行动很快，突然出现在泗州城门之前。

泗州共有两处城门，即东门和西门。

毕在遇知道现在硬攻代价太大。于是，又想到了个计策，下令大家把所有的军用物资比如兵器、军旗、船只等都摆在西门，好像要从西门进攻一样，然后自己带着主力部队悄悄向东门狂奔。

金国的那个守将虽然警惕性很高，但智商却不高。看到这个形势，立马把注意力全放在了城西这边。他看到自己把部队集中在这里，宋兵果然不敢攻上来。

哪知，城东那边突然乱成一团。他睁眼一看，宋兵已经攻上了城头。毕在遇第一个高举大刀冲上城头，正带着大家追赶东城的守兵。那里的守兵只有几个，不一会儿就被人家全部消灭。

毕在遇看到西城门那里金兵很多，带头大将在那里做了迎战的准备，知道自己硬冲上去，会有不少损失的，便把自己的军旗往那里一插，大声宣布："我是大宋的毕将军。原来的中原百姓，赶快回归大宋吧。"

本来，很多人就不怎么满意金国，这时看到东门就这样被宋军轻易拿下了，金兵虽然举着武器表示死守西城，但能守得住吗？于是，都跑了出来，最后果断弃城而去。

郭倪接到战报后，摇着那把招牌的扇子，拈须而笑，泗州一役，不战而屈人之兵。照此下去，北方大片领土被拿回来，也没什么问题了。

他直接跑到那里，然后拿出一颗刺史大印直接递给毕在遇，说你现在就是刺史了。

郭倪很得意，可毕在遇却不领情，说："河南共有八十一州在敌人手中。现在拿下一个小小的泗州，就提拔当刺史。要是再拿下几个大州来，朝廷以后又用什么来赏赐呢？别的事可以小题大做，这事万万不能小题大做。"

郭倪碰上这样的人，只得收了那颗刺史大印，然后叫他们再去收几个州。这几个手下还真争气，没用几天时间，又连续拿下新息、褒信和虹县。

郭倪很高兴，韩侂胄更兴奋。

宋宁宗一听，龙颜大悦——既然韩大人说金军已经不堪一击了，那金军肯定不堪一击了，而且又有几个战例做证明。于是，下令正式北伐。史上有名的开禧北伐就此拉开大幕。

大宋子弟兵从四川到江淮一带，全线出击。

形势似乎一片大好。

当看到韩侂胄高调宣布北伐时，金国皇帝金章宗完颜璟当然不敢大意，立刻调集各地军队快速冲向前线。

仍然是江淮前线拉开揭幕战。

郭倪的另一个手下马军统制田俊迈率军向蕲县进军。田俊迈虽然跟毕在遇一样，都是郭倪手下的军官，而且军队还多过毕在遇。可官阶高并不等于水平高。金兵守将布萨揆知道蕲县的战略地位很重要，要求金军一定要死守，不然，大家就都得死。于是，也带着三千部队主动迎击。双方一接触，宋兵大败。

宋军的后援部队五万人在郭倬和李汝翼的率领下接着赶到，以优势兵力围住宊州。布萨揆紧闭城门，只管放箭。宋兵难以靠近，但仍然攻得很急。当然，如果继续这样围攻下去，宿州仍然守不住。哪知，天气突然发生变化，连续下了很多天的雨，河水泛滥成灾。宋军在野外宿营，困苦不堪，个个累得要命。这对于金兵来说，是个难得的机会。他们派出一个二百人的突击队，绕到宋军的后方，搞了个突然袭击。如果是毕在遇这样的人，这种才两百人的偷袭是不会得逞的。但宋军只有一个毕在遇，而且还不是高级军官，根本没有指挥五万人的权力。有资格指挥五万人的这几个人，一看到后营被突袭，立马慌乱。指挥系统一慌乱，这仗基本就不用打了。但见一众宋兵在营地上到处乱跑，毫无章法。金兵乘机放出骑兵，大砍大杀，一下就把几千宋兵砍死在泥泞的战场上。

郭倬看到自己的士兵除了乱跑之外，没有别的动作，更加慌了。他拍拍脑袋，想着脱离战场的办法，想了半天，最后居然想出一个连金兵都不会想到的办法：把田俊迈抓了起来，绑好，送给金兵。

金国本来没多少人，对这个战役也没多少把握，拼着老命打这一仗其实也就是想自保一下。哪知，却平白抓到一个高级战俘，实在是个意外收获。

郭倬逃得性命，心里很高兴。但郭倪的脸却难看了。郭倪没有办法，只得再派毕在遇出马，去进攻徐州，把脸面挣回来。

毕在遇来到半路，正好碰上郭倬和李汝翼撤回来的部队。

他把这支部队也截留了下来，然后继续向前。不久，又碰到陈孝庆。原来陈孝庆看到攻打宿州的五万部队败了，心里也惧怕起来，正在那里做紧急撤军的准备工作。

毕在遇说："怎么说撤就撤呢？不就是打了一次败仗吗？你们怎么就忘记那句话了——胜败乃兵家常事。现在我奉命去攻打徐州，路过此地。我发誓，宁可战死在灵壁北门外，决不可以死在南门外。"

哪知，他才放出这话，郭倪撤军的命令却正好传来，要求他们班师。毕在遇知道徐州是无法去打了，但要撤也不能这样撤啊。

那怎么撤？

毕在遇说："郭倬的部队正在溃散而回，金兵肯定在后面尾追。如果咱们只顾走回头路，结果会被人家追着打。所以，你们先撤，我带兵在后面拦住金兵。我就不信金兵真的有那么狠。"

于是，他带着二十个人守在灵璧的北门。

金兵的骑兵果然冲了过来，共五千人。

金兵绝对没有想到宋兵居然敢拦住他们，而且只有区区二十个人。

他们根本没有把这二十个人放在眼里，按着追击的惯性冲过来。

毕在遇大喝一声，带着二十个人冲过河去，举着手里的双刀，奋力乱砍，一下就把几个金兵从马上砍下来。其他人也都是拼命猛砍。金兵都被这个阵势吓得目瞪口呆。

他们想了一下，突然问："请问，你是毕将军吗？"

毕在遇还没有回答，金兵就已经往回逃。看到这样的阵势，他们还需要回答吗？

毕在遇狂追了三十多里。金兵后援又到。

一个金将很不服，毕在遇算什么？你们怕成这样，看我去跟他大战三百回合。这人的兵器是一根铁筒。两人一碰，那金将拿棍直接打向毕在遇。毕在遇一刀架住铁筒，另一刀向他的肋下砍去，直接就把他砍翻。

其他的金兵见状，都不敢再追。毕在遇挺着双刀，独自在那里，看上去真的威风八面。

毕在遇这才宣布撤回去。他让各路部队先撤，估计他们离开了三十里，这才放火烧了灵璧。大家问他，为什么要白天放火啊？

毕在遇说："夜间放火，人家就看到咱们的虚实了。白天放，大家只看到烟。"

到了这时，大家才知道，毕在遇不但武力指数爆表，胆子比张飞还大，智商也是高出在座的所有人。

可毕在遇的智商再高，又有什么用？他手里的权力跟他的智商不匹配，这样的智商也只能浪费掉而已。

韩侂胄之误

江淮这边的战果很不顺利，韩侂胄就希望四川那边搞出点动静来。

其实金国也怕宋朝全面开战。他们现在的兵力也很不够用。他们看到江淮这边都开打了，可吴曦那边还没有动静，便觉得吴曦肯定有自己的想法了。

吴曦确实有自己的想法。他跟他的一帮死党秘密商量着如何跟金国取得联系。恰巧这时，金章宗派人送给他一封信，说宋朝已经差不多完了。你的祖上为他们守四川，守得这么牢固。现在你又接过他们的班，继续到四川来，积累了几代人的功劳。现在提醒你一下，要记住功高震主这四个字，更要记住岳飞。岳飞的水平和功劳，连我们金国人都知道。可是后果如何？现在你拿自己跟岳飞比一比，就完全可以预测到自己的未来。所以，你跟我们合作才是最正确的选择。如果你答应跟我们合作，一起攻打宋朝。那么你所占领的地方，全部归你所有。我绝对不食言。

吴曦于是就按兵不动，只努力做好投降的前期工作。

吴曦做到这么大的官，基本都是靠吴玠和吴璘的人脉。大家看到猛人后代，就习惯性地认为，他肯定也很牛。哪知，吴曦虽然很狂，可心理素质却不过硬。眼看宣布投降的日子越来越近，心情却不断地狂躁，晚上睡不着觉，突然起来大喊大叫，说投降派向来没好下场，想打退堂鼓了。他的那几个死党一听，哪能这么干啊。生米都煮成熟饭了，现在叫停投降活动，只会死得更惨。于是，他只得说，那继续前行吧。

江淮一带的形势越来越不好。

韩侂胄也急了。北伐是他的命根子，北伐要是失败了，就等于他失败了。他撤换了郭倪等人，这才知道，北伐说得很容易，可北伐需要人才啊。他现在手里真的缺人才。跟他对脾气的人没水平，有水平的人却鄙视他的人品，不愿跟他合作，让他很郁闷。

而更郁闷的事是吴曦已经暗中脱离大宋，正式成为大金帝国的人。

四川这边的压力一减，金国大大地松了一口气，把兵力都调往东边，从守势变成攻势。金兵向真州进攻。布萨揆再次复制宿州战役的方案——派部将从宋兵的后方突然攻击，收到良好的效果。宋兵根本不抵抗，直接宣布投降。四个守将全部被活捉，上次田俊迈被自己的人绑起来，送给金兵，当成买路钱。这次金兵全靠他们自己。只一战，他们全歼宋兵两万多人。

当时，毕在遇镇守楚州。手下看到四周的地盘不断地丧失，大宋子弟兵除了战败还是战败，都有点慌乱：我们能守这个地方吗？人家都失败了，我们这么守还有意义吗？

毕在遇说："当然有意义，而且肯定能坚守下去。楚州城墙质量过硬，部队数量相对也多。敌人锐气虽然很猛，但他们的粮草越来越少了。现在我怕的是淮西那里。六合才是关键点。敌人一定会拼死攻击那个地方。"

毕在遇立马赶到六合。当他赶到那里时，金国大军果然已向那里进发。此时金国大军离那里只有二十里路了，基本上是说到就到。

毕在遇知道不能硬拼，于是下令把城头的旗全部放倒，停止击鼓，好像里面什么人都没有一样。然后在南门埋伏军队，让弓箭手都排列城头。敌人果然按时出现，毕在遇一声令下，猛擂战鼓，城头万箭齐发，旗帜全部高举，杀出城去。

金兵大惊，都转头逃跑，被毕在遇大杀一阵，算是帮大宋挽回了一点面子。

金国知道毕在遇虽然官阶不高，但是个猛人，多次把他们杀得很没面子，因此也决定集中精力把他搞定。他们派完颜图拉率十万人过来，一口气把六合围了几层，看毕在遇还能搞出什么名堂来。

更要命的是，金兵看到六合城边正好有一条河。这条河叫滁水，水位很高。于是，他们派兵过去要掘开滁水，淹没六合。

毕在遇一看，只得下令拼命发箭，不让敌人掘开堤坝。可城里的箭实在太缺乏，射了几下，就宣告断货。毕在遇一看，就制造了一把大伞，让几个人扛着在城头走。金国一看，以为是主将在巡视。于是，下令神箭手们以大伞为目标放箭。一时之间，箭如飞蝗，有的射中大伞，但更多的都射到城墙上。

毕在遇下令把城墙上的箭取出。盘点一下，居然有二十多万支，比原来六合的库存还多得多。

金兵实在太想搞定毕在遇了，继续增兵，连营三十多里。

毕在遇则在没事时，就到城头一边喝酒，一边听戏，表示自己不把这么多敌人放在眼里。金兵看到这个家伙居然敢这样调戏他们，就更加生气了。但再怎么生气，也是干生气。他们虽然人多，但就是攻不进去。更让他们郁闷的是，毕在遇只要看到他们想住手，就派兵过去骚扰。他们多次吃过毕在遇的亏，个个只怕他出来时杀得太狠，因此精神处于高度紧张状态。最后，他们终于知道，双方对垒，不是兵多就能取得胜利的。他们觉得再这样下去，他们带来的十多万子弟兵，不用多久就都变成十多万疯子。于是，无奈宣布撤军。打不过，总躲得过吧？

这支金兵的记忆力也很差，他们经常玩的追尾战术这时居然也忘记了。毕在遇看到他们终于退了，下令追击，果然又把金兵狠揍一顿，而且一直追到滁州，由于下起大雨，这才收兵。他跟金兵对峙了三个多月，基本阻住了敌人南侵的脚步。宋宁宗下召提拔他为镇江都统，全面主持山东、京东招抚司的工作。

四川那边的吴曦仍然假装在跟金国打。他手下很多将士并不知道自己的老大已经投金了，还在拼命为国家打仗。可每战吴曦都表现得很弱智，明明没有打败仗，怎么老是往回撤？大家都不理解。

但金兵却都在偷偷地笑。

吴曦继续撤。他不但自己撤，还命令别人撤。他看到大散关的守将毌思守得很严密，怕金国进攻会损失巨大，便叫他赶紧撤防。可毌思不听，仍然努力守着。他就下令周边的防区全部撤兵，让毌思一个人孤军奋战。

果然金军杀来之后，毌思独立难支，被打败。

到了这时，很多人都已经看出吴曦的勾当，纷纷上书朝廷，说吴曦即将叛国了。可韩侂胄不相信。他也不敢相信，更不愿相信。吴曦是他提拔重用的，是他让吴曦去独当一面的。吴曦要是叛国了，他还有什么面子？所以，在吴曦没有公开宣布投降之前，即使大家都说吴曦会叛国，他也不能说吴曦叛国。

韩侂胄还在那里为吴曦作辩护的时候，金国已派出使者，正式任命吴曦为蜀王。当然仍然是秘密的。

吴曦后来觉得老是这么做秘密工作，实在太没意思了。

他把所有的部属招来，向他们宣布：金兵已经攻下江南。我们的大宋皇帝已经逃到四明山。大宋基本上算是完了。我认为，咱们要尽快投金。

很多人都反对。

但他说，他决定了。谁不投降就杀谁。然后派人去与金国办理交接手续，宣布改用金国年号。

而这时，程松还不知道这些，仍在和金兵对抗。他有些挺不住，就不断地派人过来叫吴曦派兵去增援。吴曦说，三天就到。哪知，几天过去后，却得到吴曦投降金国的消息。吴曦派人过来劝他赶快离开此地。程松最后顺长江而下，连续多日，这才出了三峡，保住一条性命。

韩侂胄接到这个消息，也软了。眼看四川丢了，江淮守不住。韩侂胄怕金兵再次渡江而来，他怎么办啊。

幸亏金兵的力量也很有限，也不想打下去了。因此，见好即收，写了一封用足谴责口气的信教训了一下宋朝皇帝，挣了一个大的面子，就同意讲和了。

此次北伐，韩侂胄选择的时机没有错，但任用的人却大错特错，甚至是所托非人，本来是南宋拉开北伐的大幕，最后变成了金国南下的形势。要不是金国的力量有限，难以支撑战争，宋朝的后果就会严重得多。

此战之后，双方不敢再轻易大战。

宋金此次大战，似乎与铁木真无关。但由此可以看出当时的形势，对蒙古是大大的有利。韩侂胄发动了这场北伐，有效地消耗了金国本就越来越弱的国力，直接为蒙古制造了极大的便利。否则，如果金国看到草原由分裂变成统一、从部落发展成为国家，他们肯定会加强防备，铁木真南下的阻力就会无比巨大。

铁木真在当上成吉思汗后，任命了大量官员，形成了一个国家的体制。

他没有忘记金国的仇恨。

金国杀了他们的可汗——俺巴孩汗。这是蒙古部落每个人心中永远的痛，也是他们永远的仇恨。

此仇不报，还当什么成吉思汗！

铁木真终于把他那犀利的目光转向南方，投向大金帝国。

第六章
打西夏还是打金国？

收服森林部落

当然，铁木真仍然没有宣布与金国为敌。

这是因为，草原上仍然有些小部落还没有完全归顺，他必须彻底清除所有的草原异己部落。金国不是王罕，也不是札木合。大金是个强大的帝国，打起大战来完全可以动员几十万军队，浩浩荡荡冲上战场。以前金国在跟他们对垒的时候，没有占到便宜，并不是他们不会打仗，更不是没有实力，而是因为不怎么把他们放在眼里，也从没有把草原地盘纳入大金版图的想法，那几次不成功的讨伐，其实是地形不熟悉才吃的亏，是输给地形的。可如果你要过去打他，形势就完全不一样了。

所以，要跟金国叫板，首要的条件就是草原必须铁板一块，万万不能自己在前方打，后方的草原上突然冒出麻烦来。

铁木真命令忽必来去征讨合儿鲁兀惕部。合儿鲁兀惕的老大叫阿儿思兰。他本来以为自己的这个小部落，铁木真肯定看不上，不会跟他一般见识。哪知铁木真称汗后的第一个动作，居然是拿他开刀。他立马宣布投降。铁木真大喜，觉得这小子带了个好头，便大大地奖赏他，将女儿嫁给了他！

铁木真以为，如此一来，别的部落都会排队向他靠拢。哪知，蔑儿乞的残余力量仍然不理睬他。因为这伙势力的老大正是脱黑脱阿的儿子忽图、赤剌温。铁木真大怒，率军对他们一路追打，直到垂河附近，才将他们全部消灭。乃蛮部的最后力量也被哲别追剿，最后在黑崖被全歼。

还有几个部落的首领如畏兀惕的首领亦都兀惕赶快派人过来向铁木真称臣，说："我们刚刚听到您当了大可汗，十分振奋，决心永远当您的下属，为您的事业贡献一切。"

铁木真觉得这话很好听，就把另一个女儿嫁给亦都兀惕，而且是铁木真所有女儿中颜值最高的。

大家一看，这个亦都兀惕前来投降真投降对了——难怪他叫亦都兀惕。亦都兀惕的意思就是幸福之主。

可亦都兀惕听到铁木真的话后，觉得一点都不幸福了。因为他已经有了老婆——当然有了老婆也没关系，那时允许一夫多妻，只要你愿意，人家愿嫁，你想讨多少个老婆都跟法律无关。但却跟他老婆有关，他这个老婆把他管教得很严，把他当成自己神圣不可侵犯的私有财产，只要发现他去找别的美女，回家之后，就家法伺候。所以，部落的人怕他，但他怕老婆。如果是别的部落老大，立马就会带着公主雄赳赳气昂昂回去。可他却不敢，他必须回去跟老婆进行多回合磋商、经老婆批准后才能把公主领进家门。他当然不能把这个原因给铁木真讲，就说："大汗让我娶公主，我实在太高兴了。这样的大喜事，一定要办得隆重而庄严。所以，我得回去跟老婆商量一下，然后带着聘礼来，把公主隆重地接回去。"

铁木真哪知其中的原委，看到他这么一说，反而觉得这小子很讲礼，是这么多女婿中最好的一个了。看来把最漂亮的女儿嫁给他真的没有错。

亦都兀惕回去之后，跟老婆一提，就被老婆一顿大骂，再加一阵寻死寻活，就软了下去，只得把婚事一拖再拖。他的意思很明显，就是想把这个老婆拖死。哪知，这个老婆却不短命，硬是又活了很多年。他只得不断地找借口把婚事拖来拖去。幸亏他远在西边，离蒙古太远，否则，他再怎么狠，也拖不下去的。终于，他老婆死了，他才把公主迎了过来。公主等到了这一天，但铁木真却等不到了。他做梦也没有想到，自己以及子孙们把全地球都征服了一半，自己女儿的婚事却搞得一点不像样。

这时草原上还有一个大的部落，叫斡亦剌惕，人口数量也很多。但因为他们向来居住在北面的原始森林里，被称为森林里的人，他们的社会形态比草原其他部落更原生态一些，结构也比较松散，不像其他部落那样打来打去。因此，他们虽然看起来人多势众，却没有多少战斗经验，仍然在森林里过着与世无争的生活，别的部落也就将他们忽略了。但到了这时，铁木真不能忽略他们。他派自己的长子术赤带兵过去征讨斡亦剌惕。

斡亦剌惕部的老大忽都合别乞听到消息后，把自己的力量跟蒙古大军的军力进行了一次简单对比之后，立刻得出结论，此战不能打。于是，当术赤率大军进入他们的地盘后，他已经带着部下站在路边夹道欢迎铁木真大军的到来，表示以后他们这些人就是大汗手下的子民。为了表示自己的投降是真诚的，他还当蒙古大军的带路人，带着术赤的大军继续向北。一路上，各小部落看到连他都投降了，谁还敢反抗？于是，术赤根本不用打仗，就收编了斡亦剌惕、不里牙惕、巴儿浑、兀儿速惕、合卜合纳思、康合思、秃巴思、乞儿吉思等部，以及失必儿、客思的音、巴亦惕、秃合思、田列克、脱额列思、塔思、巴只吉惕以内的森林百姓，领土扩张了一大片。

术赤把这些部落的老大一起带回大本营，参拜铁木真。

铁木真看到这么多人都在金帐前向自己称臣，贡品摆了一大堆，心里很高兴，回头一看，自己还有女儿，便又把一个女儿嫁给了斡亦剌惕的儿子亦纳勒赤。他得知亦纳勒赤还有个哥哥脱劣勒赤也是未婚青年，长得也还帅，便把术赤的女儿嫁给了他。

此前很多大战，基本都是铁木真亲自上前线的。在他称汗之后，才开始派手下大将出征。而术赤也是第一次独当一面，表现得很突出，取得的战果也很大，让他心里很爽，当着大家的面，直接表扬了术赤一把：“我这儿子第一次出征，一兵一卒没有损失，就收服了这么多的百姓。现在将这些百姓都赐给你。”

还记得那个豁尔赤吧？

豁尔赤的正式职业就是萨满，谁有病都去找他，然后他去找神仙来帮你治。治好了，是他的本事，治死了，是神仙不救你，跟他没关系。当年他从王罕那里出来，跟铁木真打了个赌，说铁木真以后肯定会成为大可汗。铁木真很喜欢这些话，其他人也被这些话吸引住了，从而坚定地成为铁木真的死党，为铁木真笼络到一大批民心，对铁木真的事业做出了贡献。这些年来，铁木真到处打仗，基本没有他的事。

后来，铁木真真的成为可汗，跟当年他的预测没一点差别。铁木真也跟中原很多皇帝一样，对这样的事是永远不会忘记的。当时没有什么理论之类的东西，这些神仙在人间代言人的话，基本就是他们当皇帝最过硬的理论基础。你加封了他们，等于是强化了你当皇帝是上天的旨意这个内涵。所以，铁木真在加封群臣的时候，豁尔赤比很多功臣都牛。当时，铁木真把博尔术封为第一大功臣：万户。这个万户并不是中原皇帝手下的万户侯，而是一种官职，相当于宰相。而豁尔赤也同样封为万户，是博尔术的副手，相当于从一品大官——这都是当初他们赌的内容之一。那次打赌还有一个内容，就是要赐给豁尔赤三十个大美女。这一点，铁木真更不会忘记。

他对豁尔赤说，这三十个美女，你自己选择吧。你觉得谁好你就要谁。

豁尔赤当然不客气，把草原地图拿来研究一番，很快就得出成果：整个茫茫大草原，美女最多最漂亮的是秃马惕部落。可这个部落有点儿偏僻，目前还没有正式归于大蒙古的版图。

豁尔赤说，怕什么？派个人过去，他们不怕得要死才怪。现在草原上谁不怕成吉思汗？

豁尔赤当年准确地预测了铁木真能称草原大可汗的事，可现在轮到自己的头上时，他的预言一点也不准确。他这方面的工作效率是很高的，很快就物色了一个人选叫忽都合别乞，也是秃马惕部落的人。这人名字后面有个别乞，算起来也是个长老级的人物。估计豁尔赤也做了个豪华的许诺，只要你能做好你们老大的思想工作，带三十个大美女过来，我肯定不会忘记你的。你一定要记得，我现在可是成吉思汗的大红人。他说过，他会听我的话的。

忽都合别乞自然知道，攀上了豁尔赤基本就可以巴结上成吉思汗了，现在能帮豁尔赤效劳，那是求也求不来的。

忽都合别乞愉快地领了任务，然后跑到秃马惕部落。他一路上跑得很卖力，觉得自己巴结上了大贵人，以后的日子可就越过越红火了，心里超爽。这么一爽，脾气就牛了起来，见到部落老大时，就觉得比起豁尔赤来，你这个老大算什么。当场发出指示，现在请你们赶快把美女们召来，让我挑选。

当时秃马惕的老大歹都忽勒莎豁儿已故，新的领导人是他的老婆孛脱灰塔儿浑知。她刚当权，正霸道得要命，哪管你什么蒙古大部落，在这里是她说了算。忽都合别乞算什么东西？前些天还在这里混饭吃，出去转几天回来就摆这个谱？于是，下令把这个狂妄的家伙抓了起来。

豁尔赤正在自己的家里等着三十个美女鱼贯而入，可左等右等，没看到忽都合别乞回来，心里就有些气，这家伙是不是因为看到美女太漂亮了，就故意走得慢了？你要是这么不厚道，以后看我怎么收拾你。

正骂着，门口有人闯了进来。

不是忽都合别乞。

而是忽都合别乞的随从。

这个随从说："报告豁尔赤大人，大事不好……"

豁尔赤跳了起来："什么大事不好？是不是忽都合别乞把三十个美女都拐走了？"

随从说："不是。是忽都合别乞大人被人抓了起来。"

豁尔赤一听，大怒："原来是秃马惕部不愿给美女？这事可不是以你们的意志为转移的。"于是，他立刻去找成吉思汗："大汗不是说过，我的话大汗都得听吗？”

铁木真说：“你有什么话尽管说。”

豁尔赤说：“我派人去秃马惕部选美女，可他们不但不给选，反而把我派去的人抓了起来。他们这是在公开与大蒙古国作对，不把大汗放在眼里啊。”

铁木真一听，这个草原还有这样的部落？这样的部落不狠狠地打一下，大蒙古国就不会安宁。自他高调称汗之后，对于还没有或来不及向他表示臣服的部落，他都是大手一挥，大军开过去，结果基本是大军还在半路，那些部落首领就已经带着男女老少前来迎接王师了。这让铁木真觉得很爽。现在这个部落居然敢跟他叫板，他不生气他还是成吉思汗吗？他是老江湖了，知道敢于公开叫板的部落，都是做好了应战准备，派一般的人过去，就不会那么轻松地摆平。

因此，他决定派他手下最猛的人之一博尔忽出马。

认真算起来，用蕞尔小部来形容秃马惕部也不为过，但他们深处密林之中，地形十分复杂，不利于去征伐。博尔忽本来以为，他带这么一支百战百胜的大军出来，即便不能把对方吓死，要轻松干掉他们也是没有困难的。哪知到了那片密林边缘，他这才知道，原来想见个人影都难，更别说用箭射死他们了。他的部队进入密林，很快就发觉越走越艰难，似乎有点迷了路的感觉。

博尔忽绝对是个实干家，为了找到一条正确的前进路线，他决定亲自去探路，只有三个人跟着他。

秃马惕部人其实就躲在博尔忽的周边，不让他发现而已。当他们发现博尔忽落单了，就突然大批出现，把他包围起来。博尔忽虽然英勇善战，一个顶十个，但对方人太多，最后他累得举不起刀来，被活捉了。

如果是别的部落，知道捉了成吉思汗阵营里这么一个猛人，肯定会商讨好再处理。可现在是一个女首领，向来深居山林，从不知道外面世界有多精彩，成吉思汗是什么人物，这个博尔忽又是什么来头，现在落在他们手里，就是他们的手下败将。这个地方林子虽然很茂密，但生产生活资料并不丰富，留下这么一个大汉，会浪费很多食物的。因此抓到之后，根本不问个底细，直接就砍头。可怜成吉思汗手下数一数二的战将，最后死在这么一个地方，而且死得十分窝囊。

英雄不问出处，英雄有时同样不要问去处。

正在等着胜利消息的铁木真突然听到这个报告，当场大怒，宣布立刻亲征。

木华黎急忙把他劝住，秃马惕部算什么？犯得着大汗去打？博尔忽可能太过轻敌，这才光荣牺牲的，还是派别人去吧。

铁木真只得坐下，改派朵儿伯多黑申前去，让他务必把这个嚣张到不知天高地厚的部落全部消灭。

秃马惕部一仗就把铁木真手下最猛的大将搞定，心情很爽，他们认为原来成吉思汗也就是这个水平，居然也敢来跟他们叫板。他们觉得不好好庆祝一番，难以表达内心的狂喜。于是，他们开了隆重的庆功大会，全部落上下一起喝得忘乎所以，浑然忘记了砍死成吉思汗大将的严重后果。

就在他们喝得迷乱的时候，朵儿伯多黑申来了。朵儿伯多黑申吸取了博尔忽的教训，小心翼翼地前来，慢慢地进入林中，来到博尔忽牺牲的地方，扎了个空营。

秃马惕部的侦察兵一看到，赶忙报告孛脱灰塔儿浑知，说蒙古大军又来了，已在博尔忽被砍的地方扎营。

秃马惕部人一听，又来一帮找死的。咱们先喝个痛快，再去将他们消灭。于是，他们继续猛喝。

朵儿伯多黑申要的就是这个效果，他看到那几个侦察兵偷偷溜走之后，就下令全军出动，搞了个夜间突袭。

秃马惕部人一看敌人来得这么快，哪有什么斗志，一时间四处逃散。

孛脱灰塔儿浑知也跟着逃跑，在帐后却碰到了个大男人。这个大男人正是本族长老级别的忽都合别乞。忽都合别乞本来是帮豁尔赤来选美的，哪知美女还没见到，就被扣留下来。幸亏他是本族人，辈分又高，因此没有被杀掉。他看到部落里突然乱了起来，就跑过来看，正好看到这个女首领。一问，原来是蒙古大军开到了。他心头大喜，知道自己的部落首领已无路可投。于是他一把就抱住了孛脱灰塔儿浑知，说你只有从了我，你这条命才保得住。

朵儿伯多黑申把所有人员都赶出林子，来到斡难河边，由成吉思汗发落。

铁木真首先把豁尔赤叫来，说:“所有秃马惕人都在这里了，你挑选三十个美女吧。”

豁尔赤当然不客气，在美女群中走了一圈，就把三十个美女带走了。

至于那个女首领，既然忽都合别乞那么喜欢，就让他带走了。

通天巫之乱

草原上的部落被收编了，密林中的部落也全部归顺了，铁木真的威名在漠北越来越响亮了。

可不久蒙古国的内部又出了一个乱子。

这个乱子的两大主角不是别人，而是铁木真和他最亲密的弟弟合撒儿。

合撒儿原来是坚决拥护哥哥铁木真当大汗的。所以，兄弟此前的关系一直良好。铁木真去冲锋陷阵时，就把中军的指挥权交给弟弟。

乱子的导演是那个阔阔出。这个阔阔出不是铁木真的干弟弟阔阔出，而是蒙力克老爸的儿子之一，也是个大萨满。本来，按蒙力克一家在铁木真阵营里的地位，再加上他的大萨满身份，那是要权有权，要钱有钱的，说话要比他哥哥有分量得多。哪知，阔阔出硬是有野心。一个有着神仙代言人身份的人一旦有了野心，后果是很严重的。

阔阔出也知道，他现在的力量是难以满足他的那个野心的，现在他除了一张嘴外，没有别的力量。所以，他必须想办法让这个国家乱起来。乱子一出，什么都有可能出现。

他的办法就是制造一个谣言。

即使是现在，一个很经不起推敲的谣言，都能把社会搞乱一阵子，何况那个年代？而且他是以神仙的名义来制造这个谣言的。

不知道是什么原因，阔阔出和他的七个兄弟跟合撒儿吵了起来，从动口到动手。合撒儿虽然肌肉发达，壮得跟一条公牛，但对方有七条好汉，几回合下来，就被他们按住，动弹不得，然后拳脚相加，猛揍一顿。

如果就这样结束，也就没什么。

偏偏这事还让铁木真知道了，硬是拿弟弟来取笑一下："怎么变成这个样子？你平时的牛气哪里去了？"

合撒儿本来被打了一顿，心里已经不爽，再被老哥这么一取笑，就更郁闷了，干脆接连几天不跟铁木真见面。

阔阔出在旁边观察，知道谣言可以出笼了，于是，有一天，突然用神仙的表情和口气对铁木真说："札阿邻天神对我说，铁木真先当皇帝，然后再轮到合撒儿当皇帝。如果不把合撒儿除掉，后果、后果、后果啊，还用问吗？"

铁木真也跟其他皇帝一样，虽然此前跟兄弟和手下都亲密无间，信任度都十分过硬。可一旦当了皇帝，立马就患上了多疑症，你说别的，他都可以表现得很大度，可以毫不计较。可是话题一触及皇帝的宝座，他立马就满脸杀气，不管是谁，都先搞定再说。现在铁木真听到阔阔出这么一说，当场就跳了起来，叫左右备马，狂奔过去，把合撒儿抓住。紧接着，阔阔出的另一招儿接着跟上。

这一招儿也不怎么复杂，就是把此事快速泄露出去，让铁木真的老妈知道。阔阔出知道，铁木真的老妈是一个很有大局观的人，而且铁木真很怕她。

诃额仑老夫人听说之后，大吃一惊。她对铁木真的性格比谁都了解，当年一言不合就曾杀掉过一个弟弟，而现在他居然怀疑这个弟弟要抢他的皇位，他不一刀砍死，那还是她生出的铁木真吗？她一口气跑到合撒儿的住处，果然看到合撒儿已经被绑在那里，铁木真正怒气冲冲地准备下手。

她下了车，什么话也不说，上去把合撒儿的绳子解开，然后大声对铁木真说：“在你出来打天下的时候，合撒儿帮你冲锋陷阵，帮你去笼络百姓。现在天下打下来了，你当了成吉思汗，就到该杀合撒儿的时候了吗？”

铁木真满脸羞愧，说：“想不到母亲这么生气。好了，我不杀合撒儿了。我回去了。”

合撒儿的性命保住了，但那个谣言却传了出去。

各个部落的人都跑到阔阔出那里，团结在他的周围。你想想，连铁木真都这样信他，为了他的一句话，连兄弟都愿意杀掉。只见阔阔出的帐篷前面的马桩越来密集，比铁木真帐前的马桩还多。更要命的是，铁木真的那个叔叔答里台发现，自己很多部属都到那里排队，就火了起来，于是，就跑过去，要他的部下统统回去，谁不回去就打谁。可那些部下却说，阔阔出让我们回去，我们就回去。

答里台大怒，说：“我怎么去问他？我只管你们。”

阔阔出兄弟一听，出来把这个老人家按倒在地，然后把他架起来，逼他给阔阔出下跪。当然他们没说是给阔阔出下跪，而是说给神仙下跪。

答里台哪能不愤怒，他直接跑到铁木真面前，老泪纵横地说：“大汗啊，那些臣民是你分配给我的，现在全被阔阔出几兄弟骗走了。你得帮我要回来啊。”

铁木真还没说话，他的老婆孛儿帖夫人突然哭了起来，说：“阔阔出兄弟有什么资格如此嚣张？他们先是暴打合撒儿，现在又围殴老叔叔。你还好好活着，他们都敢于这样，要是以后出什么变故，你亲手打下的江山，还是咱们家的吗？你看看啊，你打了这么多年，才打出这么一个局面。他一通胡说八道，去他们家的人就比你帐前的人还要多。大汗，必须把他们搞定。”

这个皇后确实有水平，一语就把铁木真点醒了。如果你还说别的，他肯定不理。但你一说到这几个兄弟已经威胁到皇帝的宝座，他就坐不住了。

这个宝座就是神仙来抢，他也不给。

铁木真对答里台说：“我马上把他叫过来，怎么报仇，由你决定。”

答里台大喜，收了老泪，用最快的速度找来三个大汉，听他的指挥。

不一会，阔阔出就昂然而来，一副草原大神的派头，看到答里台和几个人站在那里，不由心里冷笑：原来你还在这里，刚才打得很疼吧？

答里台手一挥，那三个大汉冲上前，将阔阔出一把抱住。阔阔出正要骂，可他的话还在舌根底下，那三个人就把他的腰椎咔嚓一声扭断了。他痛叫一声，再没有说话。

之后，铁木真让人把一顶毡房扣在阔阔出身上，将毡房的天窗和所有的门都关得紧紧的，连个蚊子都进不去。然后他请一批观众前来围观。

三天后，房毡的天窗突然大开，然后铁木真宣布，大家可以进去看了。

大家掀开房毡，里面什么也没有。阔阔出哪去了？

他不是通天巫吗？肯定是通天去了。

没办法不信。

铁木真把蒙力克老爸叫来，对他说："你的儿子阔阔出，自称通天巫，不仅敢于仗着这个职业打我弟弟，还离间我们兄弟之情，害得我差点稀里糊涂要杀掉我的兄弟。现在连神仙也怪他了，把他的生命和灵魂都一起收走了。你这个父亲很失败，生了七个儿子，从不管教他们，使他们嚣张到这个地步。这次就算了，不追究你的什么责任。以后要小心了。"

到了这个时候，蒙力克一家才知道，真正代表神仙的不是阔阔出，而是铁木真。神仙也是亲近权力的。于是，他们都夹起尾巴做人了。

差点乱了套的内部，终于稳定了起来。

很多人都以为，铁木真该杀向南方，直取金国，为俺巴孩汗报仇了。

可铁木真只是愤怒地向大金国方向看了一眼，仍然继续派使者给金国进贡，履行二层机构的职责。

铁木真对"瘦死的骆驼比马大"这句话的理解比谁都透彻。他虽然号称身经百战，经过改成经历，规模一点不算巨大，跟中原那些战例一比，根本就不在一个层面上。况且，他现在的装备，肯定落后金国不止一代。所以，还不能轻易挑起与金国的矛盾。

但必须找个对手来练练，让蒙古战士有个适应过程。

铁木真把目光沿着蒙古国的边境线一扫，立马找到了一个理想的对手。

打了西夏一把

西夏！

对，就是西夏。

这个党项族政权，成立历史几乎跟宋朝一样长久，比金国要长多了。而且这个帝国曾经与宋朝打过，跟辽国打过，又跟金国做邻居。国力虽然很弱，但能支撑到现在却没有倒下，是典型的腐而不朽的政权。

此时，西夏的老大叫李安全。

李安全本来不是法定接班人。他的老爸叫李仁友，是当朝御弟。李仁友死后，李安全就去找西夏桓宗李纯佑，说他老爸已经死了，越王的位子可以由他来继承吧？可是李纯佑认为李安全的人品太差，就不同意，说你爸当年是靠粉碎任得敬才加封越王的。你现在什么功劳都没有，想接替老爸当上越王，这是不可以的。于是把他降封为镇夷郡王。

李安全很生气。当然，他也只能把这个愤怒压在心底，一点儿没有爆发出来。后来，他知道走李纯佑的门路不通，就走罗太后的门路。罗太后是李纯佑的老妈，这个老妈其实还不老，两人很快就把君臣关系发展成男女关系。

男女关系是世界上最难说的关系之一。只要攀上这个关系，其他关系基本都不算关系了，哪怕是母子关系。

罗太后看到李安全还想当皇帝，居然满口答应帮他实现这个伟大理想。这时，西夏的国力已经弱不禁风了，基本是哪个国家都可以欺负一下。因此，自李纯佑的老爸起，就制定了一个政策，当大金的附庸国，让大金做他们的靠山。李纯佑也按这个既定方针办。他的人品还不错，但能力比他的老爸要差得多。在政治场上混的人，即便人品好但能力平庸，依旧逃不掉失败的结局。何况是他老妈在玩他。

于是，罗太后和李安全内外联手，很轻松地搞定了李纯佑，使他直接从现任皇帝变成废帝，然后把权力拿在自己的手中，把李纯佑关进了笼子里。

李安全当政的第一个改革，就是全面革掉夏金关系，坚决反对金国。这口号喊起来很热血沸腾，可要实现是需要国力来支撑的。前些年，也就是李纯佑还当政时，铁木真在追剿乃蛮时，就曾悍然进入西夏的土地，然后大掠而去。铁木真当时就已经有了征西夏的想法。他看到这次偶然进入西夏的势力范围，西夏什么也没有做，就又试探了一次。这一次，西夏虽然有所反应，但派出的部队太业余，禁不住蒙古骑兵的打击，又让铁木真大掠一次。

你想想，以这样的国力敢跟金国叫板，能做出什么来？

铁木真本来对夏金联盟还是很顾忌的。

现在看到这个李安全只想自己当皇帝，却一点也不顾帝国的安全，心中大喜。而更让铁木真兴奋的是，金国那边的金章宗完颜璟死了。

如果在一个正常的国家里，一个皇帝死了，另一个皇帝继续掌权，也是很正常的事。可对于现在的金国来说，皇帝换届却是一件十分不幸的事。金章宗的智商并不低，但他也是个很奢侈的皇帝，好大做面子工程，觉得堂堂大金帝国皇帝住的这个宫殿也太陈旧了，于是就下令再装修。光绣工就运用了一千二百多人，两年多才完工。官员的编制也越来越多。于是国库里的钱越来越少，再加上黄河和蝗虫同时泛滥。大臣们说，陛下，财政没钱了。

于是，金章宗搞了个金融改革，制印交钞。交钞是什么？就是纸币。造币厂加班加点印了大量的纸钞，投放市场。金章宗带领一群贪官污吏在那里看，只等这批钞票发行下去，老百姓手里的钱就被稀释，释出来的钱就全部进了国库和贪官们的腰包。

哪知，老百姓也不蠢。他们看到这个纸币一天比一天贬值，就提高了警惕性，做交易时，不再接受纸币。大金国这才知道，民间也有高手。

帝国到了这个地步，你想想，国力还有多强？即使看上去还很强，那也只是虚有其表。只是当时，没多少人看得出。

可当金章宗死后，铁木真就看出来了。

当然，铁木真并没有派出考察团深入金国进行全面考察，而是从他们换上来的皇帝身上看出的。

完颜璟死的时候不到四十一岁，虽然后宫的女性很多，他宠幸的美女也不少，生了六个儿子，但这些儿子的存活率为零。因此，在即将宣布永远告别这个世界时，他还没有准备好一个接班人。

按一般情况，皇帝没有儿子，就会从宗室那里选一个继子，让这个继子来当继承人。可完颜璟因为自己没有儿子，总觉得他的那帮兄弟都在死盯着他的位子，心里很不爽，向来“疏忌宗室”。直到他病重的时候，才决定让他的叔叔卫王完颜永济来接他的班。

他把权力交给完颜永济的理由居然是“柔弱，鲜智能”。

那天，他病得很重，完颜永济过来看他，看完之后，准备告辞回去。他还撑起病体跟永济叔叔玩击球，一边玩一边说：“你现在这么急着离开，难道连皇帝也不想当了？”他的原话是：“叔王不欲做主人，遽欲去耶？”

永济叔叔还没有反应，在旁边看他们击球的李元妃就说：“陛下啊，这话可不能乱说啊。”

完颜璟很快就用事实表明，他这话不是乱说的。

完颜璟的病很快加重了，大家一看那个样子，都知道他肯定活不过几天。于是，就都关心起接班人的事来了。李元妃觉得这个永济叔叔也不错，那么没有水平，好控制，就派潘守恒把永济叔叔请来。潘守恒说：“此大事，当与大臣议。”

请谁好？那就请完颜匡吧。他既是宗室，又曾是金显宗的侍读，还打过仗，要年纪有年纪，要资格有资格，要功劳有功劳，要级别有级别——现在他是平章政事。

完颜匡很快就来了。

这个完颜匡看起来好像很德高望重，可到了这时，也夹带着严重的私心。如果让有水平的人当，自己权力不就削弱了。由这样的蠢材来当皇帝，自己有能力，又有拥立之功，以后大金帝国的权力还不都掌握在自己的手中？因此很爽快地说，对啊，皇帝选人选得太正确了。我坚决拥护永济叔叔的领导。

于是，在座的都一致同意，让完颜永济当接班人。

没几天，完颜璟就驾崩了。

完颜璟在即将死的时候，留下一个遗诏："皇叔卫王即皇帝位。"然后还作了一个补充说明："朕内人见有妊娠者两位，如其中有男，当立为诸贰，皆男，则择可立者立之。"于是，完颜永济接过了金国皇帝的权力大棒，并派使者到各国去通报。

前些年，铁木真曾到金国的首都献贡品，接待他的就是这个完颜永济。铁木真跟他一打交道，就觉得这家伙太没水平了。完颜永济即位后，立刻派人去向铁木真宣布金国已经有了新皇帝，请铁木真大汗拜受诏书。铁木真问："新君为谁？"

答："卫王也！"

铁木真一听，大声说："我原来以为中原皇帝都是天上派来的，哪知道是这个没水平、没人品的家伙。哈哈，这样的人也值得去拜他？"他的原话是："我谓中原皇帝乃天上人，此等庸懦，亦为之耶？何以拜为？"

那个使者还在那里发呆，铁木真已经策马而去。

完颜永济一听，立刻大怒。可大怒之后，却没有办法。当年金国那么牛，派出金兀术，收拾了不少的蒙古部落，现在他能打铁木真吗？他不敢打，就想出了一个诡计：等铁木真再来进贡时，就杀掉他。哪知，铁木真虽然豪爽，可不是笨蛋，从来不做把自己送到人家砧板上的事。完颜永济的这个锦囊妙计就藏在了锦囊之中，永远得不到实施。

铁木真知道，金国有这样的皇帝，根本就不用怕他们了，自己可以放心去打西夏了。

于是，他高调宣布对西夏采取军事行动，然后带着蒙古大军出黑水城，强攻翰孩罗城。

李安全听说蒙古大军杀来了，便派他的儿子李承祯为元帅，大都督府令公高逸为副元帅，带五万部队去迎战。双方在斡孩罗城大战。结果铁木真大破西夏军，高逸在战场上被蒙古军活捉，最后被杀。李承祯看到高逸都死了，自己还能干什么？就连夜打开城门，逃得无影无踪。其他人看到副帅已死，主帅又逃跑，哪还有斗志？铁木真又猛打一阵，城门就被打开，蒙古铁骑蜂拥而入，占领了斡孩罗城，俘获了大批西夏的军队，西夏太傅西壁讹答也在被俘名单之中。

铁木真虽经苦战才夺得斡孩罗城，但他仍然没有停住前进的脚步，继续向前猛打，一直打到克夷门。只要打通这个关隘，西夏的首都中兴府就攻克在望。

克夷门十分险要，关外两山对峙，仅有一条路可以直达，两旁的山都是绝壁，谁也攀登不了。李安全派嵬名令公率兵五万过来迎战。嵬名令公一到战场，还真把蒙古兵打败了一场。但铁木真没有退兵，在关外设帐，继续围城。嵬名令公看到蒙古兵在关外连营，也不闲着，不断趁夜出来偷袭，对蒙古兵的杀伤力还是很大的，弄得铁木真很头疼，他知道再这样对峙下去或者野蛮强攻，是永远都攻不破这个关隘的。于是，他想了一个计策，在关口设下埋伏，如果能一举擒获带队将军，关内的敌人不丧胆才怪呢。

于是，铁木真亲自选好地方，下令博尔术、木华黎、哲别、速不台在那个地方设下帐篷。白天让士兵们进进出出，然后派赤老温等带兵躲到靠近克夷门的林子里监控敌情，如果夜里嵬名令公带头前来，就发暗号。

嵬名令公跟往日一样，密切关注着蒙古军的动向，看到蒙古军移营别驻，就以为铁木真被自己偷袭怕了，要远离自己了。他下令大家好好休息，半夜继续偷袭。

在他准备出发的时候，蒙古兵已经悄悄地撤离帐篷，到指定的位置做好埋伏。

赤老温终于发来了信号。

西夏最能打的将军嵬名令公已带着西夏偷袭部队又来骚扰了。

月黑风高，正是夜袭的大好时机。

西夏夜袭部队紧握着大刀，急步向前。大刀在黑暗中偶尔泛出幽灵般的亮光。

埋伏部队都屏住气息。

嵬名令公看到蒙古帐中依然一片寂静，跟往常一样，不由心中大喜，带人冲进了帐篷，一声令下：杀！

哪知，大家举着大刀杀进帐篷的时候，帐篷里面只有空气。

所有人立刻知道，中计了！

嵬名令公脸色大变，正要下令退兵。但铁木真能让他们退出吗？但闻铁木真一声令下，火光冲天而起，伏兵从四面杀出。西夏兵四处溃散，黑暗中到处乱逃，统统成为蒙古兵屠杀的对象。嵬名令公一阵左冲右突，但不管他冲到哪里，都被蒙古兵死死围住，最后累倒在地，被人家活捉。他与成吉思汗对峙近两个月，先是打赢了一仗，然后连续偷袭成功，最后一次，还老取笑敌人不吸取教训，脑子不会变通。其实，他脑袋的僵化程度也不比人家差。一个军事指挥官，在一个地方，跟同一个敌人对垒，居然把一种战术连续使用几十次，他不打败，那只能说明对方全是笨蛋。

铁木真拿下嵬名令公之后，连夜攻击克夷门。克夷门里的守兵还以为是嵬名令公大人得胜回来了呢，一点没有提防。铁木真就这样攻占克夷门。

西夏首都中兴城已经完全暴露在铁木真的面前。

铁木真长鞭一指，蒙古大军迅速围住中兴府，拼命攻打。

李安全一看，蒙古兵怎么连克夷门都攻破了？不是说克夷门易守难攻吗？不是说嵬名令公很能打吗？现在为什么全都无效了？

没人再帮他回答为什么，他也没时间研究这个问题了。现在他必须面对铁木真大军的攻击。中兴府是首都，首都一失，基本可以宣布亡国了。以前宋朝的首都被金国占领，他们还可以另建个首都。那是因为大宋幅员辽阔，丢了一大半河山，还有一大半领土。可西夏就这点地皮，再被强攻几下，就无处可逃了。

李安全这时才知道，李仁孝的外交政策虽然看起来窝囊，但还是多了一层保险。

他一面派人去调全国的兵马赶来首都，保家卫国，另一面派人去向金国认错，保证以后做金国的附庸国。如果是别人当金国皇帝，接到这封信后，肯定会召集大臣们来开个大会，认真商讨一下，把蒙古国的发展史拿来好好研究一番，会很快得出结论，这个新兴的大国虽然文明程度还很低，但战斗力实在太强了。如果不认真对待，只怕他们拿下西夏之后，国力就会迅速强盛起来，战斗力更会大大增长。到时，他们就会面对一个难以制服的蒙古国了。可现在金国的国家元首是完颜永济，他只想到李安全前段时间坚决跟他们断绝外交关系的事。完颜永济说："敌人相攻，我国之福也，何患焉？"

这话好像很有道理。其实，也只是好像有道理而已。

李安全眼巴巴地站在城头上，等金国老大哥的大军，可最后却等来了金国不出兵的消息。他真的想哭，但他能哭吗？哭能解决问题吗？

铁木真指挥大军，不断向中兴城猛攻，但这座都城的质量实在过硬，加上蒙古军攻城的经验还不丰富，虽然每天按时出工，但仍然不能攻下来。铁木真看到城墙太过坚固，如果屯兵坚城搞得太久，局势会变得越来越不利。况且西夏已派使臣到金国求援。尽管那个完颜永济是个蠢材，但要是某个大臣突然把他说服，然后派兵前来，跟西夏兵把他夹击一顿，估计这辈子就不用回到蒙古大草原了。

他到城外巡视了一遍，发现那里有一条河。于是，他果断地下令，掘开河防，水淹中兴城！

铁木真只看到河里有水，却没有看过，河水出来之后，到底先淹到谁。

挖河防的部队工作效率很高，接到任务之后不用半天就把河防全面决开，大水奔腾而来。可大水并没有冲进城里，而是先把城外的蒙古帐篷淹没了。蒙古人眼看滔滔洪水冲过来，都傻眼了。

铁木真只得下令撤围。

铁木真虽然挖河淹了自己的部队，但他仍然看不起李安全，他撤围之后，并没有马上离开，而是派人进城去，要求李安全马上投降。如果不投降，等水退了，他们继续攻城。

如果是别人，肯定不会怕铁木真，他远离根据地，能挺到现在已经不错了，再经过一场自造的水灾，士气基本大挫了，而各地的兵马也差不多赶到，铁木真还能坚持下去才怪。

但李安全除了会发动政变之外，没有别的水平，眼看敌人主动前来讲和，哪能放过机会，不但满口答应铁木真的讲和条件，还自觉附加一个条款：把他的女儿也送给铁木真。

铁木真一看，胆小鬼真好对付。于是，他爽快地答应撤军。其实，他已经没有办法待下去了。如果硬撑下去，只怕他就得拿出女儿去摆平人家了。他不但撤了部队，还把嵬名令公等俘虏放了回去。不过，人可以放，但马牛羊之类是不能放的，而且一边撤退一边掳掠。

李安全看到蒙古大军带着他的女儿潮水般地退出，最后只剩下滚滚烟尘，这才感到真的安全了。李安全没办法恨铁木真，就恨金国。你们要是来支援一下，我们能有这么被动吗？这都是你们见死不救造成的。

他越想越气，宣布向金国进攻。

金国的一场宫廷政变

李安全很恨金国，可现在完颜永济却还在忙于巩固他的权力。

大家知道完颜璟临终时还在遗诏里强调，贾妃和范妃已有身孕，如果她们生了男孩，以后永济叔叔就把皇位交给他们。完颜璟很天真地以为，完颜永济是个无能的家伙，所以，他会没有胆量和能力反对他的这个遗诏，因此，才放心把权力交给他，让他过渡一下，然后又回到他那两个胎儿的手中。

完颜璟只看到他这个叔叔“鲜智能和柔弱”，却没有想到，在权力面前，蠢材也能变得残忍。何况，完颜永济并不是智障人士，他只不过是智商不高而已，对权力的迷恋程度却一点儿不低，一旦掌权，首先要搞的就是铲除对自己有威胁的人。

完颜永济的年号叫大安。他看不起李安全，其实他也不比李安全强多少，当上皇帝之后，也怕自己的位子不保，年号也搞了个“大安”。当然，他现在觉得对他造成最大威胁的不是宋朝，更不是西夏和蒙古，而是完颜璟的那两个遗腹子。在他改元没几天后，就叫他的两个死党布萨端和孙即康上了个奏折，宣称：先帝曾宣布他与贾氏同居了很多天，而且还宣布贾氏已经怀孕。按时间推算，贾氏的预产期是十一月。可现在已经过了三个月，还不见生产。先帝还宣布跟范氏同居过，范氏同样怀孕了，预产期应当在正月。可医生去检查时，却说胎儿已经消失了。现在范氏要求削发为尼。请陛下批准！

他当然批准。他不但批准，而且还把这事向全国人民通报。让大家知道，先帝的胎儿已经完全消失了，然后就宣布封自己的六个儿子为亲王。

搞定了两个胎儿，他仍然觉得安全系数不够。

于是，那个李元妃和李新喜就跟着倒霉了。

李元妃是完颜璟的宠妃，虽然也看不起永济叔叔，但因为私心作怪，以为立了这么一个性格软弱、能力平平的叔叔当皇帝，自己就可以弄权了。那个李新喜也只是个黄门，那天，完颜璟写遗诏时，他正好在现场。他也跟李元妃一样，都力挺完颜永济当皇帝，不管如何，等这个傻瓜当第一把手后，肯定会感激自己的拥立之功，然后会分点权力给自己支配。

哪知，完颜永济拿到大权后，最先看不顺眼的就是他们两个。

他不断地暗示大家可以弹劾李新喜。大臣们有的说，李新喜罪该万死。有的说，他是先帝最信任的人，要杀也得考虑影响。

搞得他很郁闷。

在完颜永济搞这些动作时，完颜匡一直在旁边观察，他确定完颜永济决心搞定李元妃后，决定配合完颜永济的工作。他当初也跟李新喜他们一样，都是完颜永济最坚定的力挺者，而且动机更没一点区别。他一天到晚最怕的就是完颜永济会被李元妃和李新喜控制，那他抢到的权力就没有多少了，得把这两个家伙除掉。

于是，两人加快合作的步伐，加班加点，准备黑材料，然后把这些黑材料向大家公开：先帝本来没有继承人，但李元妃和她的老妈王盼儿以及李新喜却偷偷密谋，然后教唆贾氏，让她称自己有了皇帝的龙种。等预产期一到，就到李家去取个小孩来冒名顶替。如果产期不符，就找别的孩子来顶替。先帝去世了，他们的阴谋最终没有得逞。这是第一个罪状。还有一个罪状就是，大家知道先帝为什么经常跟不同的人睡觉，而到现在都没有儿子吗？是因为李元妃嫉妒别人，怕别人生儿子，就请女巫李定奴来作法，让我们伟大的章宗皇帝永远没有子嗣。现在事情已经彻底暴露。有关部门审问，他们已经供认不讳。

即使是一条罪状，也都够杀几次了，何况两条加在一起？于是，完颜永济大声宣布：

如果按相关法律量刑，李元妃应押赴刑场砍头。现在看在先帝的分上，让她自己处理自己吧。李新喜、王盼儿两人都拉下去斩立决。

这么一折腾，最后那几个在指定接班人现场的人，就只剩下完颜匡一个人了。完颜匡不是李元妃，完颜永济想动他就比较困难了。他下令，任命完颜匡为尚书令，大大地提拔了一下。

完颜匡很爽，觉得自己做得太对了。哪知，他还没爽多久就死掉了。

势如破竹

金国内部还在忙着进行权力洗牌，那边李安全已经发兵前来了。

我们无法猜测李安全究竟凭什么敢于派兵出来跟金国叫板。尽管金国现在内部很乱，但也不比他们更乱，而且金国的实力还摆在那里，他们则刚刚被蒙古大军围剿得差点儿完蛋了，他居然在这个时候也敢出兵。

这样的人能打胜仗吗？他跟金兵一接触，就被人家“大破之”。可他不服，又组织部队继续开打。这一次，金国内部既没有得力的牛人，西夏高层更没有哪个有点战略眼光的人出来制止。于是，两国你来我往，战争居然成为新常态。其结果是，两个国家的精锐就这样不断地消耗。

铁木真知道后，十分高兴。他本来最怕的就是金夏两国结盟。现在很好，他们这样长期处于战争状态，让他成为传说的渔翁。不过，没几天他就当不成渔翁了。

因为李安全打不过金国，就派人来跟他商量合作打金国的事情。他怕铁木真不出兵，还送了很多物资给这个女婿。

铁木真一听，要得。本来他是不敢贸然对金国出兵的，但看到金国这么个庞然大物跟西夏打来打去，虽然经常取胜，可到现在还没有拿到一场决定性的胜利，金国虽然看起来很大，但只是虚胖而已。

1211年，铁木真正式宣布伐金，为俺巴孩汗报仇。

他派哲别为先锋，向长城一带进发。

此前，金国北方守将纳哈塔迈珠对蒙古是很警惕的，他常常派人到蒙古那里侦察，看到蒙古人正全民动员，大造兵器，做着大量的战前准备工作后，便在第一时间里跑到首都，向完颜永济报告：蒙古人准备来打我们了。

完颜永济一听，说："你说别人来打，我信。可是你说蒙古人来，我就不信了。他们就那些实力，能打出什么来？何况我们又没招惹他。他凭什么来打我们？"

纳哈塔迈珠说："现在他们大规模制造武器，所有部落都在集结，西夏又把公主嫁给他。而且还命令凡是出征的男人都要乘车，这是在节省民力啊。他不想攻打我国，用得着这么做吗？"

完颜永济看到他居然还争辩，就把他关了起来。于是，纳哈塔迈珠立刻从北疆守将变成了囚犯。

当然，现在最危险的还不是纳哈塔迈珠，而是金国北方的守兵。他们正在修建工事，但哲别的大军已经杀了过来，对金国守兵大杀一场，然后继续东进，扩大战果。

金国北方守兵，已经很多年没有打仗了。突然看到蒙古大军杀气腾腾而来，都是惧怕无比。各种谣言也随之泛滥。最后，完颜永济也怕了起来，宣布中都戒严，而且每天到城中巡视。没几天，他接到情报，蒙古并没有大规模出动，而只是一小股部队出来骚扰而已。他这才回朝上班。完颜永济虽然没有水平，心狠手毒，做事窝囊，但很要面子，回去后签发的第一份文件，就是坚决禁止老百姓议论边关的事。

金国人不能议论，但哲别却不因为金国人不议论了就叫停进攻的步伐。

哲别继续进兵。

目标是兴中府。

此前，兴中府的第一把手移剌福僧，事先修筑好工事。眼看蒙古大军来了，他就到北城督战。哲别看到北城难下，突然带着部队向西城突击。哪知哲别想到的，移剌福僧也想到了，早就在这里埋伏了一支军队，等蒙古兵出现时，箭如飞蝗。哲别本来想打人家一个措手不及，最后自己反而被打得措手不及，知道这个地方真的不好打，就果断撤兵而去。反正是骑兵，机动性强，这里不好打，就找别的地方。

离兴中府不远的安国军节度使贾益听说移剌福僧这一招儿很有效，也急忙拿来学习，加班加点，修补城防工事。刚刚完工，蒙古兵果然又来了，最后也同样撤军。

从这些战例中可以知道，此时的蒙古兵攻城的技术还很嫩。往时拿下一些小城，比如西夏的那些小城，基本靠包围。拿下克夷门，是把敌人诱出关外，一举消灭的。攻打西夏首都时，对手是李安全那样的笨蛋，也基本束手无策。现在对金国的两个边关小城，也同样攻不下。

当然，铁木真不会因为受到这些小挫折，就全军撤回。这不是他的风格。这些只是试探性的攻击，是战术性的撤围，然后是到处奔跑，去找敌人的软肋。他坚信，只要他努力找，就能找到。有完颜永济这样的皇帝存在，就会有很多软肋存在。

这一次，成吉思汗向大金帝国的野狐岭大步而来。

金国的大将鼎苏带着一大批部队在那里驻扎。金国上下一致认为，这么多军队挡住蒙古兵肯定没问题。成吉思汗也派侦察人员去察看。侦察人员很快回来报告：鼎苏的兵员很多，但整个军营死气沉沉，军马都很少跑动。

成吉思汗一听，原来是一群没有士气的大军。这样的军队人数再众多，也是没战斗力的。于是，下令前进。

双方一接触，鼎苏大败。铁木真一口气占领大水泺、丰利两地。

完颜永济接到战报后，立马慌乱，这才知道，纳哈塔迈珠说得真不错。蒙古兵是说来就来，并非不让老百姓议论了就不来的。他这时倒很有认错的态度，立刻释放了纳哈塔迈珠。然后派人去找铁木真求和。

铁木真不同意。

完颜永济想不通，为什么李安全求和那么顺利，自己的求和就这么困难？他只得召集大家，进行了战争动员，部署抗蒙的事宜。

他下令平章政事独吉思忠以及参知政事完颜承裕在抚州主持行政事务，西京留守胡沙虎行枢密院事，负责军事事宜，带领主力部队，防御蒙古军队。

独吉思忠第一件事就是向伊喇福僧学习，拼命加固界壕，打造防御性工事。他到边界一看，这一带的界壕整整有三百多里，虽然有城墙，但没有副墙，于是，当场组织全部军民修补界墙。他以为只要把这条界壕修好，蒙古军就进不来了。这项规模巨大的工程，共有七十五万人投入，搞得边界那里劳动的号角响彻云霄。

他在验收这个工程时，心里很高兴。却没有想到，工程虽然预期验收，几十万军队的士气已直线跌落。

当他满足于这个工程的顺利完工时，铁木真带着大军已到城墙边了。

铁木真看了看城墙，延绵三百里啊，大国果然是制造奇迹的国度。看起来，要突破这个城墙，还真不容易。可在耶律阿哈看来，这个三百里防线拿来当政绩工程是很可观的，但要拦住蒙古大军，那是在开玩笑。耶律阿哈原来是金国的员工，被当成使者派往蒙古。他本来就是辽国贵族的后代，向来仇恨金国。当他作为金国访蒙代表团团长来到铁木真大帐下，受到铁木真的接见时，觉得铁木真“姿貌异常”，直接把金国的情报免费提供给了成吉思汗。耶律阿哈不但通晓多国语言，而且还精通骑射，要文得文，要武得武。铁木真跟他一谈，不由脑洞大开，认为这样的人是真正的人才。见他居然主动投靠自己，还真有点不相信，问他要不要跟自己干，愿意的话又能用什么来保证呢？

耶律阿哈说："愿以子弟为质。"

没几天，耶律阿哈把他的弟弟耶律图哈叫了过来。铁木真觉得这个图哈也不差，便说："你不用当人质了，当我警卫吧。以后阿哈就加入我们的会议，直接参与决策。"

金国高层做梦也没有想到，他们派出的使者，居然当了对方的高层，都一致大怒，把耶律阿哈的家属全部关起来。

但耶律阿哈早有思想准备，丝毫不为所动。铁木真一看，就让贵臣把一个女儿嫁给他。然后让他充当哲别的先锋，向南去打金国。他带着轻骑兵，很快就抵达了乌舍堡。

当金国边防指挥官独吉思忠和完颜承裕还在庆祝乌舍堡工程顺利竣工、即将成为阻击蒙古侵略的有力保障时，他们的昔日同事耶律阿哈已经骑着高头大马出现在离他们不远的地方。他们这才知道，工程是顺利完工了，可还没有布置防线啊。哪想到敌人的骑兵来得这么快。

独吉思忠只得带领大家应战，结果毫无悬念地吃了大败仗。

哲别一口气拿下了乌舍堡和乌云营，蜂拥进入界墙之内。三百里防御工事被宣布全面泡汤。

完颜永济看到情报后，大吃一惊，不是说只要砌好工事，就可以挡住蒙古兵吗？怎么工事做好了，仍然挡不住？下一步该怎么办啊。

他还没有想到下一步，又有人进来报：郭宝玉投降蒙古了。

完颜永济气得差点下令把郭宝玉拉下去砍了，可现在他能砍郭宝玉吗？

现在是郭宝玉正不断带着铁木真的铁骑南下，一路杀来，已经毫不费力地拿下了白登城，正向西京狂奔。

蒙古军队这时发扬连续作战的作风，到了西京城外，也不休息一下，直接就展开攻城活动。金国西京第一把手就是胡沙虎。他刚开始倒也用心守城。但蒙古军连续猛攻七天之后，胡沙虎终于彻底失望，带着一百多死党冲出包围圈，丢下西京，逃跑了。铁木真派三千人紧紧地追杀，再把他打了个满地找牙。

从乌舍堡前线完败下来的完颜承裕逃到翠屏山。

蒙古军追到翠屏山。

完颜承裕只得再逃，逃到宣平县。

当时，宣平县有一批地方武装。这些地方武装的老大纷纷请完颜承裕不要怕，再组织起来，他们愿当先锋，然后让政府军作后援，完全可以跟蒙古军大打一场。这本是个好主意。但完颜承裕听到这个主意之后，并没有采纳，而是问从这里到宣德有没有小路可走？

大家一听，这个完颜承裕现在脑子里想的全是逃跑二字，你跟他说打仗，他跟你说逃跑。当场对他说："这条道路曲曲折折，我们是熟悉的。不知道老大是想利用这条路来抗击蒙古侵略军，还是想利用它来逃跑。"

如果在平时，完颜承裕肯定大怒，把这些敢拿他开涮的人拉下去砍了再说。但现在他觉得连逃命的时间都不够了——蒙古骑兵真的太快了。他连夜从小路逃跑。

蒙古兵则跟着他的脚印追击而来。

完颜承裕一路收拾残兵，外加那些民兵武装，身边这才又有一群手下。可跑到会河堡时，蒙古兵又追了上来，再次把他打得大败。

幸亏他的目的地宣德离此不远，他顺利逃进了宣德城。

在完颜承裕逃进宣德城后不久，木华黎的大军已经开到城外，还顺势攻克德兴。完颜承裕万万没有想到，蒙古军的速度真的太快了，他一路逃跑，从没歇过，还是差点逃不出生天。现在自己才进城，还没有喘过气来，人家便已经在城外叫板了。

完颜承裕开始以为，逃到宣德府就要安全了。哪知，还是不安全。现在只要看到蒙古兵，他就觉得不安全。

完颜承裕再次逃跑。宣德被蒙古拿下。

铁木真率领蒙古军逼近居庸关。金国重兵都布置在山岭之上。

铁木真令哲别进攻居庸关。他对哲别说，敌军都在山上，我们难以仰攻，当采取狗斗之法引诱他们出来，再消灭他们。

哲别引军来到时，果然看到漫山遍野都是金军，便立即下令撤退。

山上的金兵看到蒙古兵撤退时，都以为蒙古兵也怕了。于是，漫山遍野的金兵追了过来，追到宣德府的山嘴时，哲别突然一声令下，当先拨转马头，向金兵猛冲。

金兵料不到蒙古兵居然能在逃跑的时候，突然转身反扑，都大吃一惊。一时间，蒙古军如狼似虎，对着发呆的金兵大砍大杀。

金兵只好又转头而逃。

哲别在后面追杀。你可以想象一下，一群两条腿的士兵被一群骑兵追杀的场面，那是何等的惨烈。雪亮的马刀，此起彼伏；铁蹄之下，金国的士兵狂呼号叫，尸积如山。

适才追击别人，转眼之间，攻守易势，变成被别人追击起来。

更要命的是，铁木真又率中军杀到，与哲别部会合，声势更加浩大，一路对金兵纵横绞杀，一直冲到居庸关前。

此时，居庸关上的金兵向北而望，蒙古铁骑滚滚而来，狂风呼啸之中，旌旗猎猎，满鼻子都是血腥之气。而地面上，尸体都像积木一样堆着。他们都是自己的战友啊。

居庸关上的守军，集体胆寒！

哲别发动进攻，金兵再无心恋战，谁也没有接到命令，但从上到下，都自觉执行起逃跑政策。

哲别攻进关口，居庸关被铁木真牢牢控制。

哲别并没有在居庸关上休整，而是在金兵后面衔尾追击，夺取要塞，为下一步进攻中都打开了道路。

消息传到中都，完颜永济立即宣布戒严。

这时蒙古军更加信心满满。估计连成吉思汗也没有想到，向金国发动的军事行动，进展速度竟然如此神速，几乎不用打多少大仗，就把大金帝国的几十万部队全部消灭了。此时，金军已经难以组织大规模的兵团来阻击蒙古兵了。

铁木真把自己的大营安扎在龙虎台，直接把进攻的目标确定为中都。他派出部下攻击附近的各个城市，侦骑四面活动。有时会有一队蒙古骑兵突然出现在中都城外，让完颜永济紧张得想哭。

他立刻组织了五千近卫军，准备让这支部队保护他逃向南京。幸亏蒙古的侦察小分队经验不足，问了几个村民中都有多少军队。

那几个村民就骗他们说有二十万。

于是，他们就回去。如果他们的队伍稍微庞大点，指挥官胆子再大一点，不计后果地向中都发动进攻，估计完颜永济根本就不想抵抗，而是带着他的家属直接南逃而去。

完颜永济看到蒙古骑兵离开后，这才宣布取消南逃的计划。大家继续生活吧。

有“带路党”真好

在金国有气无力地继续生活时，木华黎把郭宝玉带到铁木真的帐下。

铁木真在决定向金国展开军事行动时，估计也只是想报大仇，彰显一下草原汉子有仇必报的性格而已。可随着战局的顺利超乎想象，他那投向南方的目光就越来越长了。金国的南方，就是宋朝。铁木真虽然在北方打完这个部落又收那个部落，打了西夏又打金国，但还没跟宋朝打过交道。但他也知道，这些年来，宋朝在跟金国的交战中，基本都处于下风。南宋好不容易组织了一次“开禧北伐”，结果演变成“泰和南下”，从四川到江淮防线，弄得一团糟。韩侂胄在朝中也被史无前例地孤立起来。最后，杨皇后和史弥远决定把这个家伙往死里打。几个人一阵密谋之后，制定出了行动方案：趁韩侂胄上朝时，对他进行一次突然袭击。韩侂胄虽然近来日子不好过，但仍然大权在握，从没有想到谁敢对他下手。所以，他并没有防备，竟然被对方抓到玉津园的夹墙内打死。他们打死韩侂胄后，这才向宁宗报告。宁宗也没有办法。南宋北伐失败后，大臣们又都主张议和，打不过，就只好主张和平了。金国虽然对蒙古没有办法，可一接到南宋的议和申请书，就很有优越感，说议和可以，但必须把破坏和平的罪魁祸首韩侂胄和苏师坦的脑袋送过来，外加一大批岁贡。史弥远一一照办。于是，金兵从侵占的地皮上退回。

而宋朝的大权又从极端的主战派直接交到投降派手里。

这样的国际形势，对蒙古国而言，确实是形势大好。

铁木真已经把宋朝加入征战的考虑范围内，而宋朝到现在对蒙古基本还没有个全面的了解。

当然，铁木真对南宋也没有什么了解，但他相信，他很快就能了解到的。此时，他工作的重中之重是先拿下金国。

铁木真跟郭宝玉见面问他的第一个问题，不是如何攻打金国，而是把问题放到更大：夺取中原之策！

这个问题一抛出，意味着成吉思汗战略思想的高度已经从草原游牧时代的思想提高了很多。也许很多人都认为，这个中原其实是指金国，但此前，蒙古称金时，基本都用“汉地”和“金国”这两个概念。现在铁木真把这个概念改成中原，其内涵就丰富多了。

郭宝玉的对答很简单：“中原实力看起来很虚弱，但内在力量很强大，千万不可小看。所以，还必须联合其他力量，才能顺利完成夺取中原这个任务。西南部的那些少数民族都是可以利用的对象。这些人作战很勇敢，如果能把他们全部收编，打下金国肯定没有问题。”最后，郭宝玉还向成吉思汗说：“大汗既然已经宣布建国，可到现在没有颁布过什么新的法令。这显然还停留在部落格局上，跟国家这个概念还不匹配。”

铁木真这时才知道，建国还要有很多文章要做，而不是会打仗就可以当老大的。

铁木真得到郭宝玉这些人才，他很高兴。他就想不通，为什么金国有这样的人才，最后却弱到这个地步？从开战到现在，基本就保持着挨打的局面。这些人向他提出的这些建议，都是好建议啊。

是的，都是好建议。这些人为什么在金国就提不出好建议？答案很简单：金国皇帝只听不好的建议。

其实，此前还是有很多人向完颜永济提出不错的建议的。

在铁木真开始南下攻金时，金国的上京留守徒单镒就曾上疏，向完颜永济作了很到位的分析：自从我国与蒙古国开战以来，蒙古兵都是集中在一起展开行动，而我们的部队都分散在各处，而且采取的都是消极防守的战术。人家集中兵力对咱们的部队各个击破，我们当然只得不断地失败了。所以，我们必须收缩战线，把全国的兵力都集中起来，保卫大城，全力对付蒙古的入侵。特别是昌、桓、抚三州，向来是咱们大金帝国最富有的地方，三个州的老百姓又都勇敢善战。因此，我们一时之间挡不住蒙古大军，就必须先把这三个州的老百姓都迁往内地。一来增加兵势，二来保住了我们的财富。否则，等蒙古兵杀来，这三个州的人和财都会变成蒙古人的东西。后果不堪设想啊。

完颜永济问大家，这个建议可行吗？

参政梁镗一听，立刻反驳："这是什么建议？这是自己压缩自己疆土的建议。大金帝国每一寸土地都是神圣不可侵犯的。本人强烈反对这个建议。"

完颜永济大声说："我同意你的这个建议。"

徒单镒还不消停，又说："还有辽东，那里可是大金帝国的发祥地，是国运的根本所在，是最神圣的地方。而它却远离中都数千里，如果被敌人进攻，各州的官员级别一样，谁也管不着谁，每次开战都得打个报告到中央来，就会把大事误了。所以，可以考虑在那里设个行省，统一管理协调那个地方。"

完颜永济就生气起来："毫无理由地搞个行省，除了多个庞大的官僚机构外，就是动摇人心。"

徒单镒弄了个灰头土脸，果然回去认真反思了一下，立刻拿出一个皇帝喜欢的建议，下令他的手下乌克逊鄂屯立马放弃原来防地，带两万部队赶到中都，保卫完颜永济。

完颜永济看到这支军队浩浩荡荡赶到，高兴得要死，当场提拔他为右丞相。徒单镒被完颜永济一顿批评，终于彻底改变世界观，迅速成长为国家领导人。你想想，在这样的政治环境下，你能提出什么好建议吗？你敢提出好建议吗？

完颜永济不断地反对正确的建议，专门采纳错误的建议时，铁木真继续进军。

他派哲别去夺取东昌城。

东昌城还真像徒单镒说的那样，兵民都很勇敢。哲别攻城中失利。他知道再这样强攻下去，他会继续失利。于是，又祭起“反扑法”，在失利之后，下令部队撤回老地方。而且一口气跑了六天六夜，跑得人影都不见了。金国东昌守兵看到蒙古兵跑得远远的，派人去追都追不上，就天真地以为，他们真的跑了。

哪知，哲别的部队却突然掉头回来，叫每个士兵准备两匹马，轮换着狂奔，没日没夜地跑，只用了原来一半多的时间就又赶到东昌城下。东昌守军没有想到哲别会来这一招儿。当他们睡觉时，蒙古大军已经直杀进城。东昌守军还没回过神来，就成了人家的俘虏。

哲别拿下东昌后，便率大军与铁木真胜利会师。

铁木真一路下来，基本做到攻无不克的地步。他心里超爽，又派他的三个儿子术赤、察合台、窝阔台四处攻略，一时之间，金国北境的大片土地江山变色，而铁木真这三个儿子也都不是善良之辈，铁骑过后，大地一片惨象。

还记得金国西京守将胡沙虎吧？这家伙从西京一路南逃，可觉得哪里都不能安身，便决定逃到中都。

胡沙虎绝对是个爱财如命的人士。他丢掉西京向南跑路、经过蔚州时，看到官库里还有那么多的银子，于是，就把五千两银子以及别的物资都来了个私有化——让这些财物都变成他的财产。他手下说，老大，这么多，马不够用啊。

他一听，大为生气，城里不是还有那么多的民马吗？抢过来用。

士兵们立刻行动，把那些民马统统抢过来，除了胡沙虎拉的财物之外，剩下的都分给士兵们。士兵们都很高兴，大家快马加鞭继续逃跑。

他们很快就进入紫荆关。在这里，胡沙虎没钱财可捞，直接砍了当地的官员涞水令。

如果是别人搞了这些活动，回去肯定被从严从重处罚。可胡沙虎逃到中都之后，去见完颜永济时，完颜永济居然请他大吃大喝一顿之后，又任命他为右副元帅。

胡沙虎后来觉得光得了个右副元帅的职务，一点也不好玩，便又向完颜永济请求，再给他两万部队，让他去镇守宣平。可完颜永济这时只分给他三千人，让他去妫川驻防。他一看，心里很不高兴。但不高兴是你的事，给不给兵是皇帝的权力。

那两个合作打败仗、共同把金国四十五万大军葬送掉的独吉思忠和完颜承裕也逃进了中都。丢了那么多兵，完颜永济还是很心痛的。他下令把独吉思忠开除公职。可处分到完颜承裕时，完颜永济又下不了手。完颜承裕是皇族啊，怎么好处理呢？可要不处理，又说不过去，于是，批评一顿之后，任命他为咸平路兵马总管。

大家一看，都是打败仗回来，处分的差别怎么就这么大？损失了四十多万大军，居然跟没事一样。于是，大家对金国中央的命令越来越不当一回事了。

胡沙虎还在闹情绪，说蒙古兵猛得要命，要是打进来，他这三千人哪能挡得住？

完颜永济一听，既然你怕守不住，你就别守了。下了一道诏书，把他本兼各职全免，然后交给有关部门审查。他们一下列出胡沙虎十五条罪名，然后开除公职。

成吉思汗再攻下云中和九原，接着把重镇抚州拿下了。

当抚州被蒙古兵攻克的消息传到中都后，完颜永济下令招讨赫舍哩纠坚赶快带领部队去夺回来。

赫舍哩纠坚接到命令后，也不知如何去夺取抚州。他手下有个人对他说："蒙古军刚刚拿下抚州。抚州是有名的富裕州。现在他们一定还在分着战利品，咱们突然冲上去，肯定能把他们打败。”

这绝对是个好主意。但赫舍里纠坚却大声说：“你这是什么办法？现在最好最稳妥的做法就是骑兵和步兵一起，协同作战，共同进军。这才是万全之策。”

有了这个万全之策后，他还是没有抓紧时间去实施，而是把另一个手下舒穆噜明安叫来：“你以前不是出访过蒙古国吗？你肯定认得铁木真。现在派你过去跟他见面，问他为什么要起兵侵略我们。”

你看到过这样的军事统帅吗？但现在金国就是重用这样的人当军事统帅。

舒穆噜明安接受任务，真的跑过去，跟铁木真见面了，严格按照领导的布置，把铁木真大骂了一通。铁木真当然很生气，把他捆了起来。舒穆噜明安想不到后果居然这么严重，就说我愿意投降了。铁木真仍然没有放他，下令部队迅速进入阵地，等敌人大军前来。

赫舍哩纠坚等舒穆噜明安等了很久，没见他回来，看来这个舒穆噜明安真的回不来了。于是带着大军继续前进。此时，他带的部队足有三十万人，对外吹牛是四十万。不管是三十万，还是四十万，都比铁木真的部队多。铁木真手里只有十万，没有号称。

木华黎说：“对方的人员数量比我们多得太多了。如果我们不拼死去打，根本没法谈胜利两个字。”

铁木真看着他：“怎么办？”

木华黎当场组织了一批敢死队，自己当队长，然后大呼着带头冲进敌群。其他人看到木华黎都不怕死了，便都跟着冲过去。金兵近期连吃败仗，蒙古兵在他们的心目中，已经成为不可战胜的队伍，好不容易组织了三十万军队，总指挥虽然很有信心，但这样的总指挥的信心能有什么用呢？大家看到蒙古大军如此果断地冲杀上来，恐惧心态进一步放大，便都争着到处跑。一时之间，寒风如吼，杀声震天，飞尘滚滚，战场形势全向一边倒。铁木真令旗一挥，各路部队也争相杀出，在金兵的后面追着打，一直追到浍河，一路尸骨遍野。

战斗结束之后，铁木真把舒穆噜明安叫来：“你看到了吧？你们的军队根本不堪一击。你为什么先骂我，又要投降于我？”

舒穆噜明安说：“大汗，其实我早就想来大汗帐下了。只是当时还在赫舍哩纠坚手下当差，没机会来。”

铁木真一听，这话也不错，反正现在规模越来越大，手下最缺的就是人手。原来跟他一起的那些人虽然个个能打，敢拼命，但都没文化。打仗可以蛮干，但治国可不能蛮干。金国这些人都是有文化的，别看他们打仗不行，可做管理工作还是很有经验的，于是，就让他带着一支部队去平定云中东西两路。

舒穆噜明安带兵也有两下子，很快就完成了铁木真交办的任务。铁木真打了这么久的仗，也有些不想再打下去了，想休息一段时间再来。其他人没说什么，反正大汗认为可以休息，那大家就休息。但舒穆噜明安坚决反对，理由是：“金国全国有十七路。我们现在才拿到其中的两路。这点成果算什么？如果我们退兵，让他们恢复元气，向我们反扑，我们真的能抵挡吗？而且现在金兵已经被我们打得十分恐惧，只要咱们大叫几声，他们就会举白旗投降。为什么要在这个时候停战？兵贵神速，请大汗赶快下令继续进军吧。”听到这些话，你知道带路党的可怕了吧？

铁木真一听，金国投降过来的人眼光就是毒，能把问题看得比他们透，当场表示，不停战了，让舒穆噜明安带着部队继续南下。

蒙古大军很快包围了威宁金防城，一时之间攻不下来。铁木真正拍着脑袋想办法，但办法还没有想出来，突然有人报告：有个金国人出城来请求面见大汗。

铁木真一听，说：“赶快放他进来。”

来人叫刘伯林，是个千户。他进来之后，向铁木真表达了投奔自由的良好愿望。

铁木真说：“那你就再进城，然后打开城门，放我们大军进去。”果然一下就占领了威宁。之后，铁木真让他当向导，一路进攻，成为带路党的模范人物。

第七章
取中都

白得一个辽东

铁木真再次重兵围困西京。

完颜永济派元帅左都监鄂屯襄带兵前来救援。铁木真一看，又有送死的来了。他现在不光要打胜仗，而且还要努力降低打胜仗的成本。因为他现在的资本并不多。打仗要降低成本，就得提高脑力劳动。所以，当他看到敌人的援军大面积赶到时，并没有像以前那样，直接来个迎头痛击，因为这样的胜利是不值得提倡的。

铁木真认真地察看了一下地形，然后选中了密谷口，在那里设了个埋伏圈，然后把鄂屯襄的救援部队引进去。鄂屯襄哪知是计，这些人都以为，这些阴谋只有学过中原兵法的军事家才有资格运用，看到蒙古兵被自己追着打，兴奋得要命。哪知打着打着，已经打进了人家的埋伏圈。蒙古兵看到敌人按照自己设计的剧情冲进来了，突然从四面八方杀下来。鄂屯襄真的蒙了。原来蒙古人也会这个套路。他跟他的部下都大喊救命。可谁能来救他们？本来，他们是来救西京的。

鄂屯襄很快回过神来，知道现在只有自己才能救自己了，拼命冲杀，终于冲出了包围圈。他松了一口气，转身一看，身边连个勤务兵都没有了。自己带来的人一个都没有逃出来，是真的全军覆没了！

铁木真哈哈大笑，继续围攻西京。铁木真这时很兴奋，居然亲自冲到攻城第一线，哪知一支箭飞来，正中他的身体。

铁木真只得下令撤围——打了这么久，也该收工歇一歇了。

铁木真虽然决定撤兵，但他仍然像那年攻打西夏一样，自己不得不撤军，却还是派了个使者跑过去，威吓一把对方。那次威吓李安全很成功，不但让李安全答应了那些连他自己都觉得有些过分的要求，还把女儿送过来。这一次，他再威胁金国，效果到底如何？

在他的眼里，完颜永济跟李安全基本是同个货色老大。

铁木真的使者很快就到了中都。金国对蒙古的愤怒程度比西夏更深，他们降低了接待规格，潦草地一顿饭就把他打发了。可事后，突然觉得这样做，铁木真肯定会很生气。于是，又赶紧派人去见铁木真。

铁木真看到金国的使者来了，同样冷笑着把他打发走了。

这时，萧也先说：“大汗，咱们在西边闹了这么久，好像成果不是很显著，还是攻东京吧，把东京占领了，金国的根本就完全动摇了。到时只要向全国发个布告，就能平定了。”

萧也先是辽国贵族的后代。当年金国搞定辽国之后，他的祖父辈就带着本部落人逃到很偏僻的地方生活。他出生后，就接受对金国的仇恨教育。据说，每次他听到金灭辽的故事时，就满脸愤怒，紧握拳头，一副要立刻报仇的样子。他长大后，肌肉发达，孔武有力，精于骑射，而且脑子好用，完全可以算得上足智多谋。附近那些部落的人都服他，让他成为天然的部落领袖。

他的名气也越来越大。后来，连金国高层都知道他的名字，派人来请他去当官。他却把那个位子让给哥哥，自己跑到山里隐居起来。铁木真大军进来之后，他在第一时间投奔了蒙古国。

铁木真一听，很不错啊，那可是金国起家的地方，要是把辽阳府占领了，完颜永济不郁闷得上吊才怪呢。他命令哲别立刻攻打辽阳府。

哲别的动作很迅速，带着部队前进。他本来以为，辽阳府没什么准备，只要自己快速赶到，然后立刻攻击，肯定不会费多少力气就可以完成任务。哪知，辽阳府的城墙还是很坚固的，那里的金兵还是会抵抗的。哲别也是老江湖了，知道一次突击不成功，再赖着不走，不但攻不下坚城，反而会被人家围在城下，难以脱身。铁木真前期在部落之战时，常常靠优势兵力把人家围困到死。可进入金国地界后，基本不敢再使用这个笨办法了，都是靠着机动战术，速战速决。这个地方打不下，立刻转换场地，直到打赢为止。这与蒙古国的现状是分不开的。一来他们都是骑兵，机动性无与伦比，二来他们军队的人口数量不多，容不得他们在某个地方长期与人家打消耗战。

哲别在进行情况分析之后，就下令撤军。他在撤军时，正好抓到一个辽阳府派往中都求救助的使者。哲别准备放掉这个使者，让他回去跟辽阳府的最高长官说他们是还要来的。

这时，哲别手下的索济伦布哈突然脑子灵光一闪，对哲别说："老大，我有个办法，可以很不费力地拿辽阳府。"

什么办法？

索济伦布哈说："辽阳府是金国的东京。城墙坚固，防守严密。强攻很难攻得下。要想拿下它，只有靠计策了。请你让我换上金兵的衣服，让我当这个使者的跟班他们肯定不会怀疑，打开城门来迎接。老大你就乘机杀进去，夺了城门。"

哲别说："好！想不到一个使者的身上也可以找到敌人的弱点。"

敌人本没有弱点，但他们帮敌人制造了一个弱点！

蒙古军立刻拨转马头，再向辽阳进军。

过后，所有的剧情都按索济伦布哈设计的计策按部就班。

哲别一举拿下辽阳府的消息，很快就传到完颜永济的耳朵里。

完颜永济这才想起徒单镒的话来，觉得他说的这话还真的太正确了。可是自己为什么就不听呢？现在他终于深刻体会到不采纳正确意见的严重后果了。

辽阳府作为金国最为神圣的地方，向来是大金帝国的精神故乡。现在这里被人家一举搞定，对金国上下的打击说有多大就有多大。

完颜永济对蒙金开战以来的战况进行了一次愚蠢的总结。他突然发现，蒙古国的胜利，主要原因是有一批带路党，而这批带路党的中坚力量就是辽国的后代。

他的这个结论并没有错，错就错在，他总结到这里之后，并没有更深入地总结下去：为什么辽国后代会去投靠蒙古人？这个根源不在辽固人身上，更不在蒙古人身上，而是出自金国历代皇帝身上。他肯定读过“得民心者得天下”这句话。但他绝对没有站在皇帝的高度去认真思考过这句话。

他看到很多辽国的后人投奔铁木真，认为肯定是这些人在故意跟他作对，当人家的带路党，属于典型的吃金国的饭砸金国的锅的行为。如果辽国的人数不多，这时他肯定下令，把这些辽国后人全部杀掉。可现在辽国人的后代实在太多了。就是他们站在那里不反抗，在短期内也是杀不完的。于是，他马上出台了个政策：“辽有一户，以二女真户夹居防之。”也就是说一户辽人的两边，得居住两个女真人的家庭，以便全方位监控辽人。他以为这个政策一出台，辽国遗民就不敢轻举妄动了。这个政策对于一般的民众当然很有效，因为他们根本没有资格去考虑投靠谁的事。但对于辽国的精英而言，这个充满种族歧视的政策一出现，他们立刻决定，必须与金国反动派斗争到底。

耶律留哥看到金国出台了这个政策，立马感到危险已经向他扑面而来。他本来是金国的千户，拿的待遇也不低。可他怕金国同样会拿他开刀。于是，他就把那颗千户大印丢掉，然后直接闪人，跑到韩州。他从千户岗位上闪人，本来就是为了保住性命的。哪知到了韩州之后，生活居然没有着落了。他没有办法，只得纠集一伙人到山上去当山大王。

金国当地政府立刻派兵前来剿匪，可是反而被土匪打败。

耶律留哥一看，政府军虽然军容整齐，可战斗力却这么软弱，于是胆子就更大了，当场宣布招兵买马，要跟金国大干一场。如果是在别的时期，他是招不到什么人的。可在完颜永济那个歧视政策面前，耶律留哥突然变得有号召力。几个月之内，就有十几万人成为他的子弟兵。大家推举他当了大元帅，另一个搭档耶律耶的当副元帅。

金国对这个势力一点办法都没有。

铁木真一看，就派按陈那衍过去劝降。

耶律留哥这时虽然规模很大，但也怕金国打过来，看到铁木真派人前来跟他们联络，当场同意，说："我们都是契丹人民的武装，一直想去投奔蒙古。可是因为路途太远，所以就在这里等着你们的到来。"

按陈那衍说："我们奉成吉思汗之命伐金，现在正好跟你们会合，这是老天爷的安排啊。你说，你愿意归顺我们，用什么来证明呢？"

耶律留哥当场杀白马、白牛，举行一个重大的仪式，让老天作证，一定永远紧跟成吉思汗去打金国。

按陈那衍大喜，说："我回去向大汗汇报，建议把攻取辽国土地的任务交给你们来完成。"

耶律留哥一听，这不等于是要封我辽王了？

耶律留哥心情很爽，可完颜永济就生气了。他派完颜承裕带了六十万大军前来，要收拾这个辽国余孽。

完颜承裕在跟蒙古对阵时，至今仍然保持着坚挺的不胜纪录。如果现在你让他去跟铁木真对垒，估计他很害怕。现在叫他去收拾耶律留哥，在他看来即使不是小菜一碟，但也不是什么大不了的事。他公开宣布：谁能拿到耶律留哥一两骨头，就赏一两金子。

耶律留哥一看，金国真的气愤了。他们面对蒙古的入侵，都还没有组织过这么多的兵员。现在却带着这么多的部队前来跟他较量，而且下的本钱也巨大无比。他知道，完颜承裕不但气愤，而且确实有这个实力打败他。如果是前些天，完颜承裕带着这个怒气带着这么多部队前来，他就死定了。可现在他已经找到了靠山，便一边迎敌一边向成吉思汗告急。

铁木真派按陈那衍和楚特格带一千骑兵去增援。

耶律留哥一看，才一千兵马啊。他有点心虚。

耶律留哥有点心虚，可金兵从完颜承裕以下，都已经患上了恐蒙症，一看到蒙古骑铁突然出现，都怕得要命，握着兵器，不知是向前还是向后才好。

耶律留哥一看，立刻抓住战机，命令他的侄子耶律安奴为先锋，带兵横冲敌军阵地。金兵马上全线崩溃。可怜金国几十万军队又被一顿猛烈的屠杀。

耶律留哥收获了无数军用物资，然后把这些战利品都送给铁木真，算是见面礼。铁木真看到这家伙打了这么一场硬战，便把按陈那衍召回去，让耶律留哥独当一面，驻守在辽东。

智取居庸关

辽东一出现状况，完颜永济这时更乱了套。蒙金对打到现在，他基本都处于被吊打的状态。按说，这些教训应该让他清醒过来，至少要把军事指挥官们重新调整一下，来个能者上庸者下。可他来来去去，就会用这些只会打败仗的将军。完颜承裕先前一路吃败仗，而且败得很没面子，四十五万大军居然被人家追着打，没有一点还手的余地。这已经充分说明了这个家伙的水平。哪知，完颜永济仍然把最后的大军交给他。于是，又给对方送去了一场伟大的胜利。完颜承裕败了，完颜永济又派完颜弼带两万人去保卫辽东。但完颜弼认为，他带的部队都是刚招的新兵，现在让他们去保卫辽东，等于去送死。而且现在最需要保卫的地方是中都。我要是到辽东去了，谁来保卫首都？

完颜永济一听，大怒，下令把完颜弼抓起来，杖一百下，然后降职处分。

完颜永济又想到那个发国难财的胡沙虎，好像胡沙虎带过兵，懂军事，于是又准备把他请来，参与军事决策。几乎所有的大臣都反对，而且意见空前一致：胡沙虎人品差，水平更差。

完颜永济这才作罢。

胡沙虎对敌情的预测连边都沾不上，但对完颜永济的脾气却掌握得很到位。他知道完颜永济就是喜欢他这样的人。于是，拿出资金，把完颜永济身边的工作人员都收买了。这些人天天在完颜永济面前大力为胡沙虎点赞。完颜永济便无缘无故给他恢复了待遇，然后顶住压力，让他参与商讨军事。

虽然任命文书被左谏议大夫张行信压下不发，但完颜永济又把五千武卫军交给胡沙虎，让他带着这五千人在通玄门外。

完颜永济为辽东一事头痛得手足无措。更头痛的事又传来——铁木真的大军又突破长城，出现在西京路境内，并派拖雷迅速拿下了宣德府和德兴府。如此一来，西京路大部分地皮都划归蒙古的版图了。

铁木真的部队仍然保持着快速行军的风格，占领宣德州之后，又向南挺进，直扑怀来。

金国镇守此地的是副统军王檝。王檝倒有点性格，死守关隘，跟蒙古大军奋战三天三夜，但最后还是被击败，成为俘虏。成吉思汗恼火这个家伙居然敢跟他打这么久，就想杀他。但王檝却神色自若。成吉思汗跟金国人打到现在，被俘的高级将领很多，但大多都是怕死的主，这时他看到这个家伙倒很硬气，就问："你为什么胆敢跟我的大军对抗？你难道不知道这是找死吗？"

王檝说："我出身卑微，受到朝廷重用，早就发誓以死报国。现在战败而死，对我来说，就是一种荣幸！"

铁木真一听，当场下令释放王檝，然后任命他为都统，负责把金国在山西的逃散之兵招募回来，做他们的长官。

上次，铁木真打到这一带后，便折向西边，去围困西京。这一次，他觉得再去打西京，太浪费时间了，不如兵锋直指中都，那才过瘾。

金国派完颜纲带着大军在缙山阻击。铁木真挥兵杀过去，把对方杀得大败，弄得方圆四十里的土地上，全是金兵的尸体。

铁木真的大军就这样顺利逼近居庸关的北口。

金兵这一次对居庸关的工事进行了改造和加固，不但铸铁门挡住关口，而且在一百多里的防线上布满了铁蒺藜。

当然，他们还派了大量的精兵把守着。

铁木真一看，还差一百多里才到关口就前进不了，这仗怎么打下去？

他巡视了一圈，就是想不出一个好办法来。于是，他把萨巴勒叫过来："你说，有什么办法攻破这个关口？"

萨巴勒说："直接硬攻，肯定是攻不下的。我们可以另找路进去啊。"

铁木真说："这还有什么路？难道又要绕到西京那边去？"

萨巴勒说："从这里往北，就是那片黑树林里，有一条小道。如果骑马过去，仅够一骑通过。我以前曾经走过。我们可以暗中派部队从那里过去，黄昏时分就可以到达关内。他们肯定不会想到咱们会有这条路可走。"

铁木真一听，不由暗叫天助我也。他令一支小队在关口那里跟金军对峙，牵制敌军，自己和哲别带着主力部队，跟着萨巴勒悄悄地出发。他们在黄昏时分动身，进入山谷，到第二天黎明时，进入平地。他们立刻加快速度，向紫荆关发起冲锋。紫荆关上虽然也有金国重兵把守，但他们以为蒙古兵还被那些铁做的工事挡在居庸关外，只要居庸关还没有宣布失守，战争就跟他们无关。哪知，居庸关还在他们兄弟部队的手中，蒙古兵已经冲到他们的关内。

铁木真毫不费力地冲进了紫荆关。

金兵这才惊醒起来，他们仓促应战，被铁木真大败。

金国人很快得知蒙古兵从小道杀了过来，急忙派鄂屯襄带兵过来支援。可鄂屯襄还没赶到，紫荆关上已经插上蒙古国的大旗了。他只得在五回岭与蒙古兵大战。铁木真令木华黎出战。两军相遇，鄂屯襄大败。

铁木真这次南下，有点不顺利，即使看到金兵已经被杀得没有还手之力，很多士兵已经跪地投降，但仍然下令部队继续猛砍猛杀。铁蹄之下，人头滚滚，血水遍地。

耶律阿哈急忙对铁木真说："大汗，我们的战争是正义的战争。正义的战争必须顺天应人、珍爱生命。所以，我希望大汗要改掉以往的屠杀政策，以顺从天意。”

铁木真看着耶律阿哈，说：“好。我听你的这个建议。”于是，下令部队继续前进。

前方分别是涿州和易州。这两个州的金兵比紫荆关还差，连个抵抗的意识都没有，稀里糊涂地被人家缴械。这两个州是居庸关的南大门。

铁木真派哲别北上进攻居庸关。

关上的金兵一点也不知道铁木真的主力部队已经绕到自己的背后，还在那里死盯着北门的蒙古兵。看到对面的蒙古兵被铁工事挡着，心里很高兴。可哲别的部队已杀了上来。他们这才大吃一惊，蒙古兵怎么从后面来了？他们突然慌了手脚，迅速陷于蒙古大军的夹击之下，大败而逃。居庸关就这样被铁木真拿下。铁木真这次靠迂回战术，大破居庸关，制造了一次经典之战。

铁木真留下五千精兵把守居庸关，自己带着主力部队，直指中都！

金国接着搞政变

如果在正常情况下，金国此时首先要做的，肯定是向全国各地发出命令，集结兵力来保卫首都，派得力人员做好首都的防御部署。可现在的金国高层，还不如当年他们围困汴京时的宋朝。当年的宋朝虽然软弱可欺，但还能组织一下保卫战，皇帝还能控制朝中的局面。大臣们都还听从赵家父子的调遣——虽然调遣得很不对路。而现在的金国高层却矛盾重重，大家都把内部争斗放在首位，把国家危亡的关键时刻当成争权夺利的最佳时间点。

当年的八月（蒙古太祖八年宋嘉定六年，1213 年），那个刚刚被完颜永济力排众议提拔为右副元帅的胡沙虎跟他的几个死党完颜绰诺、富察禄锦、乌库哩城喇等人，经过多次密谋，觉得现在正是发动叛乱的大好时机。这几个人都是金国军队的高层，眼看蒙古大军越来越逼近，却一点不惊慌，好像蒙古人打的不是他们的大金帝国一样。

完颜永济急起来，就派人去对胡沙虎进行了问责。

当使者来到副元帅府，向胡沙虎宣读问责文件时，胡沙虎正在精心喂养他的那只鹞子，他立刻大发脾气，当场把那只鹞子摔死在地，然后宣称：我不打猎了，我要去平叛了。大兴府知府图克坦南平和他那个驸马儿子图克坦穆延正在密谋叛乱。现在他正奉旨去平叛。

当然一听他的这个话，就知道是百分之百的假话。他知道，完颜永济已经不信任他了，所以他必须启动他的叛乱图谋。要让叛乱圆满成功，就必须把完颜永济那几个有限的死党搞定，然后还要掌握一批武装力量。而图克坦南平就是完颜永济的死党之一，更要命的是这个死党的姻亲福哈手里还有一支部队。现在这支部队就驻扎在城北。他也知道自己的仗打得实在太差，因此，就直接跑到城北，找到福哈让他去自己家喝点酒。

福哈挂着一脸的笑容来到胡沙虎那里。到指定地点，睁着眼睛一看，什么都没有转头就要往回走，但胡沙虎能让他离开吗？当场一声令下，几个早已埋伏在那里的刀斧手冲过来，几下就把他砍死了。

杀死了福哈，第二步就是把他的军队牢牢控制住，然后带着这支武装冲到通玄门，制造恐慌，然后派图克坦金寿去把图克坦南平叫来。

到了这个时候，图克坦南平仍然没有警惕性，跟着图克坦金寿就来了。来到广阳门时，胡沙虎冲了过来，挺抢便刺。一枪就把图克坦南平挑下马来。图克坦金寿再上去，补了一刀，把这个完颜永济的亲家砍死。

接着又杀死了图克坦穆延。

这时，完颜永济的几个亲信听说胡沙虎叛乱了，就带着自己部下前来“共赴国难”。可由于人数太少，没几下就被杀光了。

胡沙虎率队冲到东华门。他看到城门闭得很紧，就下令士兵们攻城。

这时，完颜永济也知道胡沙虎正在造他的反，不得不急了起来。聪明的人能急中生智，蠢材再怎么急，也只能急出蠢办法。他没有部署部队反击，而是只派他的儿子拿着一张很潦草的诏书来到东华门，说是谁能把胡沙虎杀死，谁就可以直接提拔为大兴尹，世袭千户。

他的这个儿子跑到城头上，连诏书都懒得宣读一遍，直接就丢到城外，说，这是诏书，大家自己阅读。很多人把诏书从头到尾都读了一遍，但没谁愿意去杀胡沙虎。

胡沙虎命令士兵放火，士兵们马上搬来木头，堆在城门前，放起大火来。

守在里面的皇家亲军看到胡沙虎太缺德了，知道大火一烧，门板真的挡不住。于是，以色埒奇尔为首的亲军就打开了城门。胡沙虎的部队冲了进来。此时大火熊熊，烈焰腾空，其他的守门士兵都拼命逃跑。

胡沙虎进来之后，把禁军全部收编，然后大摇大摆地向大殿走去。

完颜永济这时正在殿中乱转。他这才知道，这个皇帝真不好当啊。他远远看到胡沙虎大步走来，便壮着胆子问："圣主要命令微臣去做什么？"这家伙虽然智商不高，但也知道胡沙虎这次活动全是冲着他来的。胡沙虎就是要把他拉下马，然后自己做皇帝。因此，他直接就称胡沙虎为圣主，称自己为微臣。完颜永济当了这么多天的皇帝，任命了无数官员，也下了无数贬谪的文件，却从来没有想到他最后的任免文件居然是这句话。

胡沙虎做得很干脆，连一句过门的话也不说，直接道："回到你过去的豪宅。这里不需要你了。"

完颜永济退到后宫，等待胡沙虎的处理。他永远也想不通，为什么胡沙虎会造他的反？

胡沙虎看到自己政变活动搞得很顺利，心里很高兴，坐到大殿上，向全国发布了一个任命书：任命自己为监国大元帅。

其实，胡沙虎现在最想当的不是这个大元帅，而是皇帝。当然他知道，即使有很多人不敢反对他当皇帝，他也必须经过一套烦琐的手续，才能坐到那张龙椅上。如果现在他直接坐上去，除了造成恶劣影响外，没有别的意义。于是，他搬到大兴府，先在那里处理政务。

胡沙虎看到完颜永济居然还赖在后宫不走，就派人前去向他发最后通牒。

完颜永济没有办法，连包袱也不能卷，空着两手就回到他以前住过的卫王府里。

胡沙虎现在很忙。他知道要正常上班，还必须有一颗大公章，否则，所有的文件都是无效的，任命的官员也是没有法律效力的。他现在必须任命一大批死党。死党没有官当，是不会给他卖命的。他叫黄门到宫里去要国玺。这时负责管理这个皇帝公章的是郑夫人。

郑夫人虽然是个上了年纪的妇女，但比完颜永济有骨气多了，大声对黄门说："这个公章只有皇帝才可以用。现在胡沙虎是皇帝吗？他就是一个臣子。坚决不能给。"

黄门说："你说得没错。可是现在形势变了。皇帝连自己的性命都保不住了，还能保得这颗大印吗？你也该为自己的后路想一想啊。胡沙虎的脾气，你比我清楚。"

郑夫人又大骂一通。她骂了一会，黄门站在那里什么也不说。等她骂累了，就取了大印，出门而去。

胡沙虎当天就用这颗大印给他的死党发布任命书。

接下来，要做的就是处理那几个反对党。他把孟铸和张行信等人叫了过来，大声问："你们一向都把我当弹劾对象，是吧？"

这几个人强硬得很，大声回答，你说得太对了。难道你的那些行为不该弹劾吗？只可惜我们的弹劾没有用。

胡沙虎一听，居然张着嘴巴在那里，说不出话来。好久才挥挥手，让他们出去等候处理。

胡沙虎要先把这个监国大元帅做实，然后由监国变成皇帝。现在他这个监国大元帅还只有名称，没有大印。于是，他把负责铸印的礼部令史张好礼叫来，让他去铸一颗监国元帅的大印来。

张好礼却说："根据有关条例，从来没有异姓能当这个监国的。你不姓完颜。我不能非法铸印。"

胡沙虎一听，连一颗大印也做不了，看来这个皇帝也是做不了了。他虽然有胆搞军事政变，但其实也是个怕死的人。接连碰了几次壁之后，便把皇帝梦想放下来，先把局面维稳下来，才好走下一步。现在最关键的是请有名望的人出来帮自己收买一下人心。

现在有名望的人就是徒单镒了。胡沙虎耐着性子，跑到徒单镒的家里，问他如何才能收拾这个局面。

徒单镒说："升王是章宗的哥哥，他是最有资格当这个皇帝的。最好把他请来。"

胡沙虎一听，只得表示同意。他回到家里后，把李思中叫来，说："给你布置个任务。拿这包毒药去给完颜永济喝。你要看他倒地之后才算完成任务。"

李思中是个宦官，向来没有个人原则，谁给饭吃就听谁的话。

完颜永济也知道这杯酒有毒，但他不能不喝。

只是没想到，他死得很难看，死在他最看好的人手里。

对于胡沙虎而言，完颜永济的威胁其实并不大。完颜永济就是一个废皇帝，而且当了皇帝之后，也没得什么人心。对他威胁最大的是那些拿兵权而又可能反对他的人。

完颜纲就是这样的人。

完颜纲虽然刚刚被铁木真大败，又把金国的大批战士葬送在蒙古大军的铁骑之下，但他要是带着部队杀回来，胡沙虎自忖还真不是他的对手。于是，他让完颜安和给他老爸写一封信，让他回来接受新的任务。

完颜纲看到儿子的信，什么也不想——也许他什么都想了，但因为全家人的性命都捏在人家手中，所以只得在第一时间赶回中都。

胡沙虎看到这个家伙回来了，就松了一口气，立刻把他捆了起来，关在悯忠寺。然后叫一批有陷害特长的人组织了大量的黑材料，再把他押到刑场砍头。罪状有两条：跟南宋作战时，丢了四川，跟蒙古对阵时，丢了缙山，对国家造成了不可估量的损失，不杀不足以平民愤。

胡沙虎处理完完颜纲后，这才派人去彰德把升王完颜从嘉请来，即皇帝位。完颜从嘉以前的名字叫完颜珣，后来改名从嘉。当了皇帝之后，觉得还是过去的名字简洁，就又改回完颜珣。完颜珣当皇帝的第一天，就任命胡沙虎为太师、尚书令、元帅，封泽王，确立了胡沙虎大金帝国的权臣地位。

胡沙虎觉得自己的地位得到了巩固，大大地松了一口气。

但金国能像他一样松一口气吗？

铁木真能让他们松一口气吗？

在金国举国欢庆新皇帝就位的时候，铁木真命奇尔台和哈台两人带五千精兵向金国的中都挺进。蒙古的游骑一不小心就到了高桥。

有关部门立刻向新任皇帝完颜珣做了报告。

完颜珣知道自己虽然是皇帝，但现在金国说话最算话的不是他，而是胡沙虎。他赶快派人去请示胡沙虎，蒙古骑兵都杀到高桥了，太师说怎么办？

太师对自己人是很有办法的，但对蒙古人是毫无办法的。他对来人说：“回去告诉皇帝陛下，请他放心。我一切都已经安排好了。”他的原话是：“计划已定矣。”听上去，十分胸有成竹。

那个使者放心地离开后，他立即把有关部门的负责人叫来，狠狠地批评了一顿：“我是尚书令，是负责主持中央日常工作的。为什么这么重要的情报没有先向我报告，而急着跑到皇帝那里报告？这是典型的越级行为。”

有关部门没有办法，只得认错道歉！

大家看到胡沙虎越来越嚣张，都恨不得把他拿下。几个大臣面奏完颜珣，请他下令把这个祸国殃民的家伙干掉。完颜珣却不干，说他刚立了自己，现在就干掉他，太不够意思了，让他主持抗蒙大业吧。

胡沙虎命术虎高琪带兵去跟铁木真对垒。

术虎高琪曾是完颜纲的副手，刚刚在缙山被铁木真打败。

铁木真看到术虎高琪又出来了，就下令开打。术虎高琪大败，回去向胡沙虎复命：铁木真太厉害了。我打不过他。

胡沙虎一听，就生气了，下令把术虎高琪拉下去，斩乞报来。

完颜珣却不同意，这些年来被铁木真打败的将军又不止他一个，别的败将没有杀，为什么只杀他？原谅他一次吧。

胡沙虎看到皇帝出面求情，只得放下大刀，对术虎高琪说：“看在皇帝的面子上，这次放过你。现在给你增加兵力，再去打铁木真。如果再败，到时皇帝求情也没用。”

术虎高琪又硬着头皮出战。

这一次，术虎高琪很努力。

蒙古大军与术虎高琪大战，从黄昏时分一直打到次日黎明，难分难解。铁木真看到金兵这次的拼命精神，也怕自己的损失很大，但又不能退出场。正想办法，突然战场上掀起一场史无前例的沙尘暴。因为是北风，处于南面的金兵就大倒其霉，他们被风沙吹得眼睛都睁不开，虽然个个都还举着大刀，逆风而劈，但效果已经打了折扣。

铁木真大喜，率军顺风猛击。

术虎高琪大败。

术虎高琪这时不怕铁木真，但很怕胡沙虎。他打了败仗不敢直接回到中都报告，与其被那个家伙砍死，不如去砍死他。

于是，他立马化被动为主动，带着自己剩下的部队，进入中都，包围了胡沙虎的住宅。

胡沙虎知道后，只得组织府中的士兵不断地向外射箭。但府中兵力毕竟有限，又缺乏战斗经验，哪能斗得过术虎高琪的野战部队？

胡沙虎打过一连串的败仗，现在他看这局势，知道这一次又失败了。他像往常一样，失败就逃跑。

他当然不能从大门硬冲出去，而是爬上后墙翻逃过去。可当他爬上墙头，准备跳下去的时候，没有看到衣服挂在墙内的树枝上，最后跌落在地，导致大腿受伤。术虎高琪的士兵们看到他落在地上，都围了过来，问也不问，直接手起刀落，把这个最没水平的权臣砍死在地。

术虎高琪把胡沙虎的脑袋割下来，提着进了皇宫，去面见完颜珣，说，陛下，我没有办法，只有把这个权臣杀了。

完颜珣一看，好啊。终于把这个家伙干掉了。其实，在他的内心世界里，最恨也最怕的就是胡沙虎。以前几个大臣劝他除奸，他嘴上说是念其援立之功，不忍下手。其实是怕自己搞不定。现在看到术虎高琪突然把胡沙虎的脑袋放在自己的眼前，当然很高兴。他本来对术虎高琪就很信任，哪能怪罪于他？况且现在术虎高琪手里有兵，连胡沙虎都敢杀，你的脸色要是露出一丝一毫的不高兴，估计胡沙虎的下场就是他的下场。完颜珣比完颜永济聪明多了，对术虎高琪说："你做得太对了。朕早就跟内侍多次密谋过，要除掉这个祸国殃民的野心家。现在你提前动手了。我现在要做的就是，向外宣布，你是执行我的命令行事的。你现在的职务就是左副元帅。"

此时，胡沙虎的死党又组织了批武装跟术虎高琪死战。双方打得很激烈，死伤甚众。

最后是完颜珣派内侍局的人出面调停，双方这才住手。

于是，金国的权力从一个权臣手里又转到另一个权臣的手里。

一个国家的末代总是这样的相似。

金国终于也迁都

这时，木华黎率着一支蒙古军还在金国的土地上到处开打，基本没有找到对手。铁木真此前虽然对耶律阿哈不要大开杀戒的建议表示全面采纳。但他并没有形成文件，要求全军要不折不扣地执行。因此，木华黎的部队只要开打，就毫无顾忌地大砍大杀，只要看到房子，就统统一把火放过去，烧得规模越大越有成就感。

金国大地，一片残山剩水。

金国高层到了这个时候，已经被打得一点信心都没有了。

完颜珣把大家召集起来，问怎么办？大家都望着皇帝，表示如果实在没有办法，那就请和吧！

张行信一看，说："议和是议和，打仗是打仗。这是两码事啊。你们怎么一听到议和两个字，就都放下打仗的意识呢？自从跟蒙古兵开战以来，基本都是议和误了大事。如果当时我军再勇敢一点，挫败他们的锋头，议和早就大功告成了。我们怎么就不吸取这个教训呢？现在谈判代表团都还没有出发，谈判的结果还是未知数，我们居然就做了放弃军事行动的准备。这对议和能有什么帮助？所以，现在要做的就是加强战备，把粮草准备充足，组织精锐部队，与敌人死战，让他们感到困难。这才能让和谈成功。”

完颜珣一听，这话真的太对了。可现在能拍板的不是他，而是术虎高琪。他早就被蒙古兵打怕了。完颜珣只得在那里发呆：满朝文武，除了张行信外，居然没有第二个主战派。

议和使者还没有启程，铁木真的大军已经包围了中都。

这一次，真的包围了。

完颜珣对这些文武有些绝望了。

他不得不相信“高手在民间”这句话。

于是，他在东华门设立了个招贤所，说只要是金国公民，不管权力大小，不管地位高低，都有参与军国大事的权力。如果你参与得好，就可以破格成为公务员。大小百姓一看，反正蒙古兵已经包围了中都，大家没事可干，就天天在那里谈军国大事，个个都希望通过吹牛来改变命运。

而且还有几个人真的被完颜珣接见了。几个直接从街头跟到皇宫与皇帝面对面的人不是吹牛大王，说自己是诸葛亮再世，就是能撒豆成兵的半神仙，或者是有一双慧眼，只要一到天黑，举目照遥空，就能读懂上天的意图。即使是在和平时期，很多皇帝都相信这些玩意儿，更何况现在这个时期。弄得完颜珣天天跟他们在一起讨论。

张行信一看，太不像话了，直接对完颜珣说，这些人说的全是没有科学根据的话。陛下为什么相信这些人呢？把他们当人才，让他们参与军机，这只能是笑话。

完颜珣这才猛醒过来，把这几个人都踢出朝堂。

铁木真的大营就设在中都的北郊。

此时，金国很多地皮都被蒙古兵蹂躏了几遍，很多城市被蒙古兵破了一次又一次，可铁木真对中都却只围而不攻，他的手下都觉得这不是大汗的风格啊。

其实，铁木真比谁都想拿下中都，但这毕竟是人家的首都，非其他城池可比，以他目前的实力和攻坚的技术，要攻破中都，估计难以成功，即使成功，代价也太大了。

大家有事没事，都过来要求成吉思汗下令，别只围着不打。但铁木真不答应。

铁木真深知，现在他虽然处于攻势，但他的兵力毕竟有限，如果把金国逼急了，跟他死磕，然后四面八方的金兵靠拢过来，他将死无葬身之地。于是他又派萨巴勒进去威吓一把金国皇帝："你们的山东和河北等地都已经被我们攻下来了，现在全部划成我们的领土。你们现在手里只有燕京这座孤城了。我要是再攻击你，怕上天对我有意见，所以我决定撤走我的部队，放你一马。你应该出来慰劳一下我的部队才对啊。如果你不表示一下，我手下的士兵就会生气起来，他们一生气，我是约束不了的。"

完颜珣立刻召开大会，商讨对策。

术虎高琪说："铁木真一路杀戮，从不理什么上天有好生之德。现在怎么会突然有慈悲心肠来了？其实是他的人马长期在这里，水土不服了。可以断定他们的兵马已开始出现瘟疫。我们应该抓住这个机会跟他们决一死战。"

这话虽然有点冒险，但这个险是可以冒的。可现在金国没多少人敢于冒险了，包括术虎高琪自己也只是说说而已，却不敢带兵出击。

都元帅完颜承晖第一个起来反对："万万不能这么干。现在城里守卫部队的家属都住在各路，这些人都有十分浓重的乡土观念。个个都觉得离家久了，想回家了。如果这仗打败了，他们就会四散回去；如果打赢了，他们也会离开首都。所以，还是答应议和，先让他们离开再说。"

完颜珣再看徒单镒。

徒单镒说："我同意都元帅的意见。"

完颜珣说："那就跟他们谈判吧，能和平解决更好。都元帅你就当我方谈判代表团的团长吧。"

完颜承晖跑到铁木真的大营，跟铁木真面谈，全面接受了铁木真的要求。他离开的时候，铁木真说："听说你们的公主很漂亮。现在附加一个条件，送个公主给我当小老婆。”

完颜珣一听，这个蒙古老大也太贪了。还想要公主？他很舍不得自己的女儿，最后想出一个办法——完颜永济不是有个女儿吗？前公主也是公主啊。

于是，他把这个前公主送给了铁木真。完颜承晖很大方，只要中都有的，铁木真都可以要。完颜珣的打算是，先把铁木真忽悠过去，让他们从金国的地皮上撤军，然后再来一个励精图治，等元气恢复之后，把蒙古彻底打残。

铁木真带着他的部队，带着金国的美女和财宝物资回到他的大草原了。

金国看到铁木真不见踪影之后，这才宣布解除戒严。

铁木真一走，按说金国就应该吸取教训，组织力量，恢复生产，加强军队建设，以便与蒙古再战。哪知，此时的金国已经毫无血性。蒙古军还在城外时，他们都在想尽办法用钱财美女去消灾。现在他们又觉得中都很不安全。离蒙古太近了，人家快马一放，就直达城下，太危险了，还是离开这个危险的地方吧。南京留守布萨端提出，把行政中心搬到南京吧。那里是宋朝的首都，不但离蒙古远，而且比这里繁华多了。

完颜珣刚当了几个月的皇帝，就被蒙古大军围困在这座首都里，天天怕蒙古人攻进城里来，心里充满了恐惧感，听布萨端这么一说，觉得太对了，立刻准奏。

徒单镒和完颜承晖都反对，说要是你的车驾一动，军心民心就跟着浮动，北方各路基本就守不住了。现在最要紧的是积蓄力量，准备好军队和粮草，好好保卫首都才是王道。如果去了南京，不久南京就会被敌人攻击。如果一定要放弃中都，也应该到辽东那里。那是咱大金国的根本所在啊。

完颜珣一听，表示已经准布萨端的奏，不能再改变了。中都是守不住了，去辽东跟在中都都一样。

徒单镒看到完颜珣也是个没骨头的种，心里很绝望。胡沙虎政变后，是因为他的力挺，这个完颜珣才当上了皇帝。哪知，这个皇帝也是个软弱的人。他一绝望，再加上上了年纪，最后一口气缓不过来，死掉了。

完颜珣于贞祐二年（宋嘉定七年，蒙古太祖九年，1214 年）的四月实施了南迁计划。他让太子完颜守忠当中都第一把手，负责留守中都，然后带着六宫以及近卫部队浩浩荡荡南下。

铁木真很快就知道完颜珣迁都南京了，大怒：“不是都签订和平协定了吗？为什么又要迁都？原来是通过和谈来搞缓兵之计而已。”便决定再次南下。他彻底看穿了金国高层畏惧的本质。他认为，这一次他一出马，肯定能把金国的地皮全面拿下。

恰在这时，一个有利消息又传来。其实这就是完颜珣制造的一个事故。

话说完颜珣带着南迁队伍离开中都，向南开进。他以为他南下之后，就远离了蒙古大草原。远离了蒙古大草原，他就到了安全地带。

他在这里发布了个政策，让边地来的部队把原来配给的铠甲马匹都交还给官府。这些边地来的侍从部队就不干了，于是，揭竿而起，把自己的上司索晖杀掉，一致推举札达等人为带头大哥，返回中都。

完颜承晖急忙派兵过来堵截，反被札达大败。

札达虽然取得了胜利，但他也知道，在金国这片土地上，他是不可能再胜利下去的。于是，就派人找到成吉思汗，向成吉思汗表达了归顺的愿望，并请成吉思汗赶紧派大军过来救他。

铁木真当然不会放过这样的机会，马上派舒穆噜明安带着部队前去支援。此时金蒙边界经蒙古族多次冲击，边关早就形同虚设，工事更是还来不及修整。于是，铁木真的铁骑从大草原一路冲来，直抵古北口，一口气又占领了景、蓟、檀、顺几个州。

铁木真这次对金国更加生气，所有的将领也都很生气。铁木真的生气大概是故意做给世人看的，他看到金国高层这么急着迁都，知道金国的抵抗意志已经归零。而且迁都的事，必定造成举国惊惶，民心、军心全部直线下跌，再加上还出了札达事变，给他创造了千载难逢的好机会。作为善于抓机会的高手，他当然不能放过这样的机会。

至于手下那群人的生气，估计也不是真的很生气。他们都向大汗提出，对金国这些地方的守军，全部屠杀，让他们知道，抵抗是死，不抵抗也是死。

铁木真当然表示同意。反正在他的意识里，打天下靠的是他的这些勇敢的手下，而不是这些懦弱的俘虏。多杀几个人，会让他的勇士多一分血性。

但舒穆噜明安认为，不可杀。理由是，这些人在大汗眼里肯定是该杀的。可是大汗要是杀了他们，其他地方的部队就会拼死抵抗。如果全金国的人都在拼死抵抗，后果如何？所以，留下这些人的性命，金国其他地方的守军就会排着队过来投奔大汗。

铁木真一听，立马下令不可乱杀。

铁木真让札达继续当带路党，与舒穆噜明安一起，进逼中都。

这是蒙古骑兵第三次来到中都。第一次，只是一些游骑，第二次是铁木真的主力部队，这一次又是蒙古的主力。这一次与上一次有所不同的是，铁木真的部队经过多次战斗，才来到中都，然后先命人围困中都，派部队把中都四周的各路都横扫一遍，这才撤围而去。金国经过这一轮扫荡，全面虚弱下来，因此，这次南下，基本没有遇到多少抵抗，可谓如入无人之境。

完颜珣接到报告后，脸色又大变。在他的意识里，中都是永远守不住的。他怕他的太子会被铁木真抓住或者打死，心里很急，立马派人快马加鞭过去，把太子召来。

完颜素兰认为这万万使不得。皇帝离开首都，对全国人民造成的动荡已经巨大了。现在蒙古兵一来，太子又接着离开，全国人民会怎么想？

完颜珣性格有点软弱，听了完颜素兰的话，就说不出反对的理由。

他说不出口，但有人说得出口。

术虎高琪说："皇帝在哪里，太子就应该在那里。你说让太子守中都，你保证中都能守得住？”

完颜素兰说：“我当然不能保证守得住。但如果太子能坚守在那里，让全国人民看到朝廷的决心，军心民心就会跟着提振上来，边关将士的斗志也跟着提上来，那么首都就没有那么大的危险了。”

但完颜珣能听这样的建议吗？他要是能听这样的建议，他也不会南迁了。

取中都

完颜珣一边南下，一边派人告知宋朝，我们要南迁了，把你们过去的汴京当成我们之后的政治中心。你们以后交的岁币，直接送到汴京就可以了。

宋朝很多人一看，就知道金国被蒙古人打得怕了，北方将很快成为金国的失地。因此有的人主张做好准备，对金国来一次痛打落水狗，报当年的靖康之耻。也有人主张，我们要记住教训。当年我们联合金国灭了辽国，结果呢？金国接着就打我们，掳走我们的两位皇帝，比辽国更欺负我们。现在看来，蒙古比当年的金国更厉害。他们打金国时，一路南下，想来就来，金国完全没有还手之力。如果他们灭了金国，难道就能放过我们？所以，最好要留下他们当我们的屏障。我们一定要把岁币交给他们，算是资助他们对抗蒙古。

宋宁宗一听，好像都有道理。灭掉金国，报靖康之耻，是历代宋朝最高领导人到死都不能丢掉的想法和口号。可蒙古好像更可怕。他们越过千山万水灭掉金国，难道就不能渡过黄河长江过来干掉宋朝？宋朝到现在打金国，都打不过啊。

大家就在那里讨论来讨论去，一直做不了决定。

于是，岁币就没有送过来。

完颜珣也有些无奈起来。如果是以前，他肯定又发兵过去，把赵家痛打一顿。可现在他不能南下打宋朝——他现在的根本之地，基本都被耶律留哥控制。要打，必须先打耶律留哥。他先派人去做耶律留哥的思想工作，要他投降。耶律留哥不答应。完颜珣马上下令宣抚万奴带四十万人去进攻耶律留哥。打蒙古人不胜，打这个家伙应该没问题吧？

应该没问题。

于是，双方在归仁北河开打。结果大金帝国的政府军被耶律留哥的叛军大败。万奴带着残兵跑到东京城里，闭门喘气。耶律留哥顺势拿下辽东很多地方。他一看，自己的地盘也够大了，于是，宣布以咸平为首都，称为中京。

金国很生气，派部队去打耶律留哥，再被耶律留哥打败。

他们永远想不到，当年的一个政策，会导致现在这个局面。

耶律留哥的事越来越让金国高层头痛，而其他头痛的事又接着来。

第一个是北京又出现了一个事变：北京宣抚使兼留守鄂屯襄被手下的完颜习烈杀掉。完颜习烈把上司杀了之后，并没有抢上司的位子，而是宣布由乌库哩音达珲接任。可新宣抚使刚一上任，就把完颜习烈拉下去砍了。

第二个消息是，金国右副元帅富察齐锦看到蒙古兵势力大，金国越来越没有希望，就向蒙古人举起了白旗，并以通州当投名状献给了蒙古国。具体接收人为舒穆噜明安。

第三个重大不利的消息是完颜珣刚刚指定不久的继承人完颜守忠突然挂掉。他本来怕这个太子被蒙古人打死，这才召他南来。哪知，蒙古人还没有打中都，他却提前死去。

完颜珣本来以为，乌库哩音达珲把搞叛乱的完颜习烈杀了，应该是个有能力有水平的爱国将领。哪知，当木华黎带着大军向北京进军时，乌库哩音达珲连个抵抗的动作都不做，直接打开城门，宣布投降。更让人想不到的是，乌库哩音达珲以为自己主动投降，肯定会大大有赏。可木华黎却嫌他投降得太晚，宣布要活埋所有的投降士兵。

木华黎作为铁木真手下的第一谋士，是蒙古国文武双全的人士，多次带兵征讨，多次取得胜利。但认真算起来，他也只是战争型的谋士，不是一个政治家。他至今仍然信奉杀戮立威，而从不肯去动脑子思考过多屠杀造成的负面影响。从这个谋士的身上，我们可以感受到当时蒙古与同时代发达国家文明的差距。可当时是冷兵器时代，文明程度不能转化为战斗力。

幸亏还有萧也先。他是辽国贵族的后代，辽国贵族和现在的金国一样，建立国家之后，都努力学习中原文化，对政治两个字的理解很到位，知道民心不是靠恐吓得来的，而是靠仁治出来的。萧也先说："这是金国的北京，辽西的重镇，拿下这样的地方，就应该尽早让广大人民群众的情绪稳定下来，而不是立刻开展坑杀活动。我们打天下，不光占领土地，更重要的是占领人口。"

木华黎这才叫停了这次大规模的坑杀百姓的活动，然后叫乌库哩音达珲过来，表扬了他一番，让他继续当北京的第一把手。

这时，金国中都留守的最高长官完颜承晖也乱了套。他本来就底气不足，看到他的副手富察齐锦脱离金国，把通州划到蒙古国的势力范围后，就更坚定了不胜的预测，不断派人去催中央赶快发兵来救。

完颜珣虽然对中都早已没有信心，但也不能这么放任地让蒙古拿去，因此还是咬牙下诏，命令左监军永锡、右都监乌古论庆寿带了大约四万兵力，由李英从大名运粮前往救援中都，另调行省富珠哩德裕继续召集各路兵马做后援，陆陆续续向中都开拔。完颜承晖觉得情况越来越紧急，便派人带着用明矾写的机密信从小路出来，然后快马送到完颜珣面前，说，现在蒙古兵围得越来越紧了。富察齐锦叛国投敌之后，北京的力量已经无比单薄。只怕中都陷落之后，辽东、河朔将不再是我国领土。如果各路兵马行军速度赶得快一点，也许还能救得中都。

永锡的部队跑得很快的，可跑得快也没有用。他们很快就来到涿州的旋风寨，与那里的蒙古兵发生了一场遭遇战。蒙古兵看到金国突然涌现这么多的部队，当然不会放过。可刚一接触，永锡带来的部队就宣布崩溃，退得无踪影。李英本来跟在永锡的后面，开头做得还很像样，一路不断地收集抗蒙义士，居然收集了几万人，高喊口号去保卫首都。他做动员工作很不错，但军事管理水平太差，带着个几万人的部队，除了几句口号之外，没有一条军纪，大家松松散散地前进，跟刚从山上下来的土匪没什么两样。更要命的是，他还是个酒鬼。不管情况如何，先猛灌几斤再说。否则，就没精神。

这个酒量很豪的哥们儿，带着他那支土匪式的军队也开到了霸州。

霸州也有一支蒙古军队。

前方的部队向他报告，已经与敌人发生了接触。

李英却还一手拿碗，一手指挥作战。这样的战斗要是能取得胜利，蒙古军还会打仗吗？金兵很快就被打了个大败，李英也在战场上光荣牺牲。他所运过来的粮草也全部免费送给了蒙古兵。

还有一支部队由乌古论庆寿带着，准备来到中都外围，但接到两路大军先后被彻底消灭的消息后，就带着自己的部队向后转——反正再冲过去也是送死。如此一来，金国的首都被蒙古大军层层围住，金国再也没有哪路部队来救援，成为名副其实的孤城。

于是，完颜承晖只得靠自己在那里硬挺着。

哪知，当他在那里咬着牙关，天天对着部下表示自己死守到底的决心时，竟然还有人对他眼红。

嫉妒他的人就是新科权臣术虎高琪。他打败仗怕被追究责任，为了自救而杀死了前任权臣，然后自己坐上了权臣的位子。可他当了这么多天的权臣，形势对金国越来越不利，中都被围，首都南迁，国运日下，他都没有办法。他这才知道，当权臣也是需要水平的。他觉得自己的这个权臣当得实在是太窝囊了。为什么当得这么窝囊，就是因为别人的水平比自己高、功劳大。得把这些水平高功劳大的人搞下去，自己才能浮出水面。他左看右看，目前全国只有完颜承晖有立功的可能。因为这家伙能把中都死守到现在没有变成沦陷区。

得想办法让完颜承晖守不成中都。

此前，完颜珣已要求各路部队都开往中都，尽量援救首都。但各路部队的指战员们个个都怕打仗，拿了皇帝的命令，但前进的步伐却越来越慢。术虎高琪当然知道这些情况，于是，又暗中搞点手脚，那些部队有头号权臣的支持，更是边走边观望，行军基本保持蜗牛的速度。这样的部队，即使到了中都，也注定是吃败仗的。

完颜素兰刚从中都回来，对这个情况十分了解，于是，要求进见完颜珣，然后历数了两代权臣的祸害，并强调说，现在这个术虎高琪比胡沙虎的危害还要大。胡沙虎还支持抗蒙事业。术虎高琪现在却在做着危害抗蒙大业的事。这跟直接颠覆国家有什么区别？现在要做的是，任用完颜承晖这样的忠臣。因此，应该立即把完颜承晖请回来主持大局。

完颜珣认为完颜素兰说得很对，但他又下不了决心，只是把完颜素兰提拔了一下，让他当监察御史。

现在攻打中都最积极的倒不是原蒙古籍的将领，而是从金国投奔过去的舒穆噜明安。他既有政治眼光，又有军事能力，对铁木真事业的影响力很大。他一口气拿下万宁宫、富昌关和丰宁关，进而夺取国安。

金国中都最后的危急时刻终于到来了。

完颜承晖知道自己最悲壮的时刻已经近在眼前。

这时，中都是完颜承晖主持全面工作，而他的副手穆延尽忠负责军事。完颜承晖把穆延尽忠叫来，开了两个人的会议，会议只有一个议题：中都肯定不保了，咱们都光荣牺牲吧。

穆延尽忠是完颜承晖一手提拔上来的，向来听老领导的话，可到了这个关头，他就不再听了。他说，现在还是南逃划算。

完颜承晖睁着那双眼睛，盯着这个老部下，那双曾经阅人无数的眼睛，突然变得无比迷茫。原来还是看错人了。

他长叹一声，流下了无比悔恨的泪水。他跌跌撞撞地返回府中。他本来想大发一通脾气，把这个不知精忠报国的老部下狠狠地批一通，但他知道，他批得再义正词严，再畅快淋漓，也于事无补。而且兵权在他手上，自己再刺激他，后果更严重。

他回到府中之后，还是想不通，突然想起元帅府经历完颜师姑是穆延尽忠的铁杆，便把这完颜师姑叫来，问："我以前认定穆延尽忠是个军事家，所以让他主管军事。当时，我曾跟他一起发誓，要是中都不保，就一起死，可现在他却不干了。他肯定已经有南逃的计划。这个计划别人不知道，你肯定知道。”

完颜师姑说：“就在傍晚。”

完颜承晖不由大吃一惊，再问：“你收拾好行李了吧？”

“当然收拾好了。”

完颜承晖大怒，喝道：“你们这些人，都怕成这个样子，这个国家还有什么希望？”喝令刀斧手过来，把完颜师姑拉下，斩之。

他颓然坐下。

他绝对没有想到，自己作为首都的最高长官，最后居然是一个不明真相的人。

但现在明了真相，又如何？

他不再管别的事，不再批阅满桌上的文件，而是去辞别家庙，然后专心写最后的奏章，向完颜珣进最后一番话。他在这个临终奏章里，分析了金国这些年来失败的原因，也痛陈了权臣们的误国，请完颜珣尽快诛权臣，任贤能，国家或许还有救。最后说自己深受国恩，却不能为国家守住首都，只有以死报国了。

他放下笔时，望着窗外。此时正是春夏之交，枝头已发新叶，桃花已经灿然，然而，他却形容枯槁，心如死灰。

家国如此，春光更比冬风寒。

他把家中所有的仆人们都召集起来，然后把所有的家财都拿出来，按他们的年纪和功劳大小的原则分给他们。大家看到老爷这么做，知道他要去死了，都放声痛哭起来。

完颜承晖反而泰然自若起来，对大家说，以后在没有他的日子里，希望大家活得更好。

最后，他去见自己的老师师安石，说他永远记得老师的教导。他一边说，一边喝酒。最后，他喝得大醉，拿起笔来给老师写永别留言。写毕，他一看居然有两个字写倒了。他凄然把笔一扔，说，到底还是神志迷乱了。然后对老师说，老师走吧。我不送客了。

师安石一出门，就听到府中器声大起，这才知道，自己这个学生刚才喝的是毒酒——写字的时候，毒性已开始发作，这才写错了两个字。

完颜承晖的水平不怎么样，但忠义之心着实可嘉，只是生在这样的年代，这颗忠心被辜负了。

完颜承晖一死，大家只能把他埋在院子里，然后都抢着要出逃。完颜珣南迁时，十分仓皇，除了几个嫔妃外，大量的后宫美女都还留在中都。这些嫔妃看到完颜承晖都死了，也知道中都就要被攻破了。于是，都背着包袱来到通玄门，做好逃离的准备。

这时，穆延尽忠来了。暮色苍茫之中，中都的军事主官大步而来，军容整齐，看上去让人很放心。

穆延尽忠看到这些女人到处加塞，都挤满了路，根本过不去，就大声对大家说："各位夫人都是陛下的红人，末将的重要任务就是为皇帝保卫各位夫人。现在为了让各位能顺利回到皇帝的怀抱，我必须为大家开路，请大家让路。"

这些女人一听，纷纷让路。

他从容地从那条路上大踏步而去，还有他的家人。

女人看到他们头也不回地向前走去，打开城门之后，跑得比兔子还快，这才知道上了他的当。

城外的蒙古军潮水般地涌进城里。这些蒙古兵围城围了这么长时间，心里都已经很气愤了。进城之后，又执行烧杀政策，连皇宫也被大火烧掉。

舒穆噜明安知道后，急忙赶了过来。大家对他的行为早已了解，都纷纷出来迎接他。他迅速叫停了蒙古兵的烧杀行为，然后出榜安民，让大家好好生活。中都百姓的情绪这才稳定了下来。

当时，铁木真在桓州避暑。这时，他已经六十多岁了。以前，他是不知道避暑的。

铁木真下令把舒穆噜明安大大地表扬了一把，然后把金国国库里的财物全部运送到北方。

经过这些年的征战，铁木真对舒穆噜明安越来越信任，这时看到他拿下中都，而且很快就让中都恢复秩序，实是个不可多得的治国人才，于是，任他为太傅、封邵国公，兼管蒙古、汉军兵马都元帅。铁木真准备重用这个人才，他也准备大干一番。哪知，很多事不是伟大人物就能说了算的。舒穆噜明安才当了几天的太傅，就突然病逝，享年五十三岁。

铁木真得知后，大吃一惊。这些年来，他多次随铁木真征战，每战都能料敌制胜，算无遗策。更重要的是，铁木真现在的盘子很大，他手下的战将很多，随便派一个大汉出征，打个胜仗没有问题。可治理国家的人才还是很少，基本懂得治国常识的，也是几个从金国跳槽过来的人，但他们比起舒穆噜明安来，还是差了不止一截。铁木真太需要这样的人才了。

但人死不能复生。

铁木真想了又想，突然想到，现在手下懂治国道理的基本都是辽国遗民。舒穆噜明安是辽国故人，萧也先也是辽国过来的。于是，他拍了拍脑袋，何不再从耶律氏的子孙中寻找人才。这些人跟金国有不共戴天之仇，一直隐忍，正在等待机会。

果然，不出所料，通过这次挖掘，挖出了一个大大的牛人。

他真的有才

这个牛人就是耶律楚材。

耶律楚材是耶律阿保机的九世孙、辽东丹王耶律倍八世孙，身上保持的是契丹皇族最纯正的血统。他跟那个耶律留哥不同。他的祖父当了金国的大官。他的老爸更是当到尚书右丞。尚书右丞这个官名历史很悠久，从汉代就开始出现，是尚书左仆射的助手。尚书左仆射又是尚书令的副手，所以算不得什么大官。到了唐朝的时候，是正四品，相当于现在部级干部。到金国时，已经是正二品，与参知政事同个级别，称为宰相佐贰，跟现在的副总理同个级别，用现代流行的称呼，就是副国级。他老爸当副宰相时，金国已经彻底汉化。他老爸的汉学功底十分深厚。他出生时，他的老爸耶律履已经六十岁。耶律履老来得子，心里很高兴。跟很多老来得子的男人一样，耶律履希望他是家里最有出息的人。于是，他翻了很多书，给这个儿子找名字。最后，他决定浓缩《左传》里那句名言当儿子的名字：

楚虽有材，晋实用之。

于是，他就叫耶律楚材。

耶律楚材的老爸在他出生才一年，就死掉了。当然，如果是别的宰相，死了之后，必定还留下巨大的财产，够子孙大吃大喝几辈子都花不完。可耶律履却不是别的宰相，他的工资虽然很高，可却很仗义疏财，虽然书读得不少，但不善于理财，所以死了之后，家里居然没有多少财产。据后来耶律楚材回忆老爸时说“我考文献公，清白遗四壁”。家徒四壁之类的话，肯定是有些夸张，但家道远不如前、手头不宽裕大概是事实。

当时，耶律楚材还有两位哥哥，一个叫耶律辩材，一个叫耶律善材——你一听两个哥哥的名字，就跟耶律楚材不是一个档次了。这也说明，他老爸对他有着无比的期望。

他从小就是个热爱学习的好孩子。他在老妈的教育培养下，一心一意地读书，年纪轻轻就博览群书，只要是书里的东西，他都基本能够掌握，天文、地理、律历、术数及释老、医卜等，无不精通。

当时，读书人出来混的渠道基本只有一条，就是参加科举，考中了就去当官发财，算是大展宏图。耶律楚材十六岁时，就决定去考公务员。当时金国有个政策，就是老爸做过宰相的，可以免考，而直接录用为省掾。省掾就是中央各部委里的工作人员。但耶律楚材不想享受这个特权，没有去朝廷早已给他准备的单位报到，而是要求参加考试。

金章宗觉得很不错，把他们十七个人一起叫过来，出了一个案例当试卷，让他们当场解答。结果，大家一致认为耶律楚材做得最好。于是，先任命他为掾职，然后提拔为开州同知。

贞祐二年，完颜珣南迁时，耶律楚材的两个哥哥都跟着中央机关去汴京，他却被留在中都。当然，不是他自己愿意留在这里的，而是完颜承晖觉得他是个人才，让他在这里帮自己。在中央南迁之后，他被完颜承晖任命为左右司员外郎。左右司是尚书省的二层机构，最高长官是郎中。员外郎是郎中的副手。这个官实在算不得大官。但当时他只有二十四岁。

当铁木真要求从俘虏中发现人才时，有人推荐了耶律楚材。于是，铁木真与他见面了。

当他出现在铁木真面前时，铁木真眼前一亮，他不但身长八尺，而且几绺长须，让人看过去，就一个字：酷。铁木真看到耶律楚材时，远比他第一次看到舒穆噜明安时有感觉。他立刻与耶律楚材聊天，发现耶律楚材比那个舒穆噜明安博学多了，说话有条理多了。

其实金国仍然还有人，只是不在重要的岗位上。

完颜珣刚到汴京时，有个进士刘炳就直接给他上疏，直陈十条意见，把金国这些年来屡打败仗的原因由浅入深、深入浅出地解剖得很到位，并提出十条建议，条条都是可行的。完颜珣也表示十分中肯并举双手赞同，但他只是赞同一下而已，然后任命刘炳为御史台令史，算是给他一个交代，至于那些建议，就搁置起来，不了了之。

这就是差距。这个差距有多大？告诉你，两个字：“兴”与“亡”之间的距离。

第八章
灭西辽

杂牌军的战斗力

铁木真拿下中都之后，便封木华黎为太师国王，负责经略南部，自己带兵回去，驻扎在鱼儿泺，谋划进攻潼关。

铁木真前几次从西部向金国进军都不怎么顺利，但要深入中原大地，必须拿京兆以西地皮。

其实，这些年来，不只铁木真的蒙古骑兵在打金国，西夏也不时出兵骚扰大金帝国，只是成果不显著而已。蒙古与西夏现在仍然是同盟关系。因此，铁木真派繖格巴图率一万多骑兵，从西夏借道，以京兆为目标狂奔。但在潼关受到金兵的阻击。繖格巴图猛攻之后，知道凭他现在的力量拿不下潼关，便放弃潼关，从山路迂回前往汝州。

这里的山路溪流纵横，大军难以逾越。繖格巴图下令把铁枪锁在一起当成渡桥，居然一路过关。他们一出山涧，抓了个路人甲一问，再往前是什么地方？

汴京！

缴格巴图一听，原来南京这么快就到了。他下令部队直接向汴京冲过去。

这一次，完颜珣的情报做得不错，知道蒙古军队突然南来了。完颜珣南迁时，总以为自己跑到了南京，离蒙古已经很远了，可以安全一点了。哪知，蒙古军队还是说来就来。这时他也知道，再不组织抵抗，就没有地方可躲了。于是紧急命令花帽军去迎敌，无论如何不能让蒙古再往前一步了。要是让他们又打进首都，不光丢脸，还要丢命。

花帽军以前是由汉人组成的军队，算起来是金国的杂牌军。金国的军事力量，主要还是以女真契丹兵为嫡系，汉人基本都属于杂牌军。金国末年的汉人军队，很多不是政府征召的，而是由当地的土豪们自己组织的。当年居庸关之战，在金兵正规军四处溃逃之后，由土豪们组织的部队仍然激情请战。只是金国军事部门看不起这些力量，没有充分利用一下。除了土豪们组织之外，还有官府里的汉人官员也不断地招募“壮士”，充当自己的部属，搞得很像正规军。此类武装就是所谓的“花帽军”。

这些花帽军此前很少与蒙古兵正面接触。这一次，接受完颜珣命令去阻击蒙古军花帽军的带头大哥是郭仲元。郭仲元绝对是草根出身的。当年，李雄征兵时，他应征入伍，是一个从最底层做起、不断成长的有志青年。贞祐二年正月，蒙古兵围困中都，当满朝文武毫无办法时，他们在李雄的组织下，带着四百九十个人连夜出城，经西山到佛岩寺，然后由李雄下山去再征兵。

当时，蒙古铁骑四处冲击，到处是无路可逃的难民。李雄一发出号召，没几天就叫到一万多人。他们就带着这支部队，四处骚扰蒙古军，但他们没有打金国正规军的旗号。当然，他们的主业还是抗击蒙古兵，不断地跟蒙古军打游击战。开始，他们自称土豪兵，别人称为义军。

他们自己玩了不久，终于引起金国高层的注意。于是，给这些义军的头领都颁发了委任状，成为花帽军。开始时，他们还只让花帽军打土匪，但现在没有别的部队了，就只能让花帽军上。

花帽军接到任务后，立刻动身，向无敌的蒙古铁骑迎过去。

双方在离汴京二十里的杏花营相遇。

如果是以往，这次肯定又是金兵大败，何况是一支军容一点不整齐的部队。

缴格巴图看到这些冲上来的汉人部队，下令大家冲锋，争取晚上进大金国的首都吃晚餐。哪知，花帽军的军容并不养眼，但战斗力极强，双方大战，蒙古兵不能前进一步，被打得大败。

缴格巴图只得下令掉头回去。他们是骑兵，一宣布脱离战场，立马就可以扬长而去。郭仲元虽然下令追击，但两条腿赶四条腿也只能是追而不能击了。幸亏是冬天，黄河水面全部冰冻，蒙古骑兵这才顺利撤回。

缴格巴图很郁闷，潼关拿不下，可以说是关隘险要，易守难攻，后来还是靠迂回取得了胜利，可跟这些步兵接战，居然也打不过。这些年来，蒙古兵与金兵开战，正面交锋基本都是保持大胜的纪录。这一战，可说是蒙古兵的第一次战败。而且自己的部队是突袭，别人靠着两条腿拼命前来接战的，主动权牢牢地掌握在自己的手中啊。

缴格巴图一边撤退，一边与金国沿途截击的部队交战，居然一路取得胜利，并没有被歼灭在金国境内，得以从容回家。

从此战可以看出，如果金国高层会利用地方武装，会笼络民心，要遏制蒙古军还是可以做到的。但金国高层没有一个人愿意把目光放到底层，没有人愿意相信民间的力量。他们跟很多人一样，认为堂堂政府都做不到，那一群素质低下的小民能做出什么来？即使花帽军取得了抗战以来第一场正面战场的胜利，他们仍然不愿往这边思考。

对于铁木真来说，这一战的失败，他并不惊慌。因为派出缴格巴图去打潼关，也只是一次试探性的出击。最后一支孤军能直冲到汴京城下，又能在深入敌境之后，全身而退，已经远远超出了他的预期。

木华黎也碰到点小麻烦

虽然缴格巴图没有取得胜利，但木华黎却是节节胜利，只要他兵锋一指，无不应声而下。没几天，河北东西两路尽归蒙古版图。

不过，木华黎也碰到了一件麻烦事。

他打下大名府之后，命令部将张鲸带所部准备南下，继续扩大战果。可这个张鲸觉得自己的力量已经足够，下定决心要自主经营。他的理想很不错，但就是心态太浮躁，内心才刚出现这个想法，脸上就完全暴露出来，而且还被木华黎看到了。木华黎只看到人家的脸色，但没有抓到把柄，所以只能派萧也先跟他在一起把他监控起来。

大家行军到了平州，张鲸认为搞事的时机已经成熟，于是说自己身体不舒服，要休息一下。

萧也先果断地把他抓了起来，然后毫不犹豫地把他砍掉。

萧也先以为，对张鲸手起刀落之后，隐患就永远消除了。可他没有想到，张鲸还有个弟弟叫张致。

张致比他哥哥果断多了，听说哥哥被萧也先砍头之后，直接把长史抓来杀死，然后迅速占领锦州，宣布自己现在是瀛王张致，而且还搞了个年号兴隆。

木华黎和萧也先虽然头脑很聪明，但打死他们也没有想到，张致会敢于起事，而且动作这么快。

两人还在那里发愣，张致又拿下了七个州，这些天来，他们拼命拿下的地皮，瞬间全部归到张致的名下。两人愤怒得要命，立刻调整部署去攻打张致。

金国的张开乘机收复了河间府的十三个县。

张致知道自己打不过木华黎，就向金国投降。

金国这些年来，只有自己的部将向蒙古举白旗，直到现在才有一个从蒙古国那边过来的，也算有点收获。可金国高层已经没有一个能倒转乾坤的高手，会抓住这个关键节点，作为一个契机，然后反攻。一群文武大臣依然在那里不知如何是好。只有一个张开，仍然在奋斗。而这个张开目前也只是个同知。他接着又收复了清州等十一城。这充分说明了，蒙古兵并不是不可战胜的，也充分说明了，曾经横扫中辽宋的女真部队已经彻底堕落，成为只会打败仗的权贵部队了。而金国高层的眼里偏偏只有他们女真族武装。他们现在只想把全国力量集中到首都，以为把首都保卫好了，他们就不怕了，其他地方似乎跟他们无关。

张致向金国投降后，金国就任命他为行北京路元帅府事，也就是代理北京路的最高长官。现在北京路已经不在金国的手中，这种任命其实就是遥领，跟任命你当月球球长没多少区别。更要命的是，除了这份委任状之外，他们并没有派出部队去跟张致合作，继续与张开一起扩大战果，而是让两个人继续跟蒙古大军血拼，自己在旁边看着，如果胜了，那就表彰一下，如果败了，那就败了。

此时，铁木真又派大军在西部展开军事行动，派繖格巴图再攻打潼关。这一次，繖格巴图终于打下了这个著名的关隘，并把金国安西节度使尼庞古富勒呼打死在战场上，最后压向嵩州和汝州之间，与木华黎呼应，为木华黎在那边肃清张致解除后顾之忧。

其实打到这个时候，蒙古军已经没前几次进入金国那样锋利了。一来年年打仗，可能也有些累了；二来战线拉得太长，力量已经不集中；三来西部的地形对骑兵的行动有些不利。

金国的御史台令史刘炳也看出了这些，紧急给完颜珣上疏，指出中央现在的决策太缺乏长远战略眼光了，花大量精力放在首都的防御上，而对全国其他地方不管不顾。于是，蒙古兵看到首都力量雄厚，就根本不理首都，而是四处出击，把周边的地盘全部占领。现在我们最需要做的，就是马上派兵去扼守潼关，派出得力干将，各带精锐部队，做好分工协作，灵活开展军事行动，与太原府的乌库哩札互为犄角，肯定能把蒙古兵拖累在战场上。

完颜珣一看，觉得是个不错的建议。完颜珣的脑子并不差，但一看好建议，却不敢果断拍板，而是又拿着这个建议交到尚书省，由大家民主讨论决策。

他很民主了，但尚书省的老大民主吗？现在主管尚书省的就是平章政事术虎高琪。

这个末代权臣拿了几年大权，前方天天打败仗，没见他出台过什么金点子。他最大的特长就是嫉妒别人。如果刘炳的这个建议是个馊主意，能把国家往死处推，完颜珣表示坚决反对，他就举双手成了。现在这个建议皇帝亲自说好，他能点赞吗？他要是同意了，会是什么后果？当然，对于金国来说，是有收复失地可能的好后果；可对于他来说，则意味着皇帝面前又出现一个大红人。在他看来，皇帝面前只有一个红人，不能再有第二个红人来分他的权了。

术虎高琪拿到建议后，只在上面打了个圈，然后批示："台官素不习兵，备御方略，非所知也。"

术虎高琪继续强行把各路军队和物资都调到汴京。

在张开和张致跟木华黎死磕的时候，那些接到保卫中央命令的部队，纷纷向汴京靠拢，完颜珣都派兵去把他们接应过来。唯独没有派部队去接应张开和张致。

张致到这时才知道，自己投降真的错了。眼看木华黎的大军不断地逼近，他只得高挂免战牌，死守险要，能支持多久算多久了。

木华黎看到张致不但兵马强壮，而且又占据了险要，硬攻肯定是拿不下来的。他把部将乌页尔叫来，说："你带你的部队去攻打溜石山堡。张致肯定会把派兵去援助。他那边一动，我就从这里猛打，可以一下将他活捉。"然后又派布哈到永德镇西四十里的地方等候。

一切部署停当，乌页尔的部队一向溜石山堡发动进攻，张致果然就把部队调往那里。

蒙古骑兵看到张致果然冲了出来，就截断了他的退路，然后飞报木华黎。木华黎连夜急行军，在神水与张致的主力部队面对面。

此时，布哈也带兵过来与木华黎会师，对张致进行夹击。张致只得大败，拼死逃回锦州。木华黎消灭了张致的主力，乘胜包围锦州。张致看看手下已没多少兵员了，知道自己再怎么能征善战也守不住这座孤城了，于是，拼命突围，但拼了几次，都不成功。

张致没有办法，只得闭门死守。

没有办法的张致，坚持死守了一个月，他手下的高益却不干了，把张致绑了起来，然后打开城门，把张致送到木华黎的帐前，办完投降手续。

木华黎肯放过张致吗？

金国又碰到猛人

张致事件，帮了金国的一个大忙，让手足无措的金国又缓了一口气。可金国只顾靠这口气把各路部队加快调往汴京，而没有做更积极的抗战准备。因此，这口气仍然救不活金国这盘死棋。而更要命的是，术虎高琪觉得自己这些年来，完全没有体现出权臣应有的特征。所以，必须搞个别人反对的决策来，然后强制执行，这才显示权臣的霸道。现在做什么决策最吸引人眼球？打蒙古当然吸引人家的眼球。可蒙古能打吗？人家能跟他们去打吗？甚至西夏都不能打啊。西夏是蒙古的兄弟国家，打西夏等于打蒙古。既然打北方没有出路，就把目光转移南向。

打宋朝！

对，就是打宋朝。我们打不过蒙古，难道打不过宋兵？从蒙古那里丢掉的尊严，咱就从宋朝那里要回来。

于是他就天天关在家里，谋划着如何去打南宋，之后天天做完颜珣的思想工作，劝他打南宋。

既然你说打南宋，那就打吧。

于是，嘉定十年（蒙古太祖十二年，金贞祐五年，1217年）三月，被蒙古国打得神经错乱的金国突然派乌库哩庆寿、完颜萨布带兵渡过淮河，向南宋进攻，一个月后，拿下光州的中渡镇，然后分兵围攻樊城、枣阳和光化军，另外派完颜阿林从大散关那里攻打西和、阶、成等几个州。

南宋朝廷也跟金国差不多，这个权臣倒下了，另一个权臣站起来。史弥远干掉了韩侂胄，然后自己当了权臣。史弥远靠当韩侂胄的反对党成为权臣，执行的当然是反韩路线。韩侂胄主战，他就主和。虽然同是权臣，比起术虎高琪来，他玩权臣的套路深厚多了。术虎高琪基本只当了个空头权臣，很少发表言论。而史弥远却不同，完全是搞顺昌逆亡那一套。他跟很多无能的官僚一样，对外连喊打的口号都不敢喊，但对内部人员下手起来，果断得很。他们的眼睛基本全神贯注着国内的动静，只要看出谁有反对的苗头，就坚决消灭在萌芽状态。而从不把目光向外看一看。这些投降派以为给了大量的岁币，人家就会看在钱的面子上，跟你友好到底。史弥远做梦都没有想到，金国那边也有一个类似于他的权臣，想通过打败南宋来体现自己的水平。

宋宁宗和史弥远突然接到战报。一时也不知道怎么处置才好，下令宣战吧，怕破坏了和平协定；下令不打吧，人家的大军却杀了上来。最后，他俩给赵方、李珏、董后宜等几个地方制置使下了一个诏书，现在金国打过来，你们见机行事。

任何一个脑袋正常的人都可以看出，这是一个推卸责任的命令。

当这个命令传到几个制置使的手上时，金国大兵已压到了襄阳。守将们对这种文件早就有所领教，正在研究着诏书的内涵。赵方觉得再这样研究下去，人家打到首都了，他们都研究不出成果来。他把两个儿子赵葵和赵范叫来，说：“朝廷下了这么一个诏书，是和是战，硬是不讲明白。现在敌人打得猛，城里的人心越来越乱。我们不要再去研究这个诏书了。我们只有带兵守城，和敌人决一死战。”

他马上写了一份奏折报送皇帝，把自己的不满情绪统统讲给宋宁宗听，表示自己坚决打仗。然后就跑到襄阳前线，写信给扈再兴、陈祥、孟宗政等几个手下，要求他们要把抗金事业进行到底。

金国在蒙古铁骑面前，被虐得睁不开眼，但一与南宋开战，却表现得很凶猛。他们决意拿下襄阳，从团山一带席卷而来，声势大得要命。

扈再兴把所部一分为三，并且设下了埋伏，等金兵的到来。

金兵根本不把南宋人放在眼里，看到这队宋兵居然敢在这里阻击，冲上去就打。

扈再兴出阵接一仗，然后假装不敌，大叫撤退。

金兵一看，勇往直前，拼命追击。最后，毫无悬念地追进了宋军的埋伏圈。孟宗政和陈祥早已做好准备，看到金兵中计，便从两厢杀出。

金兵这才知道中了埋伏，一时之间斗志全无，被宋兵杀得大败，山谷之中，填满了尸体。

襄阳这边的金兵大败，但枣阳那里的金兵却十分顺利。现在枣阳已经被困到最危险的时刻。

赵方命令孟宗政带队去救枣阳。

孟宗政中午接到命令，即刻从砚首出发，拼命狂奔，到第二天黎明时分赶到枣阳城外，也不休息片刻，就直接杀进敌人的阵地。最后，金国广大南侵指战员连夜狂逃。如此一来，金兵的士气彻底下跌，全部被击退。

赵方接着上疏，请乘胜北伐。当然，如果是其他人当皇帝，他的这个建议，是会被采纳的。可现在宋宁宗那双耳朵不是用来听这些建议的，而是用来听史弥远的话。当然，他们在回复赵方时，是不会说我们还是投降的好，而是强调履行合同的重要性。

金国的皇帝奇葩，宋朝的皇帝更奇葩。在这样的对手面前，成吉思汗没有理由不成功。

他不管你们在玩什么，他给自己布置的任务就是南下，继续南下，不停地打这里又打那里。

救了一城人的性命

在金国南征被打得满地找牙的时候，铁木真对木华黎大加赏赐，拜他为太师，封国王，可以以老大的名义处理政事，把鸿吉哩等十支部队和蕃、汉诸军都分到他的手下，由他全权指挥，让他在燕云建行省，并对他说：“太行山以北，由我说了算，太行山以南，你就帮我说了算。”

木华黎就这样成为蒙古国最有权力的开国大将，全面主持对金之战。他拿到这个权力大棒之后，继续带着这些军队从中都出发，向南进攻遂城和蠡州，说是要以此来向成吉思汗献礼。

可这个献礼之战开始并不顺利。防守蠡州的金兵突然变得顽强起来，木华黎亲自督战，连番进攻，居然打得很艰苦。最后金国守军弹尽粮绝，个个无力再战了，这才拿下这个小城。

木华黎觉得很丢脸，他大怒起来，拍着桌子大叫：屠城，屠城，一个不留地杀光。

这时，他手下有一个蠡州人叫赵瑨，现在是个百户。成吉思汗立国到现在，除了学金国搞了些太师、太傅之类几个有限官名外，大多都是百户、千户、万户之类的官。百户只是个基层干部。这个籍贯蠡州的基层干部，虽然当蒙古国的官，领蒙古国的工资，但是个热爱家乡的人，他看到木华黎大吼着要把他家乡的男女老少全部杀死，就哭着对木华黎说："老大，我的母亲和哥哥现在都在城里，请用我的脑袋换全城人的性命。"

木华黎一怔，看了看他，突然想起舒穆噜明安的多次提醒来，便把怒气压下来，挥挥手，说："看在你的面子上，不屠城了。"

木华黎不屠城，但仍然继续打仗，继续扩大战果。不久，他率大军从太和岭出发，占领河东地区，攻下代隰二州。然后全力进攻太原。

当时金国的太原守将就是乌库哩德升。他这些年来，一直坚守太原。前些年，蒙古兵的主力曾围攻太原，几次断了太原的粮道，眼看就要取得胜利，但他硬是又把粮道开通，让太原转危为安。金国中央对他大大地嘉奖了一番，可并没有派兵来配合他，仍然让他继续守在那座危城。

这一次，木华黎誓言要拿下太原。

木华黎这次不再给他收复粮道之机，用大兵团将太原重重围住，一圈又一圈。双方攻守得都很艰苦。木华黎最后毁坏城墙，冲进城中。

乌库哩德升又在城中布置栏栅，继续抵抗。最后他拿出自己家中所有的财物，直接摆在大家的面前，谁跟他打仗就给谁钱。但仍然挡不住木华黎的进攻。木华黎终于从城西北冲入，乌库哩德升用战车连起来，堵住敌人的来路。木华黎的部队向他发起冲锋，但都被他打退，反复三次，都是如此。最后，木华黎把全军的射手都集中起来，向城头狂射。但见箭如雨下，城头的守军无法站立。蒙古军终于登上地头，杀进城中。

乌库哩德升知道自己已经尽力了，于是回到家中，把家人叫到眼前，说："我守这里已经多年，现在终于守不住了。"于是，不再说什么，找了一条绳子，结束自己的生命。他的老婆也跟着自杀。

太原一失，周边地区大为震动。木华黎乘势连克汾州、绛州、潞州，向平阳进军。平阳是西部的重镇，可守军只有六千人。这六千人伸着脖子向外看，连援军的影子都看不见，太原那样的大城，都顶不过蒙古兵的进攻，我们这六千人还能做出什么来？既然中央都不把平阳当自己的要塞，我们拼命还有什么用？于是，木华黎轻而易举地拿下了平阳。

太原和平阳相继被木华黎攻下，等于宣布金国军事经济政治中心的河南路已经无险可守，藩篱尽失。

在木华黎不断取得胜利的时候，铁木真又开辟了一个新的战场。

他接到情报，知道乃蛮部最后的残余势力就在西辽。那个屈出律正在那里当权臣。铁木真可以放过金国，但绝不能放过草原部落的这些仇家。此时，不但屈出律在那里过着皇帝般的幸福生活，就连蔑儿乞部的残余也在那里。

于是，他决定先把这些力量肃清，然后再图南方。

西辽简史

话说，当年乃蛮部被铁木真一番痛打之后，屈出律带着极少残余一起出逃。

屈出律深知，按铁木真现在这个势头，不用多久，草原每一寸土地都会成为蒙古国的土地。他要是还在草原上投奔来投奔去，永远都逃不过铁木真的追打。因此，他一口气跑到了西辽。

很多人对辽国肯定很熟悉，但对西辽就有点陌生了。

话说当年金国攻打辽国时，辽国的天祚帝被打得只顾到处跑路，而把留守燕京的任务交给耶律大石。耶律大石也是皇族，是耶律阿保机的八世孙，同时也是辽国最坚决的抗金派。他接过任务之后，很快就发现，皇帝大人失联了，不管怎么呼唤，就是没有他的音讯。于是，就和另外几个大臣又立了一个皇帝耶律淳，让他来带领大家继续抗金。耶律淳没几天又死掉了。他就再立耶律淳的老婆萧德妃做老大。

可这女的运气更不行。耶律大石眼看辽国的地皮被金宋两国都侵略得差不多了，辽国的力量越来越薄弱，就决定向金国称臣，再跟北宋讲和。哪知，到了这个时候，谁都不想让他缓一口气。宋朝对辽国当年把燕云十六州夺走一事一直耿耿于怀。现在正想把这片土地夺回，因此派了二十万大军，猛攻辽国的南京城，耶律大石带兵跟宋军决战，最后居然在巷战把宋兵打败，又缓得一口气。

可宋兵刚退，金兵又来。

耶律大石率军在居庸关与金兵大战。这一次，他以失败而告终，而且失败得很彻底，连他都成了金兵的战俘。但他又逃了出来，再次找到萧德妃，然后带着这个他拥立的首领逃出来。他们听说天祚帝又冒泡了，就一起去投奔。

萧德妃见到了天祚帝后，宣布把权力交给老皇帝。

天祚帝看到耶律大石居然敢另立皇帝，哪能不龙颜大怒，先是把萧德妃斩立决。然后把耶律大石叫来，骂了一顿。

耶律大石看到这家伙对金国没一点办法，金国就是因为他的无能，把事业越做越大的，可对自己人却狠得要命，便大声辩护:“人家都打到首都来了，你也不带部队去抵抗，而是自己逃得几乎处于失联状态。你说，如果不立个皇帝，辽国广大人民群众在谁的带领下去抗金？去保卫太祖打下的江山？”

天祚帝一听，立刻软了下来。他也知道，辽国破落到这个田地，基本都是他的责任，当下无话可说，请耶律大石喝了一顿酒，算是道个歉。

耶律大石后来在一次战斗中又成为金兵的俘虏。

金兵怕他逃跑，就用绳子捆住他的双手，然后牵着他，让他带着去找天祚帝。可没几天，他仍然成功逃脱。他逃脱之后，半路上又得到一支军队，便带着这支部队回到天祚帝的身边。

天祚帝虽然胆子小，但到了这时，也知道辽国已经被人家占得差不多了，没有多少多余的路让他逃跑了，于是，就决定与金国决战。

但耶律大石认为，还是不要这么忙着决战，再等一段时间，恢复一下再说。可是天祚帝不同意，还派人去当他的监军。他知道天祚帝肯定很恨他，说不定哪天就要杀掉他。于是，他咬了咬牙，把他的监军北院枢密事萧伊实和博勒果杀掉，然后自立为王，带着两百骑兵，连夜逃走。

他知道辽国已经没有他的立身之地，因此就向北急行军。三天之后，他渡过黑水，来到白鞑靼的老大床古儿面前。床古儿很热心，当场赠给他四百匹马、二十峰骆驼，以及一群羊。他终于有了路费，得以穿过沙漠，到达辽国最西的重镇可敦城，然后驻扎在北庭都护府，把七州十八部的首领都叫来，开了个大会，向他们宣布重建大辽国，任命各级官吏。这些部落也把手中的武装交给了他。于是，他手里又有了一万精兵。

耶律大石在辽国本部多次被金兵打败，还几次成为俘虏，但到了西域，却像换了个人一样，利用手中的力量，不断向外扩张。于是，他带着部队出发，并向回鹘国王必勒哈写了一封信，说他准备向西进军，请借个路。

必勒哈本想不答应，可人家的大兵已经开到家门口，只等你表态。你答应了，一切都好讲，你要是不答应，立马攻城。他料想自己万万不是耶律大石的对手。于是，换上笑脸，下令打开城门迎辽皇，还摆了三天的宴席好好招待耶律大石一番。最后，还拿出一大堆马牛羊骆驼，送给辽国老大哥，表示以后永远做老大哥的小弟。

耶律大石出了回鹘国境，继续向西推进，谁不服就打谁，谁愿意投降就收编谁，一口气行军一万多里，一路收国无数。

西域那些国家就不爽了，宣布联合起来，跟耶律大石对着干。他们很快就集结到十万兵力，出来与耶律大石叫板。耶律大石的部队远比他们少，而且又是远离根据地作战，形势对耶律大石极为不利。他大声对诸将说："彼军虽多而无谋。攻之则首尾不救，我军必胜。"然后把部队分成三翼，向西域联军发起冲锋。西域联军被打得大败，"横尸数十里"。

经此一战，西域各国对耶律大石彻底服气，承认了他的老大地位。

当时，有一个小国叫东喀喇汗国，老国王阿赫马德死了，他的儿子易卜拉欣接班。易卜拉欣是个没水平的人，当了国王后，经常被别人欺负。这时，他看到耶律大石来了，就跑过去给他诉苦，请耶律大石为他主持公道。

耶律大石早就想帮别人主持公道了。他带着他的大军很快就开到易卜拉欣的首都巴拉沙衮。耶律大石到达巴拉沙衮后，做的第一个动作就是把易卜拉欣的职务降封为王，然后把巴拉沙衮当成辽国的首都，宣布正式登基称帝。

耶律大石西征的目的，并不是要占西域的便宜，而是想积蓄力量，以便大举东征，消灭金国，恢复大辽。

他觉得自己的力量已经足够了，便集结七万大军，誓师东征金国。

可由于路途太远，大家气喘吁吁地跑了一万多里，牛马都死了一大半，还没有打成一次战斗，知道再这样下去，跟送死没区别。于是，"勒兵而还"。

金国知道后，不由大怒，决定把西辽灭了再说。金国的决心是很大的，派出的人也是很猛的。因为这次金国西征的统帅就是完颜宗翰，当时金国第一号牛人。

完颜宗翰以前打辽国，一路打下来，取胜太容易了。所有的人都认为，此战是金国与西辽的第一战，也将是金国与西辽的最后一战。可完颜宗翰出兵之后，才知道现实真的太骨感了。他们西进不久就进入沙漠。大风乱刮，漫天黄沙，人人口干舌燥，皮肤皲裂，一只只脚从黄沙里拔出，又陷进黄沙里，越走越吃力。耶律大石也没有闲着，不断派部队前来伏击。双方大战三天三夜，金兵一点便宜也没有占到。

更要命的是，这次随完颜宗翰出征的副将外家得居然也是大辽人士，而且他的老爸和兄弟妻子都在西夏军。于是，在双方大战的关键时刻，他突然宣布阵前起义，一起夹击金兵。金国第一牛人被打得大败而逃。

双方一盘点，各胜一场。得到的经验教训是，谁都不能出来打谁。

灭西辽

从此之后，西辽跟东边的国家就少有来往了。而后金国的综合国力不断下跌，应付南宋那边的主战派越来越吃力，哪有精力去管西边的事？而西辽在西域虽然一支独大，可耶律大石之后，也没多少有作为的国主了。

但他们还是坚挺了几十年。

金国可以忘记他们，但乃蛮部的屈出律还记得这个曾经的西域超级大国。他先是四处流浪，来到西域，经过一番考量，很快就知道西辽国目前的情况。现在这个西辽国老大叫耶律直鲁古。耶律直鲁古什么事都听老婆的话，比太阳汗也强不了多少。

屈出律是太阳汗的儿子，有着丰富的伴随昏君的经验。跟他们打交道，最容易做的事，就是让他们上当受骗。

屈出律以前很鲁莽，曾经因他的鲁莽把他老爸的性命和国家都弄没了。因此，这时他不再鲁莽。他想投靠耶律直鲁古，但也怕耶律直鲁古不买他的账，甚至怕成吉思汗早就派人前来沟通，单等他前来报道，那就大大不妙了。于是，他就让他的一个手下冒充他，然后他自己扮作跟班，去见耶律直鲁古。

不想这么一个安排，居然让屈出律安排出一场艳遇。

耶律直鲁古有一位非常宠爱的妃子，这个妃子叫古尔八速。他虽然很爱这个妃子，可这个妃子硬是没有生育，直到现在耶律直鲁古还只有一个女儿。这个女儿叫浑忽公主。

耶律直鲁古接到屈出律的求见请求后，答应让他进来会面。

于是，那个冒充屈出律的人进去跟西辽皇帝举行会见，而真正的乃蛮王子屈出律却穿着马夫的衣服坐在宫门外等候。

恰巧古尔八速从外面回来，经过宫门时，突然就看到了屈出律，她问屈出律从哪里来？现在当谁的马夫？

屈出律照实把自己的身份和目的说了。古尔八速居然没有怪罪他，反而把他带进了皇宫，让他见到耶律直鲁古。

耶律直鲁古当然也跟着喜欢这个乃蛮王子，跟他在一起吹牛聊天。

屈出律很会吹牛，说只要让他借用西辽的名义，他就可以把散落在天山以北的各地部众，都召到这里来，成为西辽王朝的生力军。现在铁木真的势力大得要命但他很怕乃蛮部落。如果得到他的这些部众，就不怕铁木真前来攻打西辽了。

耶律直鲁古本来就是个没有主见的人，对屈出律的话全盘相信。他就不想想，他们乃蛮部真的能抵挡铁木真，他这个乃蛮王子还需要流落到这个地方来？

屈出律看到耶律直鲁古的决心还没有下，便大声说："我决不背叛大汗。"

于是，耶律直鲁古就下决心了，说："就照你的话去办吧。我全力当你坚强的后盾。"

那个古尔八速更是高兴得要命，又让他们的浑忽公主出来跟乃蛮王子见面。浑忽公主一看到这个落难王子，立刻两眼放光，缠着老爸说非他不嫁。

耶律直鲁古哪能不答应？

三天之后，浑忽公主与屈出律的婚礼就在西辽的皇宫内成功举行。

三天前，屈出律还在为能不能被耶律直鲁古接见而发愁，还是一个穿着马夫服装盘腿坐在宫门外的落难王子，转眼间就成了西域强国的驸马。

耶律直鲁古对他放心得很，平时除了听古尔八速的话外，基本不干别的事，很想找一个人帮自己处理那些麻烦的国事。现在好了，有一个驸马帮着，正好放手去过好每一天的腐败生活。

屈出律在乃蛮部时很鲁莽，这时他还是很小心的。一步步地来，不断地蚕食岳父大人的权力，不知不觉地成为西辽国说话最算数的人。可他仍然不满足，当个权臣虽然舒服，一人之下万人之上，但仍然不过瘾。还有一个人在上面压着自己，自己还得按某些规则向这个人作述职报告，不如自己直接当这个皇帝来得威风凛凛。

当然他也知道，要推翻岳父然后自己宣布出任西辽的老大，光凭他一人的力量是永远做不到的。于是，他就到处召集那些流散在西域的乃蛮部众。那些部众当年被打散之后，在西域这边到处讨生活，过得都很艰辛。这时突然看到自己原来的王子现在是大辽国的驸马，当然都来投奔他。他的势力立马大增。而耶律直鲁古看到这个女婿果然能够一呼百应，看来把权力交给他还真交对了。

屈出律知道，他的实力虽然在不断地雄厚，但真要向岳父摊牌，仍然不够。他转头到处找自己的同盟。但在西辽这里发展死党是不容易的。于是，他把目光投向了境外势力。

当时西辽在西域一带仍然是个超级大国，周边很多小国都是它的二层机构，看他的脸色办事。其中就有一个花剌子模国，在西辽国的西边，国土面积很大，但实力不雄厚，一直当西辽国的属国。这一代老大摩诃末看到耶律直鲁古是个标准的昏君，心里很不服气，于是，在前些年，他抓了个时机，乘乱攻进了布哈拉。布哈拉是西喀喇王国的领土，然后宣布与西辽作对，但被西辽大败。他这才知道西辽国的部队还是很强悍的，真的打起来，赢面几乎为零。所以，他也想找个内应，来个里应外合，一举搞定耶律直鲁古，从此彻底摆脱西辽的控制。

他四处寻找合作者，很快就发现了屈出律。于是，在第一时间派人跟屈出律取得了联系，迅速结成了内外反耶律联盟。他给屈出律大量金钱，充实屈出律的小金库。屈出律不断发展自己的势力。

经过三年的密谋，两人觉得完全可以对耶律直鲁古采取断然措施了。

屈出律先骗耶律直鲁古去打猎，然后屈出律突然发兵，与岳父大人的卫队交战。双方展开搏斗，打得难分难解。屈出律看到岳父大人的卫队很有战斗力，而辽国的其他部队也正开来，这才知道，搞一场政变还真不容易。而且自己谋划了这么久，完全是突然袭击式的，到现在仍然搞不定。幸亏摩诃末的大军按时赶到，夹击耶律直鲁古，这才把耶律直鲁古的部队打败。耶律直鲁古逃回首都。

花剌子模的大军也跟着追到了首都。

大辽现在的首都叫虎思斡耳朵。虎思斡耳朵当然也有首都卫队。但西辽国是个比较开放的国度，民族成分比较多，信仰繁杂，部队向来就不铁板一块。这时看到人家突然狂奔杀来，而且城里还有内应，于是，都丢下兵器当了逃兵。

屈出律的部队迅速包围了皇宫。

耶律直鲁古这才知道，自己终于栽在这个女婿的手里。他本来就性格软弱，智商欠佳，除了果断地把屈出律无条件地当成亲信外，这辈子没果断地处理过别的事，现在碰到这样的突发事件，他还能想出什么办法来？只是不断地求他的女婿，看在女儿的分上，放他一命。

屈出律也知道，这个岳父是不能杀的。他虽然野心巨大，但也知道自己现在没别的本事，人家真的造起反来，他还真挡不住。于是，任命耶律直鲁古为太上皇。大辽军政大事，他来处理。一年后，耶律直鲁古死掉。

屈出律虽然当了皇帝，但底气仍然不足。

他很快就发现大辽的土地上民族成分众多，大家基本都是杂居在一起的，各种信仰都有。他来到这里之前，信奉的是景教。景教是基督教的一支，据说唐代就已经正式传入中国，北部的少数民族成为其教徒。而耶律直鲁古一家都信奉佛教。

当年景教徒屈出律来到西辽后，为了讨好公主，便果断地放弃自己原先的信仰，成为虔诚的佛教徒。也许当初他只是想骗一下公主，但后来觉得这个佛教还真有用处，至少可以让人们不拿屠刀搞反抗动作。于是，下令全国不分种族，不论男女，统统信佛教。于是，全国上下都骂着这个外来皇帝，反抗的情绪越来越浓厚。

屈出律一点不理别人的情绪。他大概怕人家说他是外来人士，没资格当契丹的皇帝，是靠夺权上来的，就下令全国人民都穿契丹服。他的理由很充分，既然是契丹国，就得穿契丹服。大家一看，又是举国大哗，连穿什么服装都由权力说了算，都由权力制定，这是什么世道啊。

喀什人不愿意，屈出律后来把西辽大兵派过去，要求每户人住一个大兵。这些大兵的主要任务就是搞破坏，做坏事。

喀什饿死了好多人。可他们又无力反抗，只是在心里不断地咒骂。

西辽国很多人死抱信仰不放，怕屈出律镇压的人不断地外逃。有的人逃到了蒙古，于是，铁木真很快从这些逃难人的嘴巴里知道了屈出律的下落。这家伙居然当了西辽国的皇帝。

他决定暂停对金国的打击，全力向西，先把屈出律搞定再说，而且搞定屈出律之后，西辽的土地也会划进蒙古的版图。

嘉定十一年（蒙古太祖十二年，1218 年），铁木真派哲别带两万骑兵西征西辽，务必拿屈出律的脑袋回来。

哲别这一次出征，已经不同于以往。这一次他对西辽的形势进行了情报收集整理，很快就知道了屈出律虽然成功地夺权，当上了皇帝，可因为民族政策和宗教政策的失误，已经激起了西辽广大人民群众的愤怒。只是因为那里的民族成分太过复杂，难以团结协作，否则就组织起来，高喊口号，杀到首都，把他拉下马了。因此，哲别一进入西辽，并没有直接开战，而是宣布自己的政策：大家信仰自由。还有服装，你爱穿什么服装就穿什么服装，绝对不要求每个人都穿蒙古袍。

大家一看，都出来迎接蒙古大军。

屈出律当年被打得满地找牙，一路狂逃到这里才停下逃跑的脚步，对蒙古部队早就怕得要命。他对自己的忽悠能力很自信，对自己的脸也高度自信，但对自己的军事能力已经一点不看好了。现在又看到全国上下老百姓都在骂他，都在欢迎哲别大军，直接带着亲信逃跑。这次出逃人数的规模远远比上次巨大，但却并不比上次顺利。上次他一路逃出，只担心蒙古兵追上来，别的人倒不用怕。而这次，只要有人的地方，他想过去投宿，大家都大声喊打。弄得他只得继续逃窜，最后稀里糊涂地窜进了喀什。喀什人看到他送上门来了，哪能收容他？都大喊大叫着，要抓住这个混蛋，送给哲别。他一看，只得继续跑路。那些跟过来的西辽士兵，最后都被砍死了。

当他出逃的时候，他的皇后浑忽公主还大叫等她。于是，他转过身来，向还在大喊大叫的公主走过去。

公主看到他回来了，以为他要带自己逃生。正要松一口气，可突然发现他眼睛里全是凶光，说:“你怎么这样看我啊！”

屈出律说:“现在逃跑已经来不及了。你是公主，还是皇后，不能让人家捉住。所以，我先杀了你。”

他再一次果断地手起刀落，砍死了他的老婆，然后转身逃跑。

他一路向西而逃，但哲别却一路追赶过来。最后，他逃进了深山里。他以为，他就在深山里转，难道哲别他们还能进山来搜?

哲别没有进山，他看了一下地形，想到了一个办法，他把当地的猎户们都请来，然后宣布:“我们的逃犯屈出律逃到了深山里。他身上带着无数的金银财宝，谁把他抓到，那些数不清的金银财宝就归谁。”

猎户们一听，纷纷拿着武器进山，果然没用多久，就找到了屈出律，直接砍了他的脑袋，送到哲别面前。

哲别胜利完成了任务。他杀了屈出律之后，宣布西辽国已经没有皇帝，所以这片土地从今之后归于蒙古帝国了。

西辽的国土面积比西夏大得多，比蒙古现有的国土面积也少不了多少，其资源也远比草原丰富。哲别把这片土地划归蒙古版图之后，铁木真把他那双鹰一样的目光锁定西方。

当然，还是要找个借口的。

他很快就找到了一个理由很充分的借口。